Jörg Baur · Kooperation Jugendhilfe und Schule

D1731078

Jörg Baur

Kooperation Jugendhilfe und Schule

Ein Lehrerberatungskonzept zur Integration
verhaltensauffälliger Schülerinnen und
Schüler in Grund- und Hauptschulen

Programm »Edition Schindele«
im Universitätsverlag C. Winter Heidelberg

Dr. Jörg Baur
c/o Wissenschaftliches Institut des Jugendhilfswerks
an der Universität Freiburg
Günterstalstr. 14, 79100 Freiburg i.Br.

Die Deutsche Bibliothek – CIP-Einheitsaufnahme
Baur, Jörg:
Kooperation Jugendhilfe und Schule : ein Lehrerberatungskonzept zur
Integration verhaltensauffälliger Schülerinnen und Schüler in Grund- und
Hauptschulen / Jörg Baur. - Heidelberg : Programm Ed. Schindele im
Univ.-Verl. Winter, 1997
Zugl.: Freiburg (Breisgau), Univ., Diss., 1997
ISBN 3-8253-8245-1

D 25

Für
Kathrin und Johannes Tashi

Vorwort

Die hier vorgelegte Dissertation entstand im Kontext und Anschluß an das Modellprojekt "Kooperation Jugendhilfe und Schule: Lehrer/-innen beraten Lehrer/-innen", das die Integration verhaltensauffälliger Schülerinnen und Schüler in Grund- und Hauptschulen Südbadens unterstützen sollte. Das Projekt wurde zwischen September 1992 und August 1995 durchgeführt und von mir im Rahmen meiner Tätigkeit am Wissenschaftlichen Institut des Jugendhilfswerks e. V. an der Universität Freiburg wissenschaftlich begleitet.

Mit den Projektträgern Oberschulamt Freiburg und Landesjugendamt beim Landeswohlfahrtsverband Baden wurde vereinbart, die Dokumentation des Projekts auf zwei Ebenen zu veröffentlichen. In einem von mir verfaßten und vom Landeswohlfahrtsverband Baden herausgegebenen Abschlußbericht sollten in prägnanter Weise die für die Entwicklung und Evaluation des Projekts relevanten Ergebnisse dokumentiert werden (vgl. Landeswohlfahrtsverband Baden - Landesjugendamt (1996). Die hier vorliegende Dissertation sollte darüber hinaus für eine breitere Fachöffentlichkeit den bildungs- und jugendhilfepolitischen Hintergrund sowie die theoretischen und methodischen Grundlagen des Projekts erweitert und vertiefter aufzeigen[1].

Durchführung und Abschluß dieses dreijährigen Modellprojektes und seiner Dokumentation in der vorliegenden Dissertation geben reichen Anlaß, all jenen zu danken, die mich in dieser Zeit begleitet, beraten und unterstützt haben. Mein besonderer Dank gilt dem Leiter des Wissenschaftlichen Instituts des Jugendhilfswerks, Herrn Dr. Franz-Jürgen Blumenberg, Herrn Prof. Dr. Michael Charlton vom Psychologischen und Herrn Prof. Dr. Rudolf Tippelt vom Erziehungswissenschaftlichen Institut der Universität Freiburg, die mich nicht nur zu dieser Arbeit ermutigten, sondern mir mit ihrem fachkundigen Rat und vielen Formen der Unterstützung zur Seite standen. Ihre Anregungen inspirierten mich immer wieder aufs Neue für Ideen und Wege, auf denen sie mich mit ihrem großen Sachverstand und in ihrer überaus wertschätzenden Art begleiteten.

Die Arbeit wäre jedoch nicht möglich gewesen ohne das Vertrauen und die Zustimmung der vielen Kooperationspartner vor Ort sowie der Projektträger, insbesondere des Direktors des Landesjugendamts Baden, Herrn Mörsberger und des Leitenden Regierungsschulamtsdirektors beim

---

[1] Im gesamten Text dieser Arbeit verzichte ich aus stilistischen Gründen auf eine geschlechtsspezifische Differenzierung von Berufs- oder Funktionsbezeichnungen mit Ausnahme des Projekttitels "Kooperation Jugendhilfe und Schule: "Lehrer/-innen beraten Lehrer/-innen", der erhalten bleiben soll.

Oberschulamt Freiburg, Herrn Schneider, denen mein herzlicher Dank gilt. Ich verbinde diesen Dank mit der Hoffnung, daß sich ihr großes Engagement im Dienste einer integrationsfördernden Erziehung und Beschulung verhaltensauffälliger Kinder und Jugendlicher auch in Zukunft durch eine entsprechende politische Unterstützung fortsetzen und ausbauen läßt. Die Zeichen dafür stimmen noch hoffnungsvoll, da die Kooperation trotz der sich allerorts verschlechternden Rahmenbedingungen von Schulen und Jugendhilfe seit Abschluß des Modellprojekts in allen Projektregionen weitergefördert und -geführt wurde. Nicht zuletzt möchte ich auch all jenen danken, die mir bei der Fertigstellung und Korrektur des Manuskripts geholfen haben, insbesondere meinem Vater und meinen Freunden Stefan Boschert und Stefan Dangel.

Mein besonderer Dank gilt meiner Frau Kathrin und unserem Sohn Johannes Tashi. Von ihnen erfuhr ich in den zurückliegenden Jahren viel Liebe, Geduld, Verständnis, Humor aber auch heilsamen Ärger, wenn ihre Belange zu kurz kamen. Wir haben es gemeinsam geschafft, Arbeit und Familie unter einen Hut zu bekommen.

Inhaltsverzeichnis

		Seite
1	**Einleitung**	1
1.1	Kurzbeschreibung des politischen Hintergrunds und der Anlage des Projekts	1
1.2	Anmerkungen zum Begriff "Verhaltensauffälligkeit"	4
1.3	Aufbau der Arbeit	5
2	**Ausgangssituation**	7
2.1	Zunahme von Verhaltensauffälligkeiten in Schulen	7
2.1.1	Untersuchungen zur Verbreitung von Verhaltens-auffälligkeiten an Schulen	8
2.1.2	Bedingungen der Zunahme von Verhaltensauffällig-keiten von Schülern	16
2.1.3	Umschulung als eine der Reaktionsweisen von Lehrern auf die Zunahme von Verhaltensauffälligkeiten	27
2.2	Bildungspolitische Rahmenbedingungen von Integration	32
2.2.1	Entwicklung des Sonderschulwesens	32
2.2.2	Effizienz der integrativen Beschulung verhaltens-auffälliger Schüler	35
2.2.3	Sonderpädagogik als Aufgabe der Sonder- und Allgemeinschulen	39
2.2.4	Kriterien für eine integrative Beschulung	42
2.2.5	Integration in Baden-Württemberg	45
2.3	Jugendhilfepolitische Rahmenbedingungen des Projekts	51
2.3.1	Rückblick auf die Geschichte der Jugendhilfe	52
2.3.2	Aktuelle Situation: Jugendhilfe nach dem KJHG	55
2.4	Kooperation zwischen Jugendhilfe und Schule	59
2.4.1	Die Entwicklung der Beziehungen zwischen Jugendhilfe und Schulen	60
2.4.2	Kooperationsvereinbarungen zwischen Jugendhilfe und Schulen in Baden-Württemberg	64
2.4.3	Modelle der Kooperation zwischen Jugendhilfe und Schulen in Baden-Württemberg	65
2.5	Basiselemente des Modells "Kooperation Jugendhilfe und Schule: Lehrer/-innen beraten Lehrer/-innen"	67

**3   Begleitforschung im Rahmen von Schul-
      versuchen und Sozialpädagogik   71**

3.1   Begleitforschung als Instrument sozialer und bildungs-
       politischer Innovationen   73
3.2   Grundsätze und Ausgestaltung der Begleitforschung
       des Projekts durch das WI-JHW   76
3.3   Aufgaben der Wissenschaftlichen Begleitung
       des Projekts   79

4   Theoretische Grundlagen des Projekts   83

4.1   Systemtheoretisch-konstruktivistische Grundlegung   84
4.2   Verhaltensauffälligkeiten in der Schule aus system-
       theoretischer Sicht   89
4.2.1 Verhaltensauffälligkeit als Ausdruck von Passungs-
       problemen   90
4.2.2 Abbau von Passungsmängeln durch integrations-
       unterstützende Kooperation   94
4.3   Die organisationstheoretische Perspektive   97
4.3.1 Ansätze der Beschreibung von Schule als sozialer
       Organisation   99
4.3.2 Schule als besondere soziale Organisation   100
4.3.3 Organisationstheoretischer Ansatz von Hurrelmann   104
4.4   Die Perspektive der Organisationsentwicklungstheorien   108
4.4.1 Die "innovative Schule" und "Problemlöseschule" als
       Entwicklungsideal   109
4.4.2 Organisationsentwicklungsinterventionen
       - ein Überblick   113
4.4.3 Organisationsentwicklungsprogramme   114

**5   Methodische Grundlagen: Planung und Durch-
      führung der Entwicklung und Evaluation des
      Kooperationsmodells   119**

5.1   Planung und Durchführung der Entwicklung   119
5.1.1 Zyklisches Prozeßmodell zur Planung der Entwicklung
       der Kooperation   119
5.1.2 Dokumentation der Durchführung der Projektentwicklung   122
5.2   Planung und Durchführung der Evaluation   128
5.2.1 Interpretative Matrix der Evaluation   128
5.2.2 Arbeitshypothesen   129

| 5.2.3 | Planung und Durchführung der ersten Evaluationsphase: Zwischenbilanzierung | 131 |
| 5.2.4 | Planung und Durchführung der zweiten Evaluationsphase: Abschlußbilanzierung | 141 |

6 Ergebnisse der evaluativen Untersuchungen 152

6.1	Wesentliche Ergebnisse der überregionalen Zwischenbilanz (Aufbauphase)	152
6.1.1	Einstiegsdeterminierende Probleme und deren Bewältigung	152
6.1.2	Der weitere Verlauf der Aufbauphase	158
6.1.3	Zusammenfassung der Anregungen als Entwicklungsperspektiven für die Stabilisierungsphase	162
6.2	Wesentliche Ergebnisse der überregionalen Abschlußbilanz	163
6.2.1	Umsetzung der Anregungen der Zwischenbilanz in der zweiten Projekthälfte	163
6.2.2	Umfang und Zeitraum der Projektbeteiligung von GHS	165
6.2.3	Statistik über die Arbeit der Kooperationslehrer	167
6.2.4	Ergebnisse der Interviews zu den Effekten der Kooperation	182
6.2.5	Die wesentlichen Ergebnisse der Abschlußbilanz im Überblick	200

7 Fallbeispiel einer einzelfallbezogenen Kooperation 208

8 Abschließende Diskussion der Studie und Schlußfolgerungen 214

| 8.1 | Diskussion der Studie | 214 |
| 8.2 | Schlußfolgerungen aus den Ergebnissen der Studie | 221 |

Literaturverzeichnis 227

Abkürzungsverzeichnis

GHS:	Grund- und Hauptschule
SfE:	Schule für Erziehungshilfe
ASD:	Allgemeine Soziale Dienste
OA:	Oberschulamt
SSA:	Staatliches Schulamt
LJA:	Landesjugendamt
LWV:	Landeswohlfahrtsverband
WI-JHW:	Wissenschaftliches Institut des Jugendhilfswerks e. V. an der Universität Freiburg
KJHG:	Kinder- und Jugendhilfegesetz
JWG:	Jugendwohlfahrtsgesetz
RJWG:	Reichsjugendwohlfahrtsgesetz

1 Einleitung

Die vorliegende Arbeit dokumentiert die überregionalen Aspekte der Entwicklung und Evaluation des Modellprojekts "Kooperation Jugendhilfe und Schule: Lehrer/-innen beraten Lehrer/-innen" im Zeitraum zwischen September 1992 und August 1995. Die Zielsetzung des Projekts bestand in der Unterstützung der Integration verhaltensauffälliger Schüler in Grund- und Hauptschulen (GHS) Südbadens.

1.1 Kurzbeschreibung des politischen Hintergrunds und der Anlage des Projekts

Seit einigen Jahren berichten Schulen und Schulverwaltungen auch in Baden-Württemberg von einer deutlichen Zunahme der Anzahl verhaltensauffälliger Schüler in Grund- und Hauptschulen (GHS) und den damit zusammenhängenden Problemen. Viele Lehrer kommen offenbar vor allem mit der Schwere von Verhaltensauffälligkeiten (beispielsweise im Bereich gewalttätigen Verhaltens) und der Komplexität ihrer Bedingungen nicht mehr oder nur unzureichend zurecht, fühlen sich zunehmend überfordert und alleine gelassen. Als Folge dieser Entwicklung wurden in den letzten Jahren immer öfter Anträge auf Umschulungen verhaltensauffälliger Schüler in eine Schule für Erziehungshilfe (SfE) gestellt und Umschulungen durchgeführt. Dieser Trend wurde zumindest partiell auch aus der Sicht jugendhilfe- und bildungspolitischer Funktionsträger als Abschiebeprozeß problematischer Schüler aus den Allgemein- in die Sonderschulen interpretiert (vgl. u.a. Landeswohlfahrtsverband Baden, 1992). Für Funktionsträger wie etwa das Landesjugendamt (LJA) Baden und das Oberschulamt (OA) Freiburg ist ein weiterer Ausbau der SfE aufgrund dieser erhöhten "Nachfrage" weder politisch gewollt noch finanzierbar. Andererseits möchte das Kultusministerium Baden-Württemberg am bisherigen System einer gesonderten Beschulung verhaltensauffälliger Schüler in einer SfE festhalten, die dann durchgeführt wird, wenn die Voraussetzungen einer integrativen (zielgleichen) Beschulung dieser Schüler in den Allgemeinschulen nicht erfüllt sind. Dies bedeutet, daß verhaltensauffällige Schüler möglichst in ihren Stammschulen gehalten und integriert werden sollen, es sei denn, eine klare Indikation für eine Sonderbeschulung liegt vor.

1

Zur Unterstützung einer solchen Integration seitens der Jugendhilfe gehen die Landesjugendämter Baden und Württemberg-Hohenzollern seit Beginn der 90er Jahre unterschiedliche Wege. Das LJA Württemberg-Hohenzollern fördert vor allem den Ausbau der Schulsozialarbeit, das LJA Baden hingegen entschied sich für eine verstärkte Kooperation zwischen Schulen und Einrichtungen bzw. Institutionen der Jugendhilfe.

Das in der vorliegenden Arbeit dokumentierte Modellprojekt ist zentraler Bestandteil dieses Kooperationsparadigmas des LJA Baden und des OA Freiburg. In diesem Projekt wurden GHS-Lehrer im südbadischen Raum in ein kooperatives Beratungssystem einbezogen, das dem Grundsatz "Lehrer/-innen beraten Lehrer/-innen" folgte, d.h. erfahrene Sonderpädagogen an SfE standen GHS-Lehrern als beratende und unterstützende Ansprechpartner zur Verfügung, die bei Bedarf die Ressourcen bereits bestehender Jugendhilfeeinrichtungen (wie Erziehungsberatungsstellen, Jugendämter, Allgemeine Soziale Dienste (ASD) usw.) miteinbezogen. Zu diesem Zweck wurden fünf regionale Kooperationssysteme in einem definierten Einzugsgebiet des südbadischen Raums zwischen jeweils einer Schule für Erziehungshilfe (SfE), ausgesuchten Grund- und Hauptschulen (GHS) und Einrichtungen der Jugendhilfe, insbesondere der Allgemeinen Sozialen Dienste (ASD) der Jugendämter aufgebaut und integrationsfördernde Kooperationskonzepte implementiert und angewendet.

Die politisch besondere Bedeutung des Projekts liegt darin, daß die Systeme der Jugendhilfe und der Schule, die sich in ihrer Geschichte weitgehend getrennt voneinander entwickelten, angesichts problematischer gesamtgesellschaftlicher Entwicklungen und angesichts der klaren Position des Kultusministeriums, am bisherigen Sonderschulsystem festhalten zu wollen, aufeinander zugegangen sind und miteinander kooperierten. Die gemeinsame Trägerschaft dieses Modellprojekts durch das OA Freiburg und das LJA Baden spiegelt diesen Kooperationswillen wider.

Am Modellprojekt direkt vor Ort beteiligt waren sechs SfE in den Landkreisen Breisgau-Hochschwarzwald, Waldshut-Tiengen, Lörrach und der Stadt Freiburg, 59 GHS und unterschiedliche Einrichtungen der Jugendhilfe des Einzugsgebietes der jeweiligen SfE sowie die Staatlichen Schulämter (SSA) Freiburg, Lörrach und Waldshut-Tiengen. Die in Entsprechung der jeweiligen örtlichen Bedürfnisse und Möglichkeiten umgesetzten Kooperationsformen lassen sich klassifizieren in einzelfallbezogene und einzelfallübergreifende Kooperationen. Zu den einzelfallbezogenen Kooperationsformen als Angebote der Kooperationslehrer der SfE gehörten u.a.:

- Beratungsgespräche mit GHS-Lehrern, Eltern, Schülern
- Unterrichts-, Verhaltensbeobachtungen
- Durchführung diagnostischer Tests bzw. Begutachtungen
- Moderation von Gesprächen mit unterschiedlichen Beteiligten

- Koordination von Maßnahmen
- Einzelförderungen von verhaltensauffälligen Schülern

Die vorwiegend im Bereich der Prävention angesiedelten einzelfallübergreifenden Kooperationsformen bestanden u.a. im Angebot bzw. in der
Mitwirkung der Kooperationslehrer bei folgenden Veranstaltungen:

- Lehrer-, Schulkonferenzen (z.b. zum Thema "Möglichkeiten und
  Grenzen der Jugendhilfe")
- Pädagogische Tage (z.B. zum Thema "Umgang mit verhaltensauffäl-
  ligen Schülern")
- Institutionsberatungen (z.b. in Bezug auf Unterrichtsgestaltung)
- Pädagogische Fallbesprechungsgruppen für GHS-Lehrer
- Gruppenförderungen von verhaltensauffälligen Schülern
- Fachtagungen und Fortbildungen (z.b. in Gesprächsführung und
  -moderation)
- Regionale und überregionale Koordinationstreffen

Das Wissenschaftliche Institut des Jugendhilfswerks an der Universität
Freiburg (WI-JHW) wurde mit der Begleitung des Projekts beauftragt.
Das WI-JHW ist ein praxisorientiert arbeitendes Jugendforschungsinstitut
mit psychologischer Beratungsstelle, das Aufgaben in den Bereichen
Beratung, Therapie, Medienpädagogik, Supervision und Fortbildung
wahrnimmt und Projekte im Rahmen von Jugendhilfe, Schule, Justiz anregt, durchführt und wissenschaftlich begleitet.

Die beiden Schwerpunktsetzungen der Arbeit der wissenschaftlichen
Begleitung des Projekts bestanden erstens in einer dialogorientierten Entwicklung integrationsfördernder Kooperationsstrukturen und -prozesse
zwischen den beteiligten Fachkräften und Einrichtungen bzw. Schulen und
zweitens in einer prozeßbegleitenden Evaluation dieser Strukturen und
Prozesse. Sowohl die Entwicklung als auch die Evaluation wurden auf der
Grundlage systemtheoretischer Konzepte mit Bezügen zu Sozialisations-
und Organisationsentwicklungstheorien durchgeführt.

Zur Projekthalbzeit im Frühjahr 1994 wurde in den jeweiligen Projektregionen eine Zwischenbilanz durchgeführt, im Rahmen derer das WI-
JHW die Ergebnisse seiner umfangreichen Datenerhebungen (mittels
Interviews, Fragebögen und Protokolle) vorstellte. Auf der Grundlage
dieser Ergebnisse wurden die regional unterschiedlichen Kooperationsstrukturen und -konzepte von den Beteiligten reflektiert, diskutiert
und gegebenenfalls modifiziert. Im Frühsommer 1995 wurden, wiederum
mit allen Beteiligten, sowohl regionale Abschlußbilanzen als auch eine
überregionale Abschlußbilanz erstellt, im Rahmen derer der gesamte Prozeß der Projektentwicklung vor allem vor dem Hintergrund einer Bewertung der angestrebten und erreichten integrativen Kooperationseffekte
reflektiert wurde. Die Ergebnisse der überregionalen Abschlußbilanz

bildeten auch eine der Grundlagen für die Entscheidung der Projektträger und der Beteiligten im Hinblick auf eine Fortschreibung der Kooperation und deren Förderung auch über die Modellphase hinaus.

1.2 Anmerkungen zum Begriff "Verhaltensauffälligkeit"

Die Begriffe "Verhaltensauffälligkeit", "Integration" und "Kooperation" bilden in der Architektur dieser Arbeit gleichsam die tragenden Säulen. Kann das Fundament der "Integrations- und Kooperationssäule" durch recht klare definitorische Festlegungen als relativ fest beschrieben werden, steht der Begriff "Verhaltensauffälligkeit" auf eher weichem Boden, der definitorische Mehrdeutigkeiten zuläßt. Zur Mehrdeutigkeit dieses Begriffs trägt nicht nur die grundsätzliche Schwierigkeit bei, einheitliche Kriterien zur Definition "auffälligen Verhaltens" zu bestimmen und anzuwenden, sondern ebenso die unterschiedlichen Begrifflichkeiten selbst, die zur Beschreibung dieses Phänomens im pädagogischen Sprachgebrauch Verwendung finden (siehe dazu Kap. 4.2). Im Kontext der Integrationspädagogik, zu der die vorliegende Arbeit zugeordnet werden kann, wird an vielen Stellen im Zusammenhang mit den unterschiedlichen Möglichkeiten der "Integration behinderter oder von Behinderung bedrohter Kinder" weniger von "Verhaltensauffälligkeit" als von "Verhaltensstörung" gesprochen.

Das Phänomen "Verhaltensstörung" wurde historisch lange Zeit als eine Unterkategorie von Behinderungen neben körperlichen oder geistigen Beeinträchtigungen verstanden. Daher galten "verhaltensgestörte" Kinder als eine feste Gruppe von Behinderten, die in Sonderschulen für Verhaltensgestörte mit theoretisch unterschiedlich fundierten Förderkonzepten beschult wurde (vgl. Keim, 1987, S. 11). Erst in den 70er Jahren wurde gegen eine solcherart verstandene "Verhaltensgestörtenpädagogik" vermehrt Kritik laut. Im Gutachten des Deutschen Bildungsrates aus dem Jahre 1973 wurde festgestellt, daß "*Kinder und Jugendliche mit Verhaltensstörungen (...) aufgrund der weiten Verbreitung, der vielgestaltigen Erscheinungs- und Verlaufsformen sowie der fließenden Grenze zum Bereich des Normalen hin kaum als eine feste Gruppe von Behinderten*" definiert werden können (Bittner et al., 1974, S. 91). Allerdings hat sich diese Empfehlung im gängigen pädagogischen Sprachgebrauch bis heute noch nicht durchgesetzt. Beispielsweise wurden die von der Bund-Länder-Kommission für Bildungsplanung und Forschungsförderung (BLK) vor allem in den 80er Jahren geförderten Modellversuche zur Integration "verhaltensgestörter" Kinder in Allgemeinschulen unter dem Förderungsbereich "Behinderte Kinder und Jugendliche" geführt (vgl. Borchert & Schuck, 1992). Selbst der Deutsche Bildungsrat weichte 1979 die o.g.

Position in seiner Definition des Behindertenbegriffes wieder auf: "*Als behindert im erziehungswissenschaftlichen Sinne gelten alle Kinder, Jugendliche und Erwachsenen, die in ihrem Lernen, im sozialen Verhalten, in der sprachlichen Kommunikation oder in den psychomotorischen Fähigkeiten so weit beeinträchtigt sind, daß ihre Teilhabe am Leben der Gesellschaft wesentlich erschwert ist. Deshalb bedürfen sie besonderer pädagogischer Förderung*" (Deutscher Bildungsrat, 1979, S. 32).

Die begriffliche Nähe von "Verhaltensstörung" und "Behinderung" birgt nun meines Erachtens ein nicht unerhebliches Stigmatisierungspotential, da das "Störende", "Gestörte" oder "Behinderte" im allgemeinen immer noch eher mit negativen Assoziationen verbunden ist, mit all den damit verbundenen Konsequenzen für die Betroffenen im Hinblick auf die wirklichkeitsschaffende Funktion von Sprache (vgl. Wittgenstein, 1964). Für mich ist die Problematik einer möglichst eindeutigen Begriffsbestimmung und einer möglichst wenig stigmatisierenden Begriffsverwendung in Bezug auf die Zielgruppe der vorliegenden Arbeit, der verhaltensauffälligen Schüler, ebensowenig lösbar. Um jedoch ein möglichst tragfähiges Fundament zu gewährleisten, werde ich auf die angesprochenen terminologischen Probleme noch einmal gesondert eingehen (siehe Kap. 4.2). Dort werde ich auch begründen, weswegen ich in dieser Arbeit den Begriff "Verhaltensauffälligkeit" verwende, mit Ausnahme jener Kontexte, in denen ich mich auf bestimmte Autoren beziehe, deren Begrifflichkeiten ich dann übernehme.

1.3   Aufbau der Arbeit

Die vorliegende Arbeit umfaßt weitere 7 Kapitel. In Kapitel 2 wird die Ausgangssituation, insbesondere das Phänomen einer Zunahme von Verhaltensauffälligkeiten in Schulen und deren mögliche Bedingungen beschrieben, die die Entwicklung von Kooperationsmodellen zwischen Jugendhilfe und Schulen in Baden-Württemberg nahelegten. Ausgehend vom aktuellen bildungs- und jugendhilfepolitischen Kontext im Hinblick auf Integrationsversuche verhaltensauffälliger Schüler in Allgemeinschulen wird anhand eines Rückblicks in die Geschichte von Jugendhilfe und Schule aufgezeigt, wie wenig kooperative Bezüge sich zwischen diesen beiden Systemen entwickelt haben. Am Ende dieses Kapitels werden die Basiselemente des Modellprojekts "Kooperation Jugendhilfe und Schule: Lehrer/-innen beraten Lehrer/-innen" vorgestellt, dessen Entwicklung und Evaluation mit der vorliegenden Arbeit dokumentiert werden.

Dieses Modell wurde vom Wissenschaftlichen Institut des Jugendhilfswerks Freiburg e.V. an der Universität Freiburg über die dreijährige Modellphase hinweg wissenschaftlich begleitet. In Kapitel 3 werden wichtige Aspekte des Begleitforschungsverständnisses, der Aufgaben und Funktionen der wissenschaftlichen Begleitung vor dem Hintergrund einer Erörterung des Stellenwerts von Begleitforschung im Rahmen von Schul- und Sozialpädagogik vorgestellt.

In Kapitel 4 werden die system- und organisationstheoretischen Grundlagen des Projekts ausgeführt, die sich auf ein entsprechendes Verständnis der Entstehung und Veränderung von Verhaltensauffälligkeiten in Schulen beziehen. Im Hinblick auf den Aufbau kooperativer Strukturen zwischen Jugendhilfeeinrichtungen und Schulen werden Interventionsformen bzw. Programme aus dem Bereich der Organisationsentwicklung vorgestellt.

Die methodischen Grundlagen der Planung und Durchführung der Entwicklung und Evaluation des Kooperationsmodells auf der Basis eines zyklischen Prozeßmodells und eines nichtexperimentellen Forschungsdesigns werden in Kapitel 5 dokumentiert.

In Kapitel 6 werden die Ergebnisse unserer evaluativen Untersuchungen im Rahmen der überregionalen Zwischen- und Abschlußbilanz vorgestellt. In der Zwischenbilanz sind die subjektiven Sichtweisen und Einschätzungen der am Projekt beteiligten Lehrer und Mitarbeiter von Jugendhilfeeinrichtungen, insbesondere der Jugendämter zu kooperationsfördernden bzw. -erschwerenden Faktoren der Aufbauphase der Kooperation und der sich daraus ergebenden Entwicklungsperspektiven für die zweite Projekthälfte zusammengefaßt. Die Abschlußbilanz dokumentiert zum einen die statistisch erfaßte Arbeit der Kooperationslehrer und zum anderen die subjektiven Einschätzungen der Beteiligten aller miteinbezogenen Institutionen im Hinblick auf integrationsspezifische und -unspezifische Effekte der Kooperation. In diesem Zusammenhang wird auch die Frage beantwortet, inwieweit durch das Kooperationskonzept die Integration verhaltensauffälliger Schüler in den Grund- und Hauptschulen unterstützt und damit das Projektziel erreicht werden konnte.

Zur Veranschaulichung der konkreten Praxis der Einzelfallkooperation wird in Kapitel 7 ein authentisches Fallbeispiel wiedergegeben und dessen Verlauf ausführlich beschrieben.

In Kapitel 8 erfolgt eine Diskussion der Studie. Daran anschließend werden wesentliche Schlußfolgerungen aus den vorgestellten Untersuchungsergebnissen gezogen, zur Übertragbarkeit des Kooperationskonzepts auf andere Regionen Stellung genommen sowie eine Empfehlung zur Fortsetzung der Kooperation über die Modellphase hinaus ausgesprochen.

2 Ausgangssituation

2.1 Zunahme von Verhaltensauffälligkeiten in Schulen

Seit Ende der 80er Jahre berichten Kultusministerien, Schulverwaltungen, Schulen, aber auch Vertreter örtlicher (z.b. Jugendämter) und überörtlicher Jugendhilfe (z.b. Landesjugendämter) in Baden-Württemberg wie im gesamten Bundesgebiet vermehrt von einer Zunahme der Zahl "verhaltensauffälliger oder -gestörter" Schüler nicht nur im Bereich der GHS (vgl. u.a. Landeswohlfahrtsverband Baden, 1992, 1995; Landtag von Baden-Württemberg, 1994, S. 146; Bundesarbeitsgemeinschaft der Landesjugendämter, 1993, S. 12; Bundesministerium für Jugend, Familie, Frauen und Gesundheit, 1995). Diese Einschätzungen speisen sich vor allem aus vielfachen Erfahrungen in Schulen und Gemeinwesen. Die immer häufiger beklagte Zunahme beispielsweise gewalttätiger Verhaltensweisen von Kindern und Jugendlichen kann hier als symptomatisch für diese Einschätzungen gesehen werden. Entsprechend dramatisierend (und damit auflagensteigernd) berichten die Medien immer wieder mit ähnlichen Bildern von ganzen Waffenarsenalen, die an Schulen sichergestellt wurden, von erpresserischen, mit Baseballschlägern bewaffneten Jugendlichen, die auch vor Lehrern nicht haltmachen: "*Aggressive Kinder bedrohen Klassenkameraden mit dem Tod, sie prügeln, rauben, erpressen. Schwere Verletzungen sind an der Tagesordnung. Lehrer und Polizei stehen der Brutalität von bisher nie erlebtem Ausmaß hilflos gegenüber*" (Der Spiegel, Nr. 42, 1992). Solche Berichte schüren Verunsicherungen, Ängste und Hilflosigkeitsgefühle bei Eltern und Lehrern und können mit dazubeitragen, daß sich Jugendliche geradezu eingeladen fühlen, solche öffentlichkeits- und damit aufmerksamkeitswirksame Verhaltensweisen zu imitieren oder zu inszenieren. Im Zuge solcher Dramatisierungen wird gewöhnlicherweise der Ruf nach "ordnungsrechtlichen" Lösungen lauter, und die Bereitschaft nimmt ab, sich differenziert über Bedingungen der Entstehung und Aufrechterhaltung auffälligen Verhaltens auseinanderzusetzen und nach pädagogischen Wegen im adäquaten Umgang mit ihnen zu suchen.

Wie steht es nun wirklich mit der beklagten Zunahme von Verhaltensauffälligkeiten, beispielsweise von Gewalt und Aggression bei Schülern? Im folgenden Abschnitt wird dieser Hypothese ausführlicher nachgegangen und detaillierter beleuchtet.

2.1.1 Untersuchungen zur Verbreitung von Verhaltens-auffälligkeiten an Schulen

Es ist schwierig, subjektive und häufig generalisierte und dramatisierte Erfahrungsberichte und Einschätzungen von Lehrern zu objektivieren und wissenschaftlich zu belegen. Am Beispiel der vielfach berichteten Zunahme von Gewalt an Schulen läßt sich dies gut verdeutlichen. Im Zuge der konstanten Präsenz dieses Themas in den Medien wurde in den letzten Jahren eine ganze Reihe meist regionaler, empirischer Untersuchungen veranlaßt und durchgeführt (vgl. Freie und Hansestadt Hamburg, 1993; Dettenborn, 1993; Ferstl et al., 1993; Hurrelmann, 1993; Freitag & Hurrelmann, 1993; Harnischmacher, 1995; Hanewinkel et al., 1995; Meier et al., 1995)[2], von denen die meisten zu dem Ergebnis kamen, daß eine generelle überdurchschnittliche Zunahme der Häufigkeit gewalttätiger Verhaltensweisen bei Schülern nicht belegt werden kann, wohl aber eine signifikante Zunahme des sehr kleinen Anteils besonders starker und heftiger Aggressions- und Gewalthandlungen bei geringerer Hemmschwelle und schnellerer Eskalation (vgl. u.a. Hurrelmann, 1991; Hanewinkel et al., 1995; Meier et al., 1995; Bründel, 1995).

In einer Erhebung des Ministeriums für Kultus und Sport aus dem Jahr 1991 zur Gewalt an 400 Schulen in Baden-Württemberg ergaben sich kaum Gewalthandlungen in Grundschulen sowie in Hauptschulen im ländlichen/mittelstädtischen Bereich, jedoch ein Anstieg im großstädtischen Bereich (vgl. Landtag von Baden-Württemberg, 1994, S. 146).

Gewalt oder Aggression ist aber nur eine Erscheinungsform vielfältiger Verhaltensauffälligkeiten von Kindern und Jugendlichen, die jedoch in ihrer Breite nicht so häufig im Kontext von Schulen untersucht wurden. Im folgenden werden die immer wieder als Belege für eine allgemeine und seit Jahrzehnten kontinuierliche Zunahme von Verhaltensauffälligkeiten aufgeführten Forschungsergebnisse verschiedener Untersuchungen kurz vorgestellt (vgl. dazu Bittner et al., 1974, S. 24 ff.):

Untersuchung von Harnack (1958) über die Verbreitung "nervöser Verhaltensstörungen" im Kindesalter
- Stichprobe: 1335 Hamburger Kinder im Alter von 10 Jahren.
- Ergebnis: Bei 3,7% der Kinder wurde eine "ausgeprägte", bei 16,3% eine "mäßige" Verhaltensstörung konstatiert (vgl. Harnack, 1958).

---

[2] Eine differenzierte Darstellung empirischer Untersuchungen zum Thema "Gewalt an Schulen" geben Ferstl et al. (1993) und Bründel (1995).

Untersuchung von Thalmann (1971)
- Stichprobe: 150 Reutlinger Jungen im Alter von 7-10 Jahren.
- Ergebnis: 1,3% der Jungen werden als "stark belastete Anstaltsfälle" und weitere 18,7% als "stark belastete Problemkinder" bezeichnet (vgl. Thalmann, 1971, S. 74).

Untersuchungen von Kluge (1975)
- Befragung der Lehrer von 11.436 Krefelder Grundschülern.
- Ergebnis: Mindestens 1,87% wurden als "verhaltensauffällig" bezeichnet - nach Meinung der Autoren liegt die Quote jedoch wahrscheinlich bei 2,3% (vgl. Kluge, 1975, S. 28-30).

Untersuchungen von Brusten & Hurrelmann (1973)
- Befragung von 819 Schülern der 9. und 10. Klasse Bielefelder Haupt-Realschulen und Gymnasien sowie 67 ihrer Lehrer zur Erfassung des Konformitätsstatus der Schüler.
- Ergebnisse: Die Lehrer stuften 24% der Schüler als "sehr delinquent" ein (vgl. Brusten & Hurrelmann, 1976, S. 55 f.). Im Selbstbericht stuften 49% der Schüler ihre eigene Delinquenzbelastung als "hoch" ein (a.a.O., S. 133).

Statistisches Bundesamt: Mikrozensus-Untersuchung zur Erfassung der Anzahl behinderter Kinder in der BRD (1974)
- Befragung einer Flächenstichprobe von 1% (ca. 220 000 Haushalte) per Interview im April 1974.
- Ergebnisse: 4,7% aller Kinder wurden nach Meinung ihrer Eltern als "behindert" eingeschätzt, 0,1% aller Kinder als "verhaltensgestört, erziehungsschwierig oder seelisch behindert" (vgl. Christian & Huschenbeth, 1976, S. 15-19).

Untersuchung von Bach et al. (1986)
In der umfangreichsten Studie zur Verbreitung von Verhaltensauffälligkeiten in Schulen führten Bach et al. eine repräsentative Umfrage bei fast 4000 Lehrern aus sämtlichen GHS, Förderschulen, Realschulen und Gymnasien von Rheinland-Pfalz aus den Jahren 1980/81 durch. Sie kamen u.a. zu folgenden Ergebnissen (vgl. a.a.O., S. 38 ff.):

a) Häufig genannte Verhaltensauffälligkeiten, u.a.:

* Unkonzentriertheit	22,4 Schüler[3]	* Verbale Aggression	9,1
* Ungenauigkeit	21,8	* Mangelndes Selbstvertrauen	8,6
* Faulheit	16,3	* Physische Aggression	5,6
* Motorische Unruhe	15,2	* Ungehorsam	5,5
* Mangelndes Interesse	14,7	* Kontaktprobleme	4,9

b) Weniger häufig genannte Verhaltensauffälligkeiten, u.a.:

* Schulangst	2,6	* Beschädigen von Schülereigentum	2,0
* Psychosomatische Störungen	2,5	* Depressivität	1,8
* Gewalt gegen Schuleigentum	1,4	* Stehlen	0,5

c) Schulartenvergleich:
Im Vergleich der Häufigkeitsnennungen von Schulart zu Schulart fanden Bach et al. kaum nennenswerte Unterschiede. In der Grundschule wurden unterdurchschnittlich häufig "Ungenauigkeit", "Gewalt an Schuleigentum" und vor allem "Faulheit" genannt. Im Gegensatz dazu war "Faulheit" im Urteil der Lehrer in der Hauptschule so verbreitet wie in keiner anderen Schulart (vgl. a.a.O., S. 40).

d) Gesamtbewertung:
Bach et al. konstatieren, daß das Gesamtbild der Verhaltensauffälligkeiten eher von alltäglichen Problemen des Schülerverhaltens beherrscht wird, schwerwiegende Auffälligkeiten wie physische Aggressionen, psychosomatische Störungen, Schulangst, Depressivität usw. seltener vorkommen, jedoch mit besonders schwerwiegenden Auswirkungen auf den Schulalltag und auf die betreffenden Schüler und Lehrer einhergehen. Sie stellen fest: *"So kann man es z.B. als hinzunehmende Größe ansehen, daß mehr als 5 von 100 Schülern physische Aggressionen zeigen, 4 von 100 Kontaktprobleme haben, 2 von 100 depressive Züge, 2 von 100 psychosomatische Störungen und 1 von 100 Gewalt gegen Schuleigentum ausübt"* (vgl. a.a.O., S. 38).

Remschmidt (1987)

Hurrelmann geht in Bezugnahme auf Überblicksstudien von Remschmidt (1987) aus dem Bereich der Kinder- und Jugendpsychiatrie davon aus, daß 10 bis 12% der Kinder im Grundschulalter an psychischen Störungen im Bereich Leistung, Wahrnehmung, Emotion und Sozialkontakt leiden, wobei von einer Quote von mindestens 5% ausgegangen wird, die im engsten Sinne des Wortes psychisch krank und unbedingt behandlungsbe-

---

[3] Die Angaben beziehen sich auf die Zahl verhaltensauffälliger Schüler unter 100 beurteilten Schülern.

dürftig sind. Dies betrifft im Kindesalter vor allem die Jungen. Darüber hinaus sind 7 bis 10% aller Kinder und Jugendlichen von chronischen Krankheiten, insbesondere von Allergien betroffen, die das Handeln und Empfinden der Kinder beeinflussen (vgl. Hurrelmann, 1991a, S. 14).

Untersuchung von Engel & Hurrelmann (1993)

- Längsschnittuntersuchung von Gesundheitsrisiken und des Risikoverhaltens (Streß-, Drogen- und Delinquenzrisiko) von Schülerinnen und Schülern der Jahrgangsstufen 7-10 in Haupt-, Real-, Gesamtschulen und Gymnasien Nordrhein-Westfalens im Zeitraum zwischen 1986 und 1989.

- Standardisierte (schriftliche) Schülerbefragung einer repräsentativen Stichprobe von N = 1717 (bei der Erstbefragung)

- Ergebnisse bzgl. Delinquenzrisiko (Kriminalität und aggressives Verhalten; N = 1583): 29% der befragten Jugendlichen gaben an, in den letzten 12 Monaten jemanden absichtlich geschlagen oder verprügelt zu haben, 16% eine Unterschrift gefälscht, 15% bzw. 14% eine Sache mit Gewalt weggenommen bzw. gestohlen zu haben. 4% der Jugendlichen konsumierten in den letzten 12 Monaten Haschisch/Marihuana und 2,3% begingen einen Einbruch. Diese Prävalenzwerte waren bei den Jungen durchweg höher ausgeprägt als bei den Mädchen (Engel & Hurrelmann, 1993, S. 234).

Untersuchungen von Meier et al. (1995)

Bei dieser Untersuchung handelt es sich um ein dreistufiges Forschungsvorhaben, das seit 1994 jeweils parallel in hessischen und sächsischen Schulen durchgeführt wird. In der ersten Stufe erfolgte eine Schulleiterbefragung aller Sekundarschulen in Hessen und Sachsen, in der zweiten Stufe werden Schüler und Lehrer an jeweils 20 repräsentativ ausgewählten Schulen der Sekundarstufe I befragt, und in der dritten Stufe werden Fallstudien an einzelnen Schulen durchgeführt. Die Ergebnisse der ersten Stufe liegen vor (vgl. Meier et al., 1995, S. 170 ff.).

Eines der Ergebnisse der Schulleiterbefragung bezieht sich auf die Häufigkeit des Auftretens schultypischer Formen gewalttätigen und abweichenden Verhaltens im Ländervergleich (Sachsen / Hessen in %):

1. Vandalismus:	32,9 / 41,2 [4]	5. Nötigung / Erpressung:	7,5 / 13,1
2. Diebstahl:	16,5 / 33,3	6. Aneignung von Sachen unter Gewaltandrohung:	2,3 / 10,5
3. Körperverletzung:	8,7 / 21,5	7. Sexualdelikte:	0,0 / 1,4
4. Urkundenfälschung:	9,3 / 14,7		

Die Antworten auf die Frage, ob bestimmte Formen abweichenden Verhaltens in den letzten fünf Jahren eher zu- oder abgenommen haben, waren uneinheitlich. Lediglich bei Vandalismus und bei Körperverletzung war in beiden Bundesländern eine Mehrheit der Schulleiter der Ansicht, daß diese zugenommen haben (vgl. a.a.O., S. 181).

In ihrer Bewertung der ersten Ergebnisse stellen Meier et al. (1995, S. 181) fest: *"Zwischen dem öffentlichen Bild einer massiven Gewaltbelastung in unseren Schulen und den Einschätzungen der Schulleitungen bestehen große Diskrepanzen. Folgt man der Sicht der Schulleiterinnen und Schulleiter, so sind z.B. Schutzgelderpressungen und Gruppenprügeleien, aber auch körperliche Bedrohungen von Lehrkräften alles andere als alltägliche Ereignisse. All dies kommt vor, aber in den meisten Schulen recht selten".*

Diese exemplarisch vorgestellten Untersuchungen zur Verbreitung von Verhaltensauffälligkeiten bei Schülern wurden in mehrfacher Weise kritisiert. Die Kritikpunkte bezogen sich vor allem auf die Uneinheitlichkeit der Kriterien für die Variable "Verhaltensstörung", auf die Methodik der Lehrerbefragung und auf die damit in Zusammenhang stehende Unterschiedlichkeit der Ergebnisse.

1. Unterschiedliche Ergebnisse

Für Planungen auf dem Gebiet des Sonderschulwesens wird im allgemeinen von einem Schätzwert von 1 bis 1,5% der Schüler ausgegangen, die aufgrund von Verhaltensstörungen sonderschulbedürftig sind (vgl. Prändl, 1968)[5]. Daher haben die empirisch gefundenen und meist höher liegenden Quoten verhaltensauffälliger Schüler auch bildungs- und finanzpolitische Bedeutung etwa im Hinblick auf die Schulplanung oder auf die Förderung integrativer vs. segregierender Beschulungsformen.

Die vorgestellten Untersuchungen kommen auf unterschiedliche Werte der Quoten von Verhaltensauffälligkeiten bei Kindern. Sie können jedoch

---

[4] Die angegebenen Prozentwerte für Sachsen / Hessen beziehen sich auf die zusammengefaßten Kategorien "gelegentlich"/"häufig" einer 4-stufigen Antwortvorgabe (... "selten" / "nie") (vgl. Meier et al., 1995, S. 173).

[5] Auch nach telefonischer Auskunft des Oberschulamts Freiburg (1995) wird aktuell von einer Quote von mindestens 1,5% ausgegangen.

kaum miteinander verglichen werden, liegen ihnen doch unterschiedliche Definitionen und Klassifizierungen der Basisvariablen "Verhaltensstörung" oder "Verhaltensauffälligkeit", unterschiedliche Stichproben, Untersuchungszeiträume und Erhebungsmethoden zugrunde.

2. Probleme der Definition und Klassifikation von "Verhaltensstörung" bzw. "Verhaltensauffälligkeit"

Die Schwierigkeit, Entwicklungen zu belegen, die aus der Praxis der Schulen und Einrichtungen der Jugendhilfe, aber auch der Kinder- und Jugendpsychiatrien berichtet werden, liegt vor allem im Problem einer einheitlichen Bestimmung "harter" Kriterien der Definition verfestigter (und nicht etwa situativer) Verhaltensauffälligkeiten, die einen Beratungs- oder Handlungsbedarf signalisieren bis hin zur Überprüfung der betreffenden Schüler auf Vorliegen eines sonderpädagogischen Förderbedarfs im Sinne der SfE. Die Praxis zeigt, daß diese Kriterienbestimmung von unterschiedlichen Faktoren abhängt, vor allem aber von der subjektiven Sicht der Lehrer in GHS und deren Bereitschaft, Kompetenz und Motivation, verhaltensauffällige Schüler mitzutragen[6]. Eine solche Bereitschaft ist aber auch abhängig von äußeren, beispielsweise strukturellen Bedingungen wie der Klassengröße, der Schulgröße und -atmosphäre, der Beratungs- und Fördermöglichkeiten der Schule oder des Umfelds und ebenso von der Präsenz und Auslastung einer SfE in der Umgebung einer GHS. So ergibt sich ein multifaktorielles Gefüge von Elementen auf unterschiedlichen Ebenen, das letztlich zur Definition und Zuschreibung von "Verhaltensauffälligkeit" oder "Verhaltensstörung" durch Lehrer beiträgt (vgl. dazu Kap. 2.1.2). Diese Zuschreibung ist jedoch deshalb bedeutsam, weil sie gewöhnlicherweise eine Kette von Reaktionen auslöst bis hin zur Umschulung der als verhaltensauffällig definierten Schüler in eine SfE.

Die Probleme mit der Definition und Klassifizierung der Variable "Verhaltensauffälligkeit" in der Praxis stehen im Zusammenhang mit den grundsätzlichen Problemen der Terminologie und Klassifikation auffälligen Verhaltens. Kinder und Jugendliche mit verschiedenartigen Symptomen abweichenden Verhaltens werden in der Sonder- und Sozialpädagogik mit unterschiedlichen, jedoch inhaltlich nahezu äquivalenten Begriffen bezeichnet, u.a. als "Verhaltensgestörte", "Verhaltensauffällige", "schwer Erziehbare", "sozial Auffällige" usw.[7]. Bach (1989, S. 3 ff.) setzt sich mit

---

[6] Beispielsweise beschreiben Brusten & Hurrelmann (1976) Typisierungs- und Stigmatisierungsprozesse von Lehrern und damit zusammenhängend die Interdependenz von Leistungs-, Beliebtheits- und Konformitätsstatus bei Schülern.

[7] Eine Übersicht der in der sonderpädagogischen Literatur verwendeten Begriffe gibt Müller (1970).

diesen Begriffen detailliert und kritisch auseinander, Schlee (1989, S. 36 ff.) vor allem mit dem Begriff "Verhaltensstörung", der nach seiner Auffassung eine heimliche Wertigkeit beinhaltet und sich auf einen unklaren Objektbereich bezieht, daher nicht mehr zur Beschreibung und Erklärung von Sachverhalten taugt sowie keine nützlichen Informationen für das erziehungspraktische Handeln enthält. Nach Bach (1989, S. 10) ist die Bezeichnung "Verhaltensauffälligkeit" gegenüber dem Begriff Verhaltensstörung" oder "abweichendes Verhalten" weiter gefaßt und offener, da im Begriff des Auffallens nicht nur das Auffällige, sondern auch derjenige eingeschlossen ist, dem etwas auffällt.

Dieser stark auf die Subjektivität von Zuschreibungen abhebende Begriff deckt sich mit einer systemisch-konstruktivistischen Sicht von Verhaltensauffälligkeit als Passungsproblem (vgl. Kap. 4.2.1) und wird daher von mir selbst bevorzugt.

Bittner et al. (1974, S. 18 f.) resümieren, daß die angesprochenen terminologischen und definitorischen Schwierigkeiten noch nicht befriedigend gelöst sind. Sie befassen sich auch mit den Problemen der Klassifikation der Verhaltensstörungen, insbesondere mit Abgrenzungsproblemen, die sich aus der häufigen Überlappung diagnostischer Kategorien ergeben. Die Diagnose im Rahmen einer pädagogisch-psychologischen Prüfung bildet jedoch eine der Grundlagen der Entscheidung über die Einleitung sonderpädagogischer Maßnahmen seitens der Staatlichen Schulämter. Bei der Beurteilung der Sonderschulbedürftigkeit eines Schülers ist nach Bittner et al. (1974, S. 23 f.) a) die Schwere der Störung, b) die schulische Relevanz der Störung und c) die Bedeutung des sozialen Umfeldes für die Wahl einer sonderpädagogischen Maßnahme von Bedeutung. Je weniger nun eine solche Entscheidung über die Notwendigkeit sonderpädagogischer Maßnahmen aufgrund gestörten Schülerverhaltens "objektivierbar" ist, desto mehr muß sie nach Ansicht von Bittner et al. intersubjektiv herbeigeführt und nachprüfbar sein.

3.   Methodik der Lehrerbefragung

Ein weiterer Kritikpunkt an den Ergebnissen von Untersuchungen zur Verbreitung von Verhaltensauffälligkeiten in Schulen bezieht sich auf die Methodik der Lehrerbefragung. Darüber berichtete beispielsweise Sander (1971) ausführlich - er weist vor allem auf die Begrenztheit der Aussagekraft des Lehrerurteils hin. Lehrerurteile sind nicht "objektiv". Sie scheinen im Hinblick auf die individuelle Zuschreibung einer "Verhaltensstörung" nach Ansicht einiger Autoren besonders stark geprägt zu sein vom subjektiven Erleben alltäglicher Belastungen durch "auffälliges" Schülerverhalten (vgl. u.a. Kleber, 1978; Datler, 1987, S. 18) oder durch implizite Devianztheorien der Lehrer (vgl. u.a. Lösel, 1974; Brusten & Hurrelmann,

1976; Glötzl, 1979). Aufgrund dieser Erkenntnisse sind zuverlässigere Anhaltspunkte über die Verbreitung von Verhaltensstörungen nach Sander (1971) lediglich durch systematische Erhebungen an kindlichen Normalpopulationen zu gewinnen wie etwa in der Untersuchung von Harnack (1958)[8]. Allerdings wurde diese Empfehlung von Sander weder bei der vielbeachteten Untersuchung von Bach et al. (1986) noch bei aktuellen Untersuchungen zu Gewalt an Schulen (vgl. u.a. Ferstl et al., 1993; Meier et al., 1995; Thiel, 1995) aufgegriffen. Sie bedienten sich weiterhin vor allem der Methodik der Lehrer- bzw. Schulleiterbefragung. Ihre Ergebnisse bilden daher nur eine von mehreren möglichen Perspektiven ab. Dabei hat sich etwa in der Untersuchung von Holtappels (1985) gezeigt, daß ein Großteil der als "normabweichend" erfaßten Verhaltensweisen aus der Schülerperspektive so häufig genannt wurde, daß sie *"zum "normalen" oder gar alltäglichen Verhaltensrepertoire der meisten Schüler gehören. (...) Institutionelle Definitionen wie "abweichend" oder "auffällig" scheinen hier jedenfalls eher abwegig zu sein."* (a.a.O., S. 302).

4. Methodenabhängigkeit der Schlußfolgerungen

Sander schätzte 1971 die Quote der "sonderschulbedürftigen Verhaltensgestörten" zwischen 0,02 und 3,7% (1971, S. 51), was wiederum in dieser Spannbreite relativ beliebig scheint. Daher wird diese Schätzung u.a. von Bittner et al. (1974, S. 27) kritisiert, die bemängeln, daß Sander nicht näher definiert, was er unter "Sonderschulbedürftigkeit" versteht. Bittner et al. weisen ausdrücklich darauf hin, daß es keinen definierbaren Typus des "sonderschulbedürftigen Verhaltensgestörten" gibt und auch nicht geben kann. Sie sprechen sich daher für ein Verständnis von Verhaltensstörung als Kontinuum von Abweichungen mit fließenden Übergängen zur Norm und von Sondererziehung der Verhaltensgestörten als ein abgestuftes System sonderpädagogischer Angebote unterschiedlicher Intensität und Reichweite aus. Dies mit der Konsequenz, daß nach Bittner et al. (1974) der zahlenmäßige Bedarf an sonderpädagogischen Fördermöglichkeiten beträchtlich höher einzustufen ist als bei Sander: *"In diesem Fall müßte der von Harnack gefundene Wert von 3,7% der Kinder mit erheblichen Verhaltensstörungen als der unterste Grenzwert der Planung eigenständiger sonderpädagogischer Einrichtungen angesehen werden"* (Bittner et al., 1974, S. 27).

Unter Berücksichtigung der Ergebnisse der aktuellen und repräsentativen Untersuchungen von Bach et al. (1986) und Engel & Hurrelmann

---

[8] Eine Untersuchung auf der Grundlage von Schülerbefragungen legte Holtappels (1985) vor. Ferstl et al. (1993) befragten in ihrer Studie Schüler, Lehrer und Eltern.

(1993) finden die subjektiven Wahrnehmungen und Einschätzungen von Lehrern in Bezug auf eine Zunahme von Verhaltensauffälligkeiten unter Kindern und Jugendlichen in Schulen eher eine Bestätigung. In der Konsequenz liegt es nahe, die auch vom Kultusministerium Baden-Württemberg angesetzte Quote von 1 bis 1,5% verhaltensauffälliger und sonderschulbedürftiger Schüler als zu niedrig anzusehen, gerade weil an den Allgemeinschulen vor allem in Baden-Württemberg die sonderpädagogischen Fördermöglichkeiten in den letzten Jahren immer stärker begrenzt wurden und diese wesentlich mit die Diagnose der Sonderschulbedürftigkeit eines Schülers bestimmen (vgl. Kap. 2.2.4).

2.1.2 Bedingungen der Zunahme von Verhaltens- auffälligkeiten von Schülern

Weder das Phänomen Verhaltensauffälligkeit selbst noch das Phänomen einer Zunahme von Verhaltensauffälligkeiten lassen sich durch kausallineare Modelle hinreichend erklären oder beschreiben. Vielmehr wird heute über unterschiedliche Erklärungsmodelle hinweg von einem multifaktoriellen Bedingungsgefüge ausgegangen, wobei eine genaue Differenzierung zwischen verursachenden, auslösenden und aufrechterhaltenden Faktoren kaum mehr möglich ist. In diesem Sinne lassen sich solche Faktoren für die im Hinblick auf die Fragestellung und den Gegenstandsbereich dieser Arbeit relevanten Lebenswelten und Sozialisationsbereiche verhaltensauffälliger Kinder und Jugendlicher, also der Familien, der Schule und der Jugendhilfe beschreiben.

1.   Veränderungen der familiären und sozialen Lebenswelten von Kindern und Jugendlichen

Laut einer repräsentativen Umfrage des Emnid-Instituts (1986) glauben 35% der Bundesbürger, daß Deutschland ein kinderfeindliches Land ist. Daher wundert es nicht, daß es für Kinder und Jugendliche in den letzten Jahren immer schwieriger wurde, in unserer Gesellschaft aufzuwachsen und in sie hineinzuwachsen. Die zahlreichen Veröffentlichungen zu diesem Thema beleuchten aus unterschiedlichen Perspektiven[9] die sich verändernden Strukturmerkmale einer "modernen" Gesellschaft, wie etwa Wachstum, Differenzierung, Interdependenz, Mobilität und Partizipation,

---

[9]   Aus (makro-)soziologischer Sicht wird beispielsweise auf existentiell bedrohliche Gefahren und Risiken der "modernen" Gesellschaft hingewiesen, die von ihr selbst produziert werden und die im Extremfall sogar zu ihrer eigenen Selbstvernichtung führen können. Beck (1986) spricht daher von der "Risikogesellschaft".

die sich auf die Sozialisationsbedingungen der Kinder und Jugendlichen zunehmend erschwerend auswirken (vgl. u.a. Tippelt, 1990, S. 7 ff; Zapf, 1992, S. 190). Im 8. Jugendbericht der Bundesregierung (1990, S. 27 ff.) werden die veränderten Lebensbedingungen von Kindern und Jugendlichen unter dem Titel "Kindheit und Jugend im Wandel" detailliert beschrieben. Als Kennzeichen dieses Wandels werden u.a. genannt:

- Pluralisierung von Lebenslagen und Individualisierung von Lebensstilen
- Veränderungen im Bereich der Familie, des Bildungswesens, der Ausbildungs- und Erwerbssituation sowie des Berufseinstiegs
- Jugend als eigenständige Phase

Unter "Pluralisierung von Lebenslagen" wird das Ergebnis eines regionalen, sozialen und kulturellen Ausdifferenzierungsprozesses der letzten Jahre angesprochen, der eine einheitliche Beschreibung der Lebensverhältnisse der Kinder und Jugendlichen sowie ihrer Familien nicht mehr zuläßt. Es gibt immer weniger traditionell (etwa von Eltern) vorgelebte und (etwa vom Bildungsweg) vorgezeichnete "Normalbiographien" im Jugendalter (vgl. a.a.O., S. 52). Der einzelne Jugendliche wird demgegenüber mit einer unüberschaubaren Zahl alternativer Lebensstile und damit einhergehend Wertesystemen konfrontiert, aus denen er selbst die für ihn richtigen und passenden herausfinden muß. Mit einer solchen Zunahme von Wahlmöglichkeiten über Lebensstile, -formen, -inhalte und Rollendefinitionen etwa im Hinblick auf die Geschlechterrollen usw. erschließen sich zwar für Jugendliche Gestaltungsfreiräume und viele neue Optionen. Die Offenheit der Lebenssituation bei gleichzeitigem Mangel an klaren Orientierungsmaßstäben kann jedoch zu einem erheblichen Risiko für diesbezüglich überforderte Jugendliche werden und zu Individualisierungsprozessen führen, in denen etwa Beziehungen zu anderen Personen immer beliebiger werden. Dies fördert Desintegrations- und Entsolidarisierungsprozesse (vgl. a.a.O., S. 29 f.).

Aufgrund der vielen heterogenen Verhaltens- und Lebensweisen von Jugendlichen sowie der zeitlichen Ausdehnung der Jugendphase (durch die Verlängerung der Schulzeit und der Berufseinmündungsphase bei gleichzeitiger soziokultureller Selbständigkeit und ökonomischer Abhängigkeit vom Elternhaus) wird im 8. Jugendbericht nicht mehr von der Jugendphase als Durchgangsstadium vom Kind zum Erwachsenen, sondern als einer eigenständigen Phase des frühen Lebensalters gesprochen (vgl. a.a.O., S. 53 ff.). Als - zumindest relativ - eigenständige Phase stellt sie an Jugendliche entsprechende Herausforderungen im Hinblick auf die Bewältigung der (Rollen- und Leistungs-) Erwartungen unterschiedlicher und ausdifferenzierter Sozialisationsbereiche wie Familie, Schule, Berufsausbildung, Kommerz, "*so daß man eine private, eine öffentliche und eine kommerzielle Kindheit und Jugend unterscheiden kann. Zwischen den*

Sozialisationsbereichen bestehen Spannungen, Widersprüche, Abstimmungsschwierigkeiten. Kinder und Jugendliche müssen daher heute lernen, sich auf kontrastierende Anforderungen und vielfältige Rollen individuell zu beziehen" (Tippelt, 1988, S. 621).

Dabei spielt der (private) Sozialisationsbereich der Familie und der Peergruppe eine besondere Rolle. Die informelle Peergruppe oder Clique gewann in den letzten Jahrzehnten vor allem in ländlichen Regionen und Arbeiter- bzw. Trabantensiedlungen enorm an Bedeutung. Offenbar hängt dieser Bedeutungszuwachs vor allem mit der längeren Verweildauer der Jugendlichen im Bildungssystem zusammen. Cliquen unterstützen die notwendige Ablösung von den Eltern, weil sie moralische Stabilisierungen, körpernahe und erotische Erfahrungen ermöglichen (vgl. Tippelt, 1988, S. 626) und können daher als ein typischer Bestandteil einer eigenständigen Jugendphase angesehen werden. Andererseits kann die Integration von Jugendlichen in einer Clique aber auch ein Risikofaktor in der Entstehung delinquenten Verhaltens darstellen, wenn die Cliquen abweichende Normen verfolgen, denen sich der einzelne Jugendliche aufgrund des Konformitätsdrucks innerhalb der Gruppe nur schwer entziehen kann (vgl. Hurrelmann, 1991, S. 106). Dieser Druck ist um so größer, je stärker der Jugendliche auf Beziehungen in der Clique etwa im Hinblick auf soziale Kontakte oder im Hinblick auf seine Identitätsentwicklung angewiesen ist, etwa zur Kompensation des Beziehungsvakuums der modernen Gesellschaft. So kann die Integration in eine delinquente Jugendkultur zur Desintegration in anderen Lebensbereichen wie Familie oder Schule führen oder bestehende Desintegrationsprozesse verstärken.

Cliquen- und Elternbindung müssen sich jedoch nicht ausschließen, da das Aufwachsen der Kinder und Jugendlichen trotz zunehmender Eigenständigkeit immer noch sowohl ökonomisch als auch emotional stark von den Lebensbedingungen ihrer Familien abhängig ist, die sich in vielerlei Hinsicht in den letzten Jahrzehnten, etwa ökonomisch oder strukturell, geändert haben. Vielerorts wird von einem dramatischen Anstieg familiärer Problemlagen berichtet. Dabei spielen innerfamiliäre Probleme wie etwa auf der Paarebene eine ebenso große Rolle wie die zunehmenden sozialen, ökologischen und ökonomischen Schwierigkeiten, die immer stärker in den innerfamiliären Kontext hineinwirken. Dieser komplexe Problemdruck, dem immer mehr Familien ausgesetzt sind, bewirkt zunehmend Gesundheitsprobleme sowie Verhaltensauffälligkeiten von Kindern und Eltern. Verhaltensauffälligkeiten und Gesundheitsbeeinträchtigungen sind nach Engel & Hurrelmann (1993) verstärkt bei Jugendlichen anzutreffen, die sich in schwierigen schulischen Leistungssituationen bei hohem Erwartungsdruck der Eltern befinden. In ihrer Längsschnittstudie (vgl. Kap. 2.1.1) stellten sie fest, daß schlechte schulische Leistungen zudem die sozialen Beziehungen zwischen Jugendlichen und Eltern beeinträchtigen: 43% der Hauptschüler und 49% der Grundschüler, die schulische Leistungsprobleme zu Protokoll gaben, berichteten von Konflikten mit Vater oder Mutter (vgl. a.a.O., S. 76 ff.). Durch die Studie konnte nachgewiesen werden, daß eine Diskrepanz zwischen schulischen Leistungen der Jugendlichen und elterlichen Leistungserwartungen im Rahmen einer wettbewerbsorientierten Lebensweise der Jugendlichen eindeutig verbunden ist mit einem erhöhten Delinquenzrisiko (vgl. a.a.O., S. 248). Jugendliche Deprivationserfahrungen, also etwas nicht bekommen zu können, was andere (vor allem Mitschüler) haben, erwiesen sich als "echter Kausalfaktor" für das Auftreten delinquenter Verhaltensweisen, und zwar in dem Maße, wie der soziale Kontext der Kinder und Jugendlichen durch finanzielle Ungleichheit geprägt war (vgl. a.a.O., S. 273 f.).

Beispiele für solchermaßen durch Deprivationserfahrungen verschärfte Problemlagen dokumentieren die Armutsstudien der Wohlfahrtsverbände oder die zum "Weltkindertag 1993" vorgelegte Bilanz des Kinderschutzbundes "Reiches Land - arme Kinder", in der angesichts von 1,8 Millionen Kindern, die auf Sozialhilfe angewiesen sind, sogar von einer "Infantilisierung der Armut" gesprochen wird (vgl. u.a. Deutscher Caritasverband, 1993; Deutscher Paritätischer Wohlfahrtsverband, Deutscher Gewerkschaftsbund & Hans-Böckler-Stiftung, 1994).

Neben solchen sozioökonomischen Aspekten werden immer mehr Kinder und Jugendliche auch mit Veränderungen im familiären Beziehungsgefüge konfrontiert. Der Bericht der Enquêtekommission des Landtags von Baden-Württemberg "Kinder in Baden-Württemberg" (1994) weist darauf hin, *"daß mit einer stetig fortschreitenden Pluralisierung von Lebenslagen und Individualisierung der Lebensführung von Familien und jungen Erwachsenen und vielfältiger werdenden Lebensformen von Familien eine Veränderung der traditionalen familialen Strukturen festzustellen ist"* (a.a.OS. 38). Dabei handelt es sich vor allem um Veränderungen der Ehe- bzw. Partnerbeziehungen mit teilweise erheblich belastenden psychosozialen Folgen der betroffenen Kinder und erhöhten Anforderungen an die Erziehungspersonen (vgl. u.a. Fthenakis, 1995). So sind bundesweit jedes Jahr knapp 100.000 Minderjährige von der Scheidung ihrer Eltern betroffen, 1,3 Millionen leben in Eineltern- und 1 Million in Stieffamilien (vgl. Textor, 1995, S. 18)[10].

Neben diesen strukturalen Veränderungen im inneren Beziehungsgefüge müssen sich Familien und Eltern darüber hinaus auch mit dem Problem der Vereinzelung und des Rückgangs sozialer Unterstützungssysteme wie

---

[10] Diese Zahlen verdeutlichen, daß der Begriff "Familie" heute neu definiert werden muß, weil er verschiedene intime Beziehungsformen des alltäglichen gemeinsamen Lebensvollzugs miteinschließt.

etwa gut nachbarschaftlicher Beziehungen auseinandersetzen. Denn sie trifft der Individualisierungstrend der "modernen" Gesellschaft ebenso wie ihre Kinder. Auch für Eltern gilt, daß ehemals wichtige Werte ihre allgemeine Gültigkeit verloren haben. Die Integrationskraft klassischer Organisationen wie Kirchen, Gewerkschaften und Parteien und damit ihre gesellschaftliche Bedeutung der Sinnstiftung und Wertevermittlung hat nachgelassen. Die Folge ist, daß es gerade im Bereich der Erziehungsziele und -stile zu größeren Verunsicherungen und Überforderungen kam angesichts einer Vielzahl sich teilweise widersprechender Auffassungen über die pädagogisch richtige Erziehung und angesichts einer Menge an "geheimen Miterziehern" wie etwa der Gleichaltrigengruppe oder der Medien (vgl. Landeswohlfahrtsverband Baden, 1992, S. 1; Bärsch, 1989, S. 19-22; Textor, 1995, S. 14 ff.).

Die Überforderung vieler Familien in der Bewältigung ihrer Sozialisationsaufgaben führte zu einem grundsätzlichen Einstellungswandel gegenüber Angeboten außerfamiliärer Erziehung und Betreuung von Kindern und Jugendlichen. Dies zeigt sich daran, daß "*der Besuch öffentlicher Bildungs- und Sozialisationseinrichtungen (...) nicht nur im frühen Kindesalter, sondern auch in der späten Adoleszenz in den letzten zwanzig Jahren enorm zugenommen*" hat (Tippelt, 1988, S. 627).

Daher wirkt der Umstand problemverschärfend, daß den geänderten familialen Strukturen und dem gestiegenen Bedarf an außerfamiliärer Unterstützung keine ausreichend adäquaten außerfamiliären Erziehungs- und Betreuungsstrukturen gegenüberstehen, die die erhöhten Anforderungen an die familiäre Sozialisation stützen können, wie der Bericht der Enquêtekommission des Landtags von Baden-Württemberg "Kinder in Baden-Württemberg" (1994, S. 39) betont. Daher stellen die Experten der Enquêtekommission in einer abschließenden Bewertung u.a. einen klaren Handlungsbedarf im Hinblick auf eine Unterstützung des Erziehungsauftrags der Familie und im Hinblick auf den Familienlastenausgleich fest (vgl. a.a.O., S. 40).

In diesem Kontext ist auch der Ruf an die Schulen zu verstehen, ihren Erziehungsauftrag als eine der wichtigsten der Familie nachgeordneten öffentlichen Sozialisationsinstanz stärker zu verwirklichen und fehlende bzw. defizitäre Sozialisationsleistungen der Familien zu kompensieren. Eine Verstärkung des Erziehungsauftrags würde auch diejenigen Familien entlasten, die sich verstärkt zu einem "funktionalen Stützsystem der Schulen" entwickelt haben, was bedeutet, daß Familien in der Schule erzeugte Frustrationserlebnisse der Kinder nachhaltig kompensieren und damit einen wichtigen Beitrag zur Stabilisierung der Motivation der Kinder zum Schulbesuch leisten (vgl. Tyrell, 1987, S. 113).

Kinder wachsen zunehmend nicht nur in emotional belasteten und materiell verarmten familiären Situationen auf. Verarmungstendenzen zeigen sich auch im Bereich der konkreten Erfahrung und der Spiel- und Erlebensmöglichkeiten, die sich mehr und mehr verengen. Freie Grundstücke werden zugebaut, Wege asphaltiert, Straßen werden zu Todesfallen. *"Von der zunehmenden Verstädterung, der allgemeinen Reizüberflutung, der Einschränkung des Spiel- und Bewegungsraums gehen negative Wirkungen aus, so daß sich beim Durchschnittskind von heute bereits bei Schulantritt vielfach Störungen der Gesundheit wie Nervosität, Konzentrationsmangel, Bewegungsunruhe, Haltungsschwäche, Überernährung und psychosomatische Beeinträchtigungen finden lassen"* (Hartung, 1987, S. 16). Ein zunehmend an Beziehungen, konkreten Erlebens- und Spielmöglichkeiten sowie an materieller Ausstattung verarmter kindlicher Alltag wirkt sich auch auf den Medienkonsum von Kindern und Jugendlichen aus, der durch das breite, kommerziell gesteuerte Angebot neuer Medien wie Computer, Videos usw. und vor allem durch das Problem des "Vielsehens" (vgl. Lukesch, 1989) zum Anlaß öffentlichkeitswirksamer Kritik auch von pädagogischer Seite wurde. Auf die Gefahren des Medienkonsums für die kindliche Persönlichkeitsentwicklung (abnehmende Denkfähigkeit, Phantasielosigkeit, Werteverlust, Entfremdung von konkreten Erfahrungs- und Erlebnismöglichkeiten, Zunahme aggressiver Verhaltensweisen usw.) wurde und wird immer wieder hingewiesen. Heutige Kinder *"stehen in der Gefahr, sich im Medien- und Konsum-Netz zu verstricken, indem sie in eine Fernseh-Phantasiewelt flüchten, weil der Alltag langweilig, zu einschränkend und zu neurotisierend ist (...). Fernsehen wird zum Interpretationsmuster des alltäglichen Handelns; Kinder sehen, hören und handeln fernsehgemäß"* (Bachmair, 1984, S. 16), d.h. sie machen zunehmend "Erfahrungen aus zweiter Hand", die mehr und mehr handlungsleitend werden (vgl. u.a. Rolff & Zimmermann, 1985; Winn, 1984).

Demgegenüber hat die Medienrezeptionsforschung der letzten Jahre den bislang in der Öffentlichkeit viel zu wenig beachteten Aspekt einer sinn- und ordnungsstiftenden Funktion des Mediengebrauchs betont, die für die Identitätsentwicklung der Kinder (z.B. in der Auseinandersetzung mit den Medienfiguren und -symboliken) von großer Bedeutung sein kann (vgl. u.a. Charlton & Bachmair, 1990). Kinder konsumieren nicht nur passiv - im Medienkonsum setzen sich Kinder aktiv rekonstruierend und interpretierend mit den Werte- und Deutungsmustern auseinander, die ihnen medial vermittelt werden. Dabei lassen sie sich von konkreten Themen und Handlungsroutinen des Alltags leiten, wodurch der Medienkonsum eine Form von Lebensbewältigung sowohl der Kinder als auch ihrer Familie darstellen kann (vgl. Charlton & Neumann, 1986). Es scheint daher, daß die Chancen und Gefahren der Mediennutzung vor allem abhängig sind von der Medienkompetenz der Kinder und Jugendlichen, also z.B. von deren Fähigkeiten und Gestaltungskraft, aus den Vermittlungen der Medien das herauszufiltern, was für sie, für ihre Themen, Gefühle, Konflikte, Sehnsüchte im Alltag wichtig ist und dies für ihre eigene Persönlichkeitsentwicklung nutzbar zu machen. Die Aneignung und Förderung solcher Medienkompetenzen stellt eine neue Herausforderung sowohl für Eltern, als auch für die Pädagogik in Schule und Jugendhilfe dar.

2. Bedingungsfaktoren der Jugendhilfe

In §1, Abs. 1 des Kinder- und Jugendhilfegesetzes (KJHG) wird jedem Kind das Recht auf Erziehung zugesprochen. Des weiteren haben Eltern das Recht und die Pflicht, die Erziehung ihrer Kinder zu gewährleisten, worüber die staatliche Gemeinschaft, d.h. auch die Jugendhilfe wacht (Abs. 2). Darüber hinaus soll die Jugendhilfe zur Verwirklichung des Erziehungsrechts die jungen Menschen in ihrer Entwicklung fördern, vor Gefahren für ihr Wohl schützen und dazu beitragen, Benachteiligungen zu vermeiden oder abzubauen. Jugendhilfe soll Eltern bei ihrer Erziehung beraten und unterstützen und zur Schaffung positiver Lebensbedingungen sowie einer kinder- und familienfreundlichen Umwelt beitragen (Abs. 3). Somit kommen der Jugendhilfe integrierende, familienunterstützende und -ergänzende, wachende und präventive Funktionen zu, vor allem dann, wenn die Eltern in der Ausübung ihrer Sozialisationsaufgaben auf staatliche Unterstützung und Hilfe angewiesen sind.

Auch die Jugendhilfe befindet sich aufgrund dieser Funktionszuschreibungen - ähnlich wie die Schule - in einem Dilemma. Auf der einen Seite liegt die grundgesetzlich festgeschriebene Verantwortung für die Erziehung der Kinder zuvorderst bei den Eltern, auf der anderen Seite soll die Jugendhilfe gegebenenfalls unterstützend und ergänzend, d.h. kompensierend tätig werden. Werden nun (zu) viele kompensatorische Hilfen angeboten, können Eltern Verantwortlichkeiten leichter an die Jugendhilfe delegieren - ihre Erziehungsverantwortung und -leistung wird dadurch geschwächt. Andererseits ist die Nachfrage nach solchen Hilfen und die Bereitschaft von Eltern und Jugendlichen, sie in Anspruch zu nehmen, in den letzten Jahren angesichts der beschriebenen Überforderungen vieler Familien in der Bewältigung ihrer Sozialisationsaufgaben gestiegen (vgl. Tippelt, 1988, S. 627). Wenn nun Verhaltensauffälligkeiten insbesondere von Kindern vor allem vor dem Hintergrund familiärer und sozialer Verhältnisse entstehen und seitens der Jugendhilfe zu viele oder zu wenig adäquate Hilfen für Familien angeboten werden, kann dies zu einer Stabilisierung der familiären und gesellschaftlichen Verhältnisse beitragen, die die Verhaltensauffälligkeiten mitzuverantworten haben (vgl. u.a. Ludewig, 1988).

Ob nun die Konzeption der Jugendhilfe nach dem alten Jugendwohlfahrtsgesetz (JWG) bzw. dem neuen KJHG und deren infrastrukturelle

Umsetzung auf örtlicher Ebene mit zur Zunahme von Verhaltensauffälligkeiten bei Kindern und Jugendlichen im Sinne mangelnder oder überzo-
gener und damit systemstabilisierenden Kompensationsleistungen beigetragen hat, läßt sich nicht einfach beantworten. Immerhin brachte das
KJHG 1990/91 im Zuge allgemeiner Kritik am JWG nicht nur eine völlige
Neuorientierung des Jugendhilfeverständnisses, weg vom obrigkeitsstaat-
lichen Eingriffsdenken hin zu einem sozialstaatlichen Dienstleistungsver-
ständis, sondern auch eine stärkere Betonung einer Präventivorientierung
ihrer Angebote. Vor allem diese Präventivorientierung des KJHG kon-
frontierte viele Jugendämter und Kommunen mit ihren bisher allzusehr auf
reaktive Hilfen ausgerichteten Jugendhilfekonzeptionen. Der Präventions-
bereich entlarvte sich als Stiefkind der Jugendhilfe, und es entstand ein
diesbezüglicher Reform- und Handlungsdruck. Gleichzeitig gerieten die
Jugendhilfeträger in den letzten Jahren unter erheblichen Finanzierungsdruck seitens der öffentlichen Haushalte und wurden zu Einsparungen
verpflichtet, wohingegen eigentlich Investitionen im Präventivbereich
notwendig wären. Dieser Finanzierungsdruck hat enorme Konsequenzen
sowohl für die Anbieter als auch für die Leistungsberechtigten der Jugendhilfe. Jugendämter werden immer häufiger dazu angehalten, nur noch
ihre "Pflichtaufgaben" wahrzunehmen und sogenannte "freiwillige Leistungen" auf das Allernotwendigste zu beschränken. Das bedeutet in der
Folge wiederum eine Schwächung des Präventivbereichs, die einhergeht
mit einem Abbau von Arbeitsplätzen in der Jugendhilfe, einer Schließung
von Einrichtungen usw., von der zuallererst die Kinder, Jugendlichen und
Familien betroffen sind. Für sie wird es immer schwieriger, finanziell
aufwendige, aber dennoch notwendige Jugendhilfemaßnahmen rechtzeitig
abrufen zu können. Darüber hinaus klagen die Mitarbeiter vor allem des
ASD zurecht über eine massive Arbeitsüberlastung angesichts der Zunahme ihrer Aufgaben und der Größe des von ihnen zu betreuenden Bezirks, was sich in einem erhöhten Krankenstand und einer sehr hohen
Fluktuation der Mitarbeiter ausdrückt, welche wiederum die für eine gute
Hilfe unabdingbare Beziehungskonstanz zwischen Helfern und Klientel
aber auch Kooperationspartnern (wie Schulen) erschwert oder unmöglich
macht.

Ein Fehlen präventiver Interventionsmöglichkeiten begünstigt somit
u.U. einen Prozeß der Eskalation von Verhaltensauffälligkeiten, da Hilfen
erst dann bereitstehen, wenn "das Kind bereits in den Brunnen gefallen
ist".

3.   Schulische Bedingungen

Neben der Familie und der Gleichaltrigengruppe gehört auch die Schule
zu den wichtigsten Bezugsfeldern für Minderjährige und Heranwach-

sende. Jugendliche verbringen in einer entscheidenden Phase ihrer Entwicklung über Jahre hinweg viele Stunden des Tages (insgesamt c.a. 15.000 Stunden, vgl. Rutter et al., 1980) in der Schule. Die Schule als Institution kann jedoch nicht alleine, quasi als Verursacherin für Verhaltensauffälligkeiten und deren Zunahme, oder als Hauptfaktor im komplexen Bedingungsgefüge verantwortlich gemacht werden. Relativ unstrittig ist, daß Schule Verhaltensauffälligkeiten bei Schülern auslösen, akzentuieren aber auch mitbedingen kann. Beispielsweise belegen Untersuchungen zur Lehrer-Schüler-Interaktion, daß Lehrer das Verhalten von leistungsschwachen Schülern aus der Unterschicht eher negativ typisieren und stigmatisieren. Solche Stigmatisierungsprozesse können dazu führen, daß die betroffenen Schüler die ihnen zugeschriebenen negativen Eigenschaften in ihr Selbstbild übernehmen und in der Folge tatsächlich abweichende, insbesondere delinquente Verhaltensweisen zeigen (vgl. Brusten & Hurrelmann, 1976). Kinder und Jugendliche mit Lern- und Leistungsdefiziten sowie unangemessenem Sozialverhalten in der Schule haben meist auch Probleme in der Familie und im Freizeitbereich (vgl. Engel & Hurrelmann, 1993). Es scheint, daß die durch die beschriebenen gesellschaftlichen Veränderungen belastete familiäre Situation von Kindern und Jugendlichen den wesentlichen Beitrag zur Entstehung und Aufrechterhaltung von Verhaltensauffälligkeiten bei Kindern und Jugendlichen leistet (vgl. u.a. Hennig & Knödler, 1985; Bundesarbeitsgemeinschaft der Landesjugendämter, 1993, S. 11). Dabei ist jedoch zu berücksichtigen, daß Auffälligkeiten und Normabweichungen durchaus zum entwicklungsbedingten Spektrum jugendspezifischer Verhaltensweisen gehören und meist situativ und von mehr oder weniger vorübergehender Natur sind. Verfestigt sich jedoch abweichendes Verhalten zu einem relativ konsistenten Verhaltenssyndrom, so hängt dies vermutlich in hohem Maß von längerfristigen, außerschulischen Sozialisationsprozessen ab, wobei jedoch eine spezifische Akzentuierung der Verhaltenssyndrome durchaus an schulischen Gegebenheiten orientiert ist (vgl. Fend et al., 1976, S. 86 f.).

Die von vielen (konzeptionellen und organisatorischen) Faktoren wie etwa der Schulform oder der Schulkultur abhängigen Bedingungen schulischer Sozialisation sind Ausformungen der gesellschaftlichen Funktionen von Schule. In ihrer Unterschiedlichkeit repräsentieren sie die Gestaltungsfreiräume der Schul- und Bildungspolitik, die in der Hoheit der Bundesländer liegt. Die grundlegenden Funktionen der Schule sind "Qualifikation", "Allokation/Selektion" und "Integration/Legitimation" (vgl. Fend, 1976 in Anlehnung an Parsons, 1968). Die Schulen erfüllen in gesellschaftlich legitimierter Weise die Aufgabe der Selektion der Schüler auf der Grundlage schulischer Leistungen und ihrer Allokation entsprechend den hierarchischen Strukturen der Arbeits- und Berufswelt. Diese in sich widersprüchlichen Funktionen (Selektion und Integration) beinhalten ein

24

erhebliches Konfliktpotential. Nicht nur im 8. Jugendbericht der Bundesregierung wird bemängelt, daß sich die Schule in der Realisierung ihrer
Funktionen mehr und mehr zu einer Agentur leistungsbezogener Wissensvermittlung und damit zusammenhängend der Selektion Leistungsfähiger
und -williger entwickelte und sich immer mehr gegen grundlegende gesellschaftliche, soziale und familiäre Veränderungen abschottete, die verstärkte Anstrengungen im Bereich ihres Integrationsauftrags bedurft hätten
(vgl. Bundesministerium für Jugend, Familien, Frauen und Gesundheit,
1990, S. 119 ff.). Nun wird die Schule zunehmend von den Folgen dieser
Veränderungen eingeholt und mit ihnen konfrontiert, u.a. auch deswegen,
weil immer mehr Eltern nicht mehr bereit oder fähig sind, "*Vorbereitungs-
Begleit- und Stützleistungen*" (vgl. Luhmann & Schorr, 1979, S. 199) für
die schulische Sozialisation zu erbringen und sich die Distanz zwischen
Lehrern und Eltern vergrößerte (vgl. Tippelt, 1988, S. 630).

Am deutlichsten werden die Folgen einer zunehmenden Abschottung
der Schule am Beispiel der Zunahme von Verhaltensauffälligkeiten. Viele
Lehrer berichten, daß sie vor allem mit der Schwere von Verhaltensauffälligkeiten (beispielsweise der Gewalt von Kindern gegenüber anderen
Kindern oder Lehrern) und der Komplexität ihrer Veränderungsbedingun-
gen trotz vielfacher Bemühungen und teilweise über die eigenen Grenzen
gehenden Engagements nicht mehr oder nur unzureichend zurechtkom-
men. Als Gründe dafür geben sie u.a. an, daß dieses Problem lange Zeit
tabuisiert war ("ein guter Lehrer hat keine Probleme mit Schülern") (vgl.
Bundesministerium für Jugend, Familie, Frauen und Gesundheit, 1990, S.
120) und daß sie auf einen adäquaten Umgang mit Verhaltensproblemen
durch ihre Ausbildung nicht genügend vorbereitet wurden (vgl. u.a.
Landtag von Baden-Württemberg, 1994, S. 65). Lehrer können jedoch
durch ihr Verhalten und durch ihren Erziehungsstil durchaus auffälliges
oder störendes Verhalten bei Kindern auslösen, verstärken oder begrenzen. Dabei gilt etwa die positive Wirkung eines grenzensetzenden Verhaltens der Lehrkraft auf störende und nichtstörende Kinder als gesichert
(vgl. Bittner et al., 1974, S. 76 f.)[11]. Desweiteren erleben sich viele Lehrer
angesichts jahrzehntelang weitgehend ausgebliebener Schulstrukturrefor-
men (vor allem in Baden-Württemberg) und einer Verschlechterung der
Rahmenbedingungen in den 90er Jahren (vor allem für integrationsfördernde außerunterrichtliche Fördermaßnahmen) alleine gelassen und re-
signiert[12]. Der Anteil der Lehrer, die selbst psychisch, nervlich und ge-

---

[11]   Weitere Probleme des Lehrerverhaltens thematisieren Bittner et al. (1974, S.
71 ff.).

[12]   Die erst kürzlich erfolgte Reform der Lehrpläne der Grund- und Hauptschulen in Baden-Württemberg wurde zwar durchaus positiv aufgenommen,
reicht aber nach Ansicht vieler Lehrkräfte nicht aus, fehlen doch die zur
Umsetzung etwa von Freiarbeit notwendigen Lehrerstellen und Deputate.

sundheitlich angeschlagen (und verhaltensauffällig geworden) sind, ist in den letzten Jahren angestiegen (vgl. Hurrelmann, 1991a, S. 16). "Burn-out-Syndrome" bei Lehrern tragen u.U. mit zu einer schnelleren Zuschreibung auffälliger Schüler als "verhaltensgestört" bei (vgl. u.a. Lösel, 1974; Glötzl, 1979; Datler, 1987, S. 18) und erschweren möglicherweise die Bereitschaft, auffällige Schüler über einen längeren Zeitraum in der Allgemeinschule mitzutragen. Dabei spielt die übermäßige Betonung des Leistungserbringungs- zulasten des Erziehungsauftrags offenbar eine besondere Rolle, nicht nur in den Erwartungen von Lehrern, sondern auch von Eltern. Engel & Hurrelmann (1993) wiesen diesbezüglich auf den Zusammenhang zwischen Verhaltensauffälligkeiten von Schülern als Störenfriede dieses Leistungsprozesses, überzogenen Leistungserwartungen von Eltern und dem Schulversagen sowie Gesundheitsbeeinträchtigungen betroffener Schüler hin.

In Bezug auf die als Beispiel für Verhaltensauffälligkeiten erwähnte Gewaltproblematik an Schulen fand Hurrelmann (1991, S. 106 f.) in einer Sichtung vorliegender wissenschaftlicher Untersuchungen weitere schulische Bedingungen[13] der Entstehung von gewaltförmigem Verhalten:
* Entfremdung von und Distanz der Schüler zu schulischen Normen und Wertstrukturen (vgl. Feldhusen et al., 1973)
* Schulisches Leistungsversagen (vgl. Elliot et al., 1985)
* Schlechtes Schulklima, vor allem im Lehrerkollegium (vgl. Rutter et al., 1980)
* Mangelnde Qualität der Lehrer-Schüler-Beziehung (vgl. Apter, 1982)

In einer vergleichenden empirischen Untersuchung der Schultypen (Haupt-, Real-, Gesamtschule, Gymnasium) von Fend et al. (1976) aus dem Jahre 1973 (Befragung von 3750 Schülern, 404 Lehrern und 548 Eltern der Klassen 9 und 10) wurden u.a. folgende Zusammenhänge in Bezug auf "abweichendes Verhalten" festgestellt (vgl. a.a.O., S. 86 f.):
* In Realschulen und Gymnasium dominieren Mogeltechniken, in Haupt- und Gesamtschulen Formen rowdyhaften Verhaltens, in Gesamtschulen zusätzlich Schuleschwänzen und Zuspätkommen.
* Als pädagogische Gegenmaßnahmen erweisen sich allgemein restriktive Verhaltensweisen der Lehrer, also eine Erhöhung des Anpassungsdrucks außer bei Hauptschülern als unwirksam. Positive Sozialbeziehungen zwischen Lehrern und Schülern gehen mit eher geringem abweichendem Verhalten einher, vor allem, wenn auf den Wertekontext der Klassengemeinschaft entsprechend eingewirkt wird.

---

[13] Im Sinne wahrscheinlichkeitssteigernder Prädiktoren

Eine von Holtappels (1985) zwischen 1981 und 1984 durchgeführte Untersuchung von Schülerproblemen und abweichendem Verhalten kam zu dem Ergebnis, daß ungünstig ausgeprägte Schulklimabedingungen (Lernprozesse, Leistungsforderungen, Sozialbeziehungen zu Lehrern und Mitschülern, Konfliktregelung und soziale Kontrolle) und schulspezifisch bedingte Schülerprobleme offenbar dazu geeignet sind, *"abweichende Einstellungen und Verhaltensweisen bei Schülern auszulösen bzw. zu fördern. Auf einer sekundären Ebene können über soziale Kontroll- und Stigmatisierungsprozesse abweichende Einstellungen und Verhaltensweisen der Schüler und somit ihre schulische Problemsituation verschärft werden"* (a.a.O., S. 291).

Immer mehr Schüler erleben auch Probleme im Übergang von der Schule in den Beruf, sei es durch die Schwierigkeit, einen Schulabschluß oder einen Ausbildungsplatz zu finden oder durch die Erfahrung, zu wenig auf die Arbeitswelt vorbereitet zu sein. Jugendliche reagieren auf solche Überforderungen ebenfalls vielfach mit Verhaltensauffälligkeiten, Delinquenz, Drogenkonsum oder psychosomatischen Beschwerden.

Die skizzierte schulische Gesamtsituation prägt auch das eher negative Bild der Jugendlichen von der Schule. Dies verdeutlicht eine Befragung von über 2.000 Jugendlichen im Alter zwischen 16 und 18 Jahren, die auf dieselben Fragen antworteten wie Gleichaltrige Anfang der 60er Jahre: Schüler sind sehr viel unzufriedener mit der Schule als ihre Vorgänger vor 20 Jahren. Der Anteil derjenigen, die gern oder sehr gern zur Schule gehen, ging von 75% auf 43% zurück und nur 14% hielten Lehrer für gerecht (vgl. Allerbeck & Hoag, 1985, S. 78).

Ein bewußt provokatives Bild von Schule als "unzeitgemäß" zeichnet Struck (1994), der sich vor allem für eine bessere Lehrerausbildung und umfassende Schulreformen gerade angesichts der sich verschärfenden gesellschaftlichen Problemlagen einsetzt:

"Die Eskalation von Schulweg- und Schulgewalt und die Spirale von Haß, Fremdenfeindlichkeit, Extremismus und Aggressionen in der Gesellschaft sind Symptome einer unzeitgemäßen Lehrerbildung, Schulgestaltung und Lehrerarbeitsplatzorganisation, einer hinter der Entwicklung hinkenden Schule, die nicht ausreichend und mit zu wenigen Kompetenzen ihren Erziehungsauftrag wahrnimmt" (Struck, 1994, S. 172).

2.1.3 Umschulung als eine der Reaktionsweisen von Lehrern auf die Zunahme von Verhaltensauffälligkeiten

Als eine der Folgen der Zunahme von Verhaltensauffälligkeiten in den Allgemeinschulen wurde in den letzten Jahren ein Anstieg sowohl der Anzahl der Umschulungen verhaltensauffälliger Schüler in Schulen für

Erziehungshilfe (SfE) als auch der Zahl der Anträge auf Einrichtung weiterer öffentlicher SfE in Baden-Württemberg festgestellt[14].

Dieser Trend wurde und wird zumindest teilweise als "Abschiebe-" bzw. "Aussonderungsprozeß" problematischer Schüler aus Allgemeinschulen in SfE im Sinne eines Reaktionsmusters von Lehrern und Schulen im Umgang mit den beschriebenen Überforderungserfahrungen interpretiert und kritisiert (vgl. u.a. Bundesministerium für Jugend, Familie, Frauen und Gesundheit, 1990, S. 119 f; Landeswohlfahrtsverband Baden, 1992, 1995; Bundesarbeitsgemeinschaft der Landesjugendämter, 1993, S. 12). Begünstigt werden solche Abschiebeprozesse durch den als empirisch hinreichend gesichert geltenden wechselseitigen Zusammenhang zwischen Leistungs- und Verhaltensproblemen bei Schülern (vgl. u.a. Döring, 1966, S. 482-494; Bundschuh, 1975; Kluge & Vosen, 1975, S. 19; Hurrelmann, 1991, S. 106 f.), die oft kombiniert auftreten. Leistungsfähige und in ihrem Verhalten angepaßte Schüler werden selektiert und in die vorherrschenden Verhältnisse der Allgemeinschulen integriert, Lern-Behinderte oder Nichtangepaßte in Sondereinrichtungen ausgegliedert, so der Vorwurf von Experten. Die Sachverständigen des 8. Jugendberichts weisen darauf hin, daß "*diese Auslese und der damit verbundene subjektive und objektive Leistungsdruck für Kinder und Jugendliche vermehrt Probleme produziert, die Schule allein kaum lösen kann*" (Bundesministerium für Jugend, Familie, Frauen und Gesundheit, 1990, S. 119). In diesem Zusammenhang thematisieren sie die Bedeutung schulbezogener Angebote der Jugendhilfe (z.B. der sozialpädagogischen Schülerhilfen) als Ersatz für ausgelassene Bildungsreformkomponenten (etwa der Einrichtung von Ganztagesschulen). Damit ist ein weiteres, für die Jugendhilfe problematisches Reaktionsmuster von Schulen angesprochen, das im Ruf nach Unterstützung und verstärktem Engagement der Jugendhilfe im Bereich der Schulen besteht. "*Lehrer haben die Vorstellung, Jugendhilfe könne Schülerprobleme und Erziehungsprobleme schnell lösen und so zur Entlastung der Unterrichtssituation beitragen. Sie sind zu wenig über die Arbeitsweise und Instrumente der Jugendhilfe informiert und erwarten rasche Maßnahmen und Eingriffe wie Heimeinweisung, Sorgerechtsentzug, Beginn einer Therapie etc.*" (Bundesarbeitsgemeinschaft der Landesjugendämter, 1993, S. 3).

---

[14] Nach Auskunft des Oberschulamtes Freiburg von August 1995 liegen dem Kultusministerium von Baden-Württemberg über 60 entsprechende Anträge vor.

1. Konsequenzen vermehrter Umschulungen verhaltensauffälliger Schüler in eine Schule für Erziehungshilfe

Die festgestellten Abschiebe- bzw. Aussonderungsprozesse von Schülern aus Allgemein- in Sonderschulen sind in Baden-Württemberg deshalb besonders problematisch, weil eine Beschulung in SfE in freier Trägerschaft gewöhnlich gekoppelt ist an eine stationäre bzw. teilstationäre Unterbringung der Schüler in jenen Heimen, an denen die Sonderschulen angeschlossen sind. Eine Beschulung externer Schüler wurde und wird von vielen Einrichtungen in freier Trägerschaft sowie vom Sozialministerium Baden-Württemberg aus unterschiedlichen Gründen als problematisch erlebt und daher meist abgelehnt. Von den 64 SfE in Baden-Württemberg sind immerhin 55 Schulen am Heim, d.h. in freier Trägerschaft. Sie sehen sich durch das Schulgesetz von Baden-Württemberg in besonderer Verantwortung. In § 15, Abs. 2 wird diesbezüglich darauf hingewiesen, daß der Sonderschule ein Heim anzugliedern ist, wenn die besondere Aufgabe der Sonderschule eine Heimunterbringung des Schülers gebietet.

Für die betroffenen Schüler bedeutet daher eine Umschulung in eine private SfE (ohne Beschulungsmöglichkeit Externer), daß sie nicht nur aus ihren bisherigen schulischen, sondern auch aus ihren familiären und sozialen Bezügen (wie etwa der Peergruppe) weitgehend herausgerissen werden. Dies kann, muß jedoch nicht notwendigerweise sinnvoll sein, beinhalten doch solche meist zwangsweisen Veränderungen der Lebensbezüge von Kindern und Jugendlichen eher stigmatisierende und desintegrierende Risiken als Chancen (vgl. Landeswohlfahrtsverband Baden, 1992, 1995; Deutscher Bildungsrat, 1979).

Für die öffentliche Jugendhilfe bedeuten vermehrte Umschulungen in private SfE aufgrund der Koppelung dieser Umschulungen an eine Heimunterbringung der Schüler zugleich einen Anstieg der Anzahl teurer teilstationärer oder stationärer Maßnahmen, die möglicherweise durch frühzeitige, ambulante und präventive Maßnahmen sowohl seitens der Schulen als auch der Jugendhilfe hätten verhindert werden können. In Zeiten eines dramatischen Anstiegs vor allem der Sozialhilfekosten stellen Heimunterbringungen für die Kommunen einen erheblichen Kostenfaktor dar, denn sie bewegen sich im Jugendhilfebereich pro Heimplatz zwischen DM 60.000,- und 90.000,- pro Jahr. Das diesbezügliche und die Situation verschärfende Problem der Jugendhilfe besteht im Umschulungsverfahren, im Rahmen dessen nicht der öffentliche Jugendhilfeträger, also das Jugendamt selbst, sondern die Schulverwaltung im Einvernehmen mit ihm (und mit Zustimmung der Sorgeberechtigten des betreffenden Schülers) eine Umschulungs- und damit Heimunterbringungsentscheidung trifft, die die Jugendhilfe zu finanzieren hat (vgl. § 84, Abs. 3 Schulgesetz Baden-Württemberg).

Die Grundlagen des Umschulungsverfahrens werden in einer diesbezüglichen Verwaltungsvorschrift des Kultusministeriums von Baden-Württemberg aufgeführt, die eine Verpflichtung zur Meldung der betreffenden Kinder in einer Sonderschule vorsieht, wenn ausreichende Fördermaßnahmen in den Allgemeinschulen oder andere Maßnahmen als nicht erfolgversprechend angesehen werden. Diese Meldung setzt die Durchführung einer pädagogisch-psychologischen Prüfung in Gang, die zu der Frage Stellung nehmen muß, "*ob der Schüler noch in der allgemeinen Schule ausreichend gefördert werden kann und welche Fördermaßnahmen in diesem Falle zu treffen sind, oder ob eine Förderung in einer Sonderschule möglich ist*" (Ministerium für Kultus und Sport Baden-Württemberg, 1987, S. 43 f.).

Fehlen nun solche erfolgversprechenden Fördermöglichkeiten in der Allgemeinschule aber auch in der Jugendhilfe oder werden sie - etwa aus Unkenntnis - nicht in Anspruch genommen, erhöht sich die Wahrscheinlichkeit einer Umschulung der betreffenden Schüler in eine Sonderschule. Das bedeutet, daß die Umschulungsentscheidung der Schulämter nicht nur vom Förderbedarf der Schüler selbst abhängt, sondern in bedeutsamer Weise auch vom Vorhandensein bzw. von der Inanspruchnahme von Fördermöglichkeiten in oder im Umfeld der Allgemeinschulen. In der Konsequenz haben daher die Umschulungsentscheidungen der Schulverwaltungen erhebliche Folgen auch für die Jugendhilfe, und die Gestaltung von Jugendhilfeangeboten (z.B. im Hinblick auf außerschulische Förderangebote) beeinflußt wiederum Umschulungsentscheidungen der Schulverwaltungen.

Kommt nun zwischen Schulverwaltung und Jugendamt aus finanziellen und/oder aus pädagogischen Erwägungen kein Einvernehmen über die Notwendigkeit der Umschulung eines Schülers in eine private SfE zustande, befinden sich alle Beteiligten in einer prekären Lage. Diese wird durch die weitgehend fehlenden institutionalisierten Kooperationsstrukturen zwischen den beiden Behörden verschärft.

2. Verhinderung vermeidbarer Umschulungen und Heimunterbringungen durch eine verstärkte Kooperation der Systeme Jugendhilfe und Schule

Der festgestellte Anstieg von Umschulungsmeldungen und -entscheidungen in eine SfE bei gleichzeitiger Auslastung der SfE führte daher in Baden-Württemberg Ende der 80er Jahre zu einem politischen Handlungs- und Entscheidungsdruck, der jedoch nicht in eine grundlegende Reform des Schulwesens führen sollte, etwa in Richtung auf eine Reformierung des 3-gliedrigen Schulwesens oder eines Ausbaus integrativer Beschulungsformen. Andererseits bestand zwischen Schulverwaltung und Landeswohlfahrtsverbänden in Baden-Württemberg weitgehend Einigkeit darüber, daß ein weiterer, gar flächendeckender Ausbau der SfE weder schul- noch jugendhilfepolitisch gewollt, noch finanzierbar ist. Dem festgestellten Zuwachs an Umschulungsanträgen und Umschulungen verhaltensauffälliger Schüler sollte durch die Nutzung brachliegender Ressourcen innerhalb des Schulsystems und zwischen Schulsystem und Jugendhilfe, also möglichst kostenneutral, entgegengewirkt werden. Die brachliegenden Ressourcen wurden politisch vor allem in der mangelnden Kooperation zwischen GHS und SfE sowie zwischen GHS und Jugendhilfe verortet[15].

Somit entstand ein dringender Kooperationsbedarf zwischen GHS und SfE sowie der Jugendhilfe auf der Basis der Hypothese, daß sowohl durch eine frühzeitige beratende Unterstützung der Lehrer in GHS durch Sonderpädagogen der SfE als auch durch die Miteinbeziehung von Ressourcen von Institutionen aus dem Umkreis der Schulen wie etwa der Jugendhilfe jene Umschulungen verhaltensauffälliger Schüler in SfE verhindert werden könnten, bei denen eine entsprechende Indikation mutmaßlich nicht oder noch nicht vorliegt (vgl. Landeswohlfahrtsverband Baden, 1992, 1995).

So entstand die bildungs- und jugendhilfepolitische Maxime "Integration durch Kooperation", wobei die Schwierigkeiten darin lagen, daß es bislang keine historisch gewachsenen Beziehungen, sondern im Gegenteil große, historisch gewachsene Vorbehalte zwischen GHS, SfE und Jugendhilfe gab. Wie sollte zusammenwachsen, was nach Ansicht der Politiker auf einmal zusammengehört, was sie jedoch vorher getrennt hatten?

Die Frage läßt sich vor allem vor dem Hintergrund der bereits angesprochenen historischen Perspektive beantworten, wobei deutlich werden wird, wie sehr vor allem in Baden-Württemberg der Mangel an Kooperation mit dem Mangel an integrativen Ansätzen etwa der Beschulung verhaltensauffälliger Schüler in GHS zusammenhängt.

---

[15] Solche bildungsökonomisch motivierte Überlegungen einer Rückgliederung sonder- und sozialpädagogischer Kompetenzen an die Allgemeinschulen gab es bereits in den 70er Jahren: "*Spezielle bildungsökonomische Überlegungen legen es angesichts ansteigender Kosten nahe, durch die Nutzung besonderer Qualifikationen für das Gesamtsystem Schule, Schülerplätze in eigenständigen Sonderschulen einzusparen bzw. den weiteren Ausbau dieser Einrichtungen zu umgehen*" (Royl, 1978, S. 383).

2.2 Bildungspolitische Rahmenbedingungen von Integration

In den beiden letzten Jahrzehnten bildungspolitischer Entwicklungen hin zu einer verbesserten und angemesseneren Förderung behinderter oder von Behinderung bedrohter Kinder hat der Leitbegriff der Integration im Sinne einer "Integrativen Pädagogik" zunehmend an Bedeutung gewonnen. Die politischen und pädagogischen Auseinandersetzungen drehen sich auch heute noch um die Frage, "*ob das Ziel der beruflichen und gesellschaftlichen Integration z.B. eher über den Besuch sonderschulischer Einrichtungen oder über gemeinsames Leben und Lernen nichtbehinderter und behinderter Schüler in der Allgemeinen Schule zu erreichen ist*" (Borchert & Schuck, 1992, S. 3). Es geht also um den Ort und die Organisation der besonderen Förderung sowie in der Folge um die Frage eines entsprechenden Ressourceneinsatzes. Im ersten Fall wird eine "Integration als Ziel" angestrebt, d.h. daß ein "zielgleiches Lernen" in relativ homogenen Gruppen in einem ausdifferenzierten System des Schul- und Sonderschulwesens stattfindet. Das gemeinsame, aber "zieldifferente Lernen" behinderter und nichtbehinderter Kinder z.B. in Integrationsklassen an Allgemeinen Schulen wird unter der Leitvorstellung "Integration als Weg und Ziel" verstanden (vgl. a.a.O.).

Die Diskussion um den richtigen Weg und Ort der Förderung kann unter dem Stichwort "Integration vs. Segregation" geführt werden. Dabei sind weder Integration noch Segregation positive oder negative Werte an sich. Vielmehr machen pädagogische Prinzipien wie Menschlichkeit, Rücksichtnahme, Hilfsbereitschaft, usw. integrative oder segregierende Wege und Orte erst wertvoll oder wertlos. In diesem Sinne warnt etwa Schultheis (1977, S. 234) vor einer politischen Ideologisierung dieser Diskussion unter Vernachlässigung der genannten relevanteren pädagogischen Aspekte.

2.2.1 Entwicklung des Sonderschulwesens

Die Auseinandersetzungen um den richtigen Weg und Ort der Förderung sind auch heute noch geprägt von den historischen Wurzeln des Sonderschulwesens, das mit der Einführung der allgemeinen Schulpflicht für alle Kinder kurz vor der Jahrhundertwende entstand. Mit dieser allgemeinen Schulpflicht wurde die schulische Förderung behinderter Kinder zur Aufgabe des öffentlichen Schulwesens, was vorher nicht der Fall war: "*Erst durch die Einrichtung von Sonderschulen erhielten behinderte Kinder die Chance, überhaupt eine Schule besuchen zu können. Es ist das große historische Verdienst von Sonderschulen, daß sie behinderte Kinder in öffentliche Schulen aufgenommen haben*" (Wocken, 1993, S. 3). In der

Folge der Einführung der allgemeinen Schulpflicht entstand mit der Zeit ein ausdifferenziertes Sonderschulwesen für die unterschiedlichsten Arten von Behinderungen, d.h. die sonderpädagogische Förderung wurde in spezialisierten Sonderschulen verortet.

Ein wenig anders stellte sich die Situation lern- und sprachbehinderter sowie verhaltensauffälliger Kinder dar. Sie konnten zunächst die allgemeine Schule besuchen, wurden aber "*wenig beachtet, nicht versetzt und schließlich ausgesondert*" (a.a.O., S. 4). Weil also die Allgemeinschulen nicht willens und fähig waren, diese Schülergruppe zu integrieren, entstanden nach Auffassung von Wocken (1993) die "jüngeren" Sonderschulen wie die Schulen für Verhaltensgestörte (später Schulen für Erziehungshilfe) als "Notaufnahmelager", die behinderte Kinder aufnahmen, weil sie andernorts keine Herberge und Zuhause fanden. Aus den "Notaufnahmelagern" wurden jedoch feste Einrichtungen, in die Kinder, die Schwierigkeiten machten oder hatten, aus den Allgemeinschulen ausgesondert wurden. Die Sonderschulen wurden somit zu Dauereinrichtungen und beanspruchten das alleinige pädagogische Monopol der Förderung behinderter Kinder, was Wocken (1993, S. 4) als "*Sündenfall der Sonderschulen*" bezeichnet[16].

Auch juristisch wurde die Monopolstellung der Sonderschulen etwa im "Gutachten zur Ordnung des Sonderschulwesens" der Ständigen Kultusministerkonferenz von 1960 legitimiert. Darin wurde die Eigenständigkeit des Sonderschulwesens und damit der Ort der sonderpädagogischen Förderung festgeschrieben und der Ausbau eines differenzierten Sonderschulwesens in der BRD begründet. Mit der "Empfehlung zur Ordnung des Sonderschulwesens" der Ständigen Konferenz der Kultusminister von 1972 wurde diese Eigenständigkeit und Ausdifferenzierung bekräftigt, und zwar zu einem Zeitpunkt, als bereits über die ein Jahr später veröffentlichten Empfehlungen der Bildungskommission des Deutschen Bildungsrates von 1973 "Zur pädagogischen Förderung behinderter und von Behinderung bedrohter Kinder und Jugendlicher" diskutiert wurden, die eine breite, kontroverse Integrationsdiskussion entfachten. Diese Empfehlungen wandten sich eindeutig gegen weitere Isolierungstendenzen im Schulwesen und sprachen sich für eine Ausweitung schulischer und gesellschaftlicher Integrationsbemühungen aus.

Den Hintergrund dieser Empfehlungen bildete zum einen die Erfahrung, daß eine Sonderbeschulung zunehmend mit Stigmatisierungen und einer

---

[16] Dieser Alleinvertretungsanspruch der Sonderschulen kommt beispielsweise im jahrzehntelang gängigen Begriff der "Sonderschulbedürftigkeit" zum Ausdruck, der impliziert, daß behinderte Kinder eine Sonderschule besuchen müssen. Für Wocken (1993, S. 4) gibt es keine sonderschulbedürftige, wohl aber "sondererziehungsbedürftige" Kinder, die auch in der Allgemeinschule integrier- und förderbar sind.

Desintegration der betroffenen Schüler aus ihrem bisherigen sozialen und familiären Umfeld einherging. Somit blieb die Umschulung in eine Sonderschule fast ausnahmslos eine Einbahnstraße[17]. Zum anderen vertrat die Bildungskommission die Auffassung, daß den betroffenen Schülern in speziellen und oftmals isolierten Einrichtungen eben nicht am besten geholfen ist, wie es bis dahin vorherrschende (politische und pädagogische) Meinung war. Im Gegenteil: Die Bildungskommission sprach sich für eine gemeinsame Unterrichtung Behinderter und Nicht-Behinderter aus und schlug den Ausbau Kooperativer Schulzentren vor (vgl. Deutscher Bildungsrat, 1979, S. 15 f.). "So viel Integration wie möglich, so wenig separierte Förderung wie nötig", so lautete die Maxime des Bildungsrats. Damit war die Monopolstellung der Sonderschulen als ausschließlicher Ort der Förderung behinderter Kinder in Frage gestellt. Ausdrücklich wurde gefordert, Fördermaßnahmen in die Allgemeinen Schulen hineinzuverlagern und eine Integration vermehrt als "Weg und Ziel" anzustreben[18].

Eine solchermaßen integrative Beschulung behinderter und nichtbehinderter Kinder sollte nach Ansicht des Bildungsrates in "Kooperativen Schulzentren" erfolgen, in die sowohl Allgemein- als auch Sonderschulen eingebunden sein sollten[19]. Als innerschulische Organisationsformen von Integration in derartigen Zentren wurden vorgeschlagen:

- Volle Integration behinderter Kinder in den Allgemeinunterricht, evtl. mit Unterstützung behindertenspezifischer Maßnahmen
- Teilintegration in den Allgemeinunterricht mit teilweise separater Unterrichtung
- Separater Unterricht behinderter Kinder in Kombination mit gemeinsamem außerunterrichtlichem Zusammenleben mit Nichtbehinderten

Die Empfehlungen des Deutschen Bildungsrates entfachten eine breite Integrationsdiskussion, waren sie doch von der Annahme geleitet, daß eine Integration als "Weg und Ziel" nur durch eine durchgreifende Strukturveränderung des traditionell hierarchisch gegliederten Schulsystems

---

[17] Rückschulungen aus den Sonder- in Allgemeinschulen gab es kaum und sind auch heute noch eher selten.

[18] Hell (1984, S. 207) definiert Integration als *"die raum-zeitübergreifende, von Humanität in Annahme und Verständnis getragene Interaktion und Kooperation von Menschen in einer angstfreien und partnerschaftlichen Atmosphäre zur Verhinderung individueller und gesellschaftlicher Isolation"*. Als Ziele integrativer Beschulung gelten dabei grundsätzlich folgende schulische Perspektiven: 1. Individuelle Förderung des einzelnen Schülers, 2. Verhinderung einer frühzeitigen Selektion und Fehlentscheidung, 3. Abbau von Vorurteilen gegenüber Behinderten durch Bewußtseinsveränderung durch gemeinsames Erleben, 4. Senkung der Kosten für Unterricht und Erziehung (vgl. a.a.O., S. IX).

[19] Zur Konzeption solcher Förderzentren vgl. u.a. Sander (1993, S.15 ff.).

34

erfolgversprechend realisiert werden kann. Diese Annahme führte in der Konsequenz zu einer umfassenden Legitimationskrise der Sonderschulen in den 70er Jahren, die sich u.a. in der Forderung nach einer generellen Abschaffung der Sonderschulen widerspiegelte (vgl. u.a. Preuss-Lausitz, 1981, S. 11 f.). Die Krise der Sonderschulen wurde verstärkt durch die überaus positiven Ergebnisse der Modellversuche zur integrativen Beschulung verhaltensauffälliger Schüler. Die geforderte Abschaffung der Sonderschulen erfolgte jedoch nicht.

2.2.2 Effizienz der integrativen Beschulung verhaltens- auffälliger Schüler

Die Empfehlungen des Deutschen Bildungsrates führten in einigen reformorientierten Bundesländern in den 70er und 80er Jahren zu einer Reihe von Modellversuchen, in denen unterschiedliche Formen integrativer zielgleicher und zieldifferenter Beschulung teilweise auch in Kooperation mit außerschulischen Einrichtungen realisiert und dokumentiert wurden (vgl. u.a. Muth et al., 1976; Reinartz & Sander, 1982; Bleidick, 1982; Valtin et al., 1984; Mutzeck & Pallasch, 1987)[20]. Auch die Bund-Länder-Kommission für Bildungsplanung und Forschungsförderung (BLK) beteiligte sich an dieser Modellversuchsoffensive und unterstützte in dieser Zeit 46 Projekte zum Förderbereich "Behinderte Kinder und Jugendliche" (im Vorschul- und Primarbereich), wobei sich allerdings nur wenige auf die Zielgruppe verhaltensauffälliger Schüler bezogen[21].

In einer Überblicksdarstellung der gesamten Palette von Versuchen und Projekten zum schulisch angemesseneren Umgang mit dem Problem "Verhaltensstörung" unterscheidet Datler (1987, S. 19 ff.) folgende Kategorien:

- Versuche zu Interventionstendenzen und -sequenzen, die Lehrer im Rahmen förderdiagnostischer und/oder therapeutischer Maßnahmen mit Schülern oder Schulklassen durchführten.
- Projekte zur Verbesserung von schulorganisatorischen bzw. schulstrukturellen Rahmenbedingungen, darunter die Schaffung eigener Schultypen oder Klassen für verhaltensauffällige Schüler und die integrierte Förderung verhaltensgestörter Kinder.
- Versuchsweise Ausweitung der Kooperation zwischen Schule und Umfeld.

---

[20] Einen Überblick über die Schulversuche zur Betreuung verhaltensauffälliger Schüler durch Sonderschullehrer in Regelschulen gibt Hippler (1985, S. 46 ff.).

[21] Die Ergebnisse der meist wissenschaftlich begleiteten Schulversuche der BLK wurden unlängst zusammengetragen und kritisch ausgewertet (Borchert & Schuck, 1992).

- Versuche der Qualifizierung der Lehrerausbildung und -fortbildung.

Im Hinblick auf die Effizienz unterschiedlicher Modellversuche vor allem im Hinblick auf eine integrative Unterrichtung auffälliger und nicht-auffälliger Kinder in der Allgemeinschule wird durchgängig von positiven Ergebnissen berichtet[22]. Beispielsweise faßt Reiser (1988, S. 251 ff.) die Ergebnisse einer Befragung von 7 Schulen, in denen verhaltensauffällige und lernbehinderte Kinder in der Grundschule integriert unterrichtet wurden, wie folgt zusammen:

- Verhaltensauffälligkeiten und Verhaltensstörungen in Integrationsklassen werden von Lehrkräften vor allem bei "nichtbehinderten" Kindern wahrgenommen und als das zentrale Belastungsmoment für die Lehrkräfte gesehen.

- Kinder mit Verhaltensstörungen konnten dennoch gut gefördert werden, vor allem durch die starke Ausprägung der sozialen Kontakte und die Ausrichtung auf soziales Lernen.

- Allerdings beeinflußten außerschulische Variablen teilweise den Verlauf bei Verhaltensstörungen so wesentlich, daß die schulischen Möglichkeiten nicht ausreichten - in diesen Fällen haben die schulischen Integrationsbemühungen eher unterstützenden Charakter für sozialpädagogische Maßnahmen wie Erziehungsberatung, Familientherapie oder gar Fremdunterbringung.

Daraus folgt Reiser, "*daß zur Integration bei Beeinträchtigungen im Sozialverhalten und im körperlich-seelischen Wohlbefinden zusätzlich zur förderlichen schulischen Umwelt, die eine integrative Klasse bereithält, die ganze Palette unterstützender Maßnahmen vorhanden sein muß (...)*" (a.a.O., S. 254), z.B. Einzelbetreuung, pädagogisch-therapeutische Spielgruppen, pädagogisch-psychologische Beratung der Lehrkräfte, Schulsozialarbeit, Kontakt und Vermittlung außerschulischer (Jugendhilfe-) Möglichkeiten bis hin zur Fremdunterbringung bei drastischen Milieuschädigungen. In einem Resümee stellt Reiser (1988) fest, daß Lern- und Verhaltensbeeinträchtigungen nicht zur Aussonderung von Kindern aus Allgemeinschulen führen müssen. In integrativen Klassen können z.B. durch den Einsatz von Sonderschullehrern, durch einen differenzierten Unterricht bei verschiedenen Lernzielniveaus und einer Senkung der Klassenfrequenz auf 20 Kinder schwerwiegende Verhaltensstörungen aufgefangen werden, wenn zusätzliche außerschulische Hilfen zur Verfügung stehen. Ein solchermaßen flexibles und gestuftes Angebot von Hil-

---

[22]   Vgl. u.a. Marte (1990). Einen Überblick über den Entwicklungsstand und die Forschung zum Thema "Integrative Erziehung in der Allgemeinschule" geben Benkmann & Pieringer (1990).

fen ist nach Ansicht von Reiser mit den Schulen für Verhaltensgestörte nicht vergleichbar.

Eine ebenso positive Bilanz im Hinblick auf die Wirksamkeit integrativer Beschulungsformen ziehen Sander et al. (1987, S. 128 f.) aus den Erfahrungen weiterer kontrollierter Integrationsversuche. Sie kommen zu dem Ergebnis, daß eine integrative Beschulung sowohl behinderten als auch nichtbehinderten Kindern für ihre gesamte Entwicklung zugute kommt. Alle Kinder werden gemäß ihren Lernvoraussetzungen und -möglichkeiten gefördert und erhalten besondere Hilfen bei Lernschwierigkeiten. Alle Kinder profitieren von der Ausstattungsverbesserung der Integrationsklassen (z.B. zusätzliche Lehr- und Fördermaterialien, Schülerfrequenzsenkung). Die schulische Integration führt zu einer qualitativen Verbesserung von Unterricht und Schulleben insbesondere durch die Kooperation zwischen Lehrern, durch Kompetenztransfer, durch Binnendifferenzierung und Individualisierung. Behinderte Kinder bleiben in ihrem sozialen Umfeld und werden von den Belastungen langer Schulwege verschont.

Im Auswertungsbericht der von der BLK geförderten Modellversuche stellen die sachverständigen Autoren Borchert und Schuck - trotz Einschränkungen im Hinblick auf methodenkritische Einwände zur Evaluation der Versuche - fest, daß mit nur wenigen Einschränkungen nahezu alle Modellversuche erfolgreich zu sein schienen und sich bewährten:

"Auf unterschiedliche Weise belegen die Modellversuche eindrucksvoll, daß durch organisatorische Weiterentwicklungen, professionelle Intensivierungen und qualifizierte pädagogische Arbeit die schulischen und außerschulischen Lern- und Entwicklungsbedingungen verbessert und die Akzeptanz der Integrationsidee sowie die Zufriedenheit von Eltern und Lehrern mit ihrer Schule und mit ihrer Tätigkeit erhöht werden können, verbunden allerdings mit der Einsicht, daß Erfolge nur mit erhöhtem persönlichen Einsatz der Pädagogen und mit erhöhtem Aufwand an personellen, materiellen und baulichen Ressourcen zu erzielen sind" (Borchert & Schuck, 1992, S. 126).

In ihren Auswertungen fanden die Autoren folgende modellübergreifende Voraussetzungen und Bedingungen von Fördererfolgen:

1. Zur Qualität der Förderung (vgl. a.a.O., S. 131):

• Multiprofessionell zusammengesetzte sonderpädagogisch qualifizierte Teams, denen flexible Organisationsstrukturen zur Verfügung stehen und die schnell und problemgerecht intervenieren können

• Verwirklichung eines bedürfnisorientierten Ansatzes und individueller Zuwendung für alle Kinder einer Gruppe

• Berücksichtigung persönlicher Bindungen zwischen Schülern bei anstehenden Schullaufbahnentscheidungen

- Realisierung reformpädagogischer Ansätze mit individualisierendem und binnendifferenzierendem Unterricht und möglichst frühzeitigem Beginn besonderer Förderung
- Adäquate Homogenisierung der Betreuungsgruppen an die spezifischen Bedürfnisse der Betroffenen zur optimalen Anpassung des Fördergeschehens
- Behindertenspezifische Anpassung des Rechtsrahmens und der Curricula sowie gegebenenfalls zusätzliche Einrichtung neuer Organisationsformen (z.b. an den Übergängen des Schulsystems)
- Entwicklung behindertengerechter, theoriegeleiteter pädagogischer Konzepte
- Behindertenspezifische Beratung von Eltern, Lehrern und Schülern
- Behindertengerechte bauliche Maßnahmen

2. Zur Qualifikation des Personals (vgl. a.a.O., S. 132):
- Ausreichend vorhandenes fachkompetentes Personal als entscheidende Bedingung des Fördererfolgs
- Supervision, ergänzt durch eine kontinuierliche "Fallarbeit" im Team
- Aus- und Fortbildungsveranstaltungen in Richtung auf die Arbeit mit Kindern und Eltern
- Fortbildung der Pädagogen an der Allgemeinen Schule durch Experten

3. Zur Kooperation und Koordination sozialer und pädagogischer Dienste (vgl. a.a.O., S. 132 f.):
- Bedarfsorientierte Verfügbarkeit über Experten zur Beratung oder zum schnellen Eingreifen
- Teaminterne Kooperationen innerhalb der Schule
- Kooperationen zwischen dem pädagogischen Personal einer Schule mit Kollegien anderer Schulen, Einrichtungen und Eltern, z.B. zur Regelung auftretender Konflikte zwischen unterschiedlichen Berufsgruppen

4. Zu den materiellen und personellen Ressourcen (vgl. a.a.O., S. 133):
- Ausstattung der Schulen mit angemessenen personellen Ressourcen
- Ausstattung der Schulen mit behindertengerechten technischen Hilfs-, Lehr- und Lernmitteln

Trotz dieser insgesamt positiven Bilanz der Modellversuche wird der weitere Einfluß der Empfehlungen des Bildungsrats auf die Bildungspolitik der Länder in den 70er und 80er Jahren eher zurückhaltend eingeschätzt. Nach Ansicht von Borchert & Schuck (1992, S. 4) wurden die Empfehlungen der Bildungskommission aufs Ganze gesehen in der Praxis der Stellungnahmen der Kultusministerien kaum aufgegriffen und führten auch nicht zu längst überfälligen Novellierungen der Empfehlungen der Ständigen Kultusministerkonferenz von 1960 und 1972[23]. Eine ähnliche Position vertrat Muth (1983, S. 15 ff.) als Hauptgutachter der Bildungskommission von 1973, der bemängelte, daß mit Ausnahme der Bundesländer Saarland und Bremen "*nichts geschah*". Im Saarland wurden bereits 1985 Integrationsklassen als Regelform eingeführt, in Bremen 1986 Sonderpädagogen in Grundschulen einbezogen und Sonderschulen im Primarbereich jahrgangsweise aufgelöst (vgl. Gewerkschaft Erziehung und Wissenschaft, 1993, S. 104).

2.2.3 Sonderpädagogik als Aufgabe der Sonder- und Allgemeinschulen

Erst die 110. Amtschefkonferenz der Kultusminister 1988 läutete eine bundesweite Wende ein. Die Monopolstellung der Sonderschulen für die Förderung behinderter Kinder wurde zugunsten eines "Sowohl-als auch-Konzepts" aufgelöst. Der sonderpädagogische Förderbedarf ist, so die Quintessenz, nicht nur allein in Sonderschulen, sondern in unterschiedlichen Organisationsformen der Allgemeinen Schulen angemessen abzudecken. In Frage kommen:

- Einzelintegration eines behinderten Kindes in die Allgemeinschule
- Unterstützung behinderter Kinder in der Allgemeinschule durch die Zusammenarbeit mit Sonderschulen
- Gemeinsame Unterrichtung behinderter und nichtbehinderter Kinder in Integrationsklassen unter Mitwirkung von Sonderpädagogen
- Förderung schwerbehinderter Kinder in Sonderschulen, die nicht in Allgemeinschulen aufgenommen werden können

Damit wurde offiziell eine Erweiterung des sonderpädagogischen Aufgabenfelds und der Dienstleistungen von Sonderpädagogen und Sonderschulen in Form von Diagnosen, Beratungen und Förderungen behinderter Kinder auch in den Allgemeinschulen vorgenommen. Die sonderpädagogischen Kompetenzen sollten fortan nicht mehr nur innerhalb der Sonderschulen zentriert, sondern vielmehr in ein neues und flexibler strukturiertes System der Allgemeinschulen hineintransformiert werden. Somit wurden die Orte und Formen der sonderpädagogischen Förderung nicht mehr von institutions-, sondern von personenbezogenen Kategorien abhängig

---

[23] Nach einer Einschätzung von Kleber (1984, S. 118) beschränkte sich die Zusammenarbeit zwischen Sonder- und Allgemeinschulen immer noch im wesentlichen auf ein Zusammenwirken "*zum Zwecke der Ausgliederung von behinderten oder als behindert diagnostizierten Kindern*".

gemacht und konsequenterweise nicht mehr von "Sonderschulbedürftigkeit", sondern vom "sonderpädagogischen Förderbedarf" der Schüler gesprochen.

In diesem Kontext nahmen mehrere Bundesländer, wie etwa das Saarland (vgl. Sander et al., 1987, 1994), eine entsprechende Novellierung ihrer Schulgesetze zur Organisation von Integration vor, die in unterschiedlichem Ausmaß die Integration von Behinderten in Schule und Gesellschaft anbahnten: *"In solchen schulgesetzlichen Novellierungen werden Freiräume für die Weiterentwicklung schulischer Strukturen hin zu einem flexiblen Unterstützungssystem gegeben, in dem sowohl integrative Einzelförderung an einer Allgemeinen Schule, die Integrationsklassen, Förderzentren wie auch Sonderschulen ihren Platz haben"* (Borchert & Schuck, 1992, S. 5).

So kam in den alten Bundesländern vor allem zu Beginn der 90er Jahre Bewegung in die Diskussion und in die Umsetzung integrativer Schulformen, die sich jedoch teilweise erheblich in ihren Bemühungen um eine integrationsfördernde Reform des Schulwesens unterschieden[24]. Entsprechend unterschiedlich waren die Wege und Formen integrativer Beschulung, was in der folgenden Aufstellung möglicher schulischer und außerschulischer Organisationsformen von Integration zum Ausdruck kommt (vgl. Speck, 1989, S. 197 ff; Schindele, 1977, S. 12 ff.).

Ambulante/mobile Erziehungshilfen

Dabei handelt es sich um inner- oder außerschulische schulpsychologische, sonderpädagogische oder sozialpädagogische Dienste, deren Hauptaufgaben in der Beratung von Eltern, Lehrern, Sozialpädagogen, Schulpsychologen usw. bestehen. Beispiele dafür sind:

- "Verhaltenspädagogische Dienste" für Schulen eines bestimmten Einzugsgebietes mit hauptamtlichen Sonderpädagogen oder Sozialpädagogen und teilzeitbeschäftigten Psychologen und Therapeuten als Team. Aufgaben: Beratung, Kurse für Schüler, Lehrer, Eltern in Zusammenarbeit mit pädagogisch relevanten Institutionen wie Jugendamt, Kinder-und Jugendpsychiatrie usw. (vgl. Mutzek et al., 1984).

- "Mobile schulische Erziehungshilfe" als einer ambulanten Form intensiver Einzelhilfe für GHS. Sie besteht aus einem flächendeckenden Netz ambulanter schulischer Dienste zur Förderung und Therapie verhaltensauffälliger Schüler in Kooperation mit einer SfE und kinder- und jugendpsychiatrischer Einrichtungen (vgl. Hippler, 1985).

---

[24] Eine Zusammenfassung der diesbezüglichen Regelungen und Modellversuche in den einzelnen Bundesländern wurde von der Gewerkschaft Erziehung und Wissenschaft (1993, S. 104 ff.) veröffentlicht.

- "Außerschulisch organisierte familienbezogene Hilfen" für Kinder, z.B. ambulante sozialpädagogische Gruppen, Fortbildung für Bezugspersonen durch Sozialpädagogen, Sonderpädagogen und Psychologen (vgl. Mutzek et al., 1984).

Schulintegrierte Erziehungshilfen

Unmittelbarer Einsatz von Sonderschullehrern an Allgemeinschulen zur direkten oder indirekten Unterstützung der Klassenlehrer durch klassenbezogene Kooperation von Regel- und Sonderschullehrer:

- Beratungsprogramme in Allgemeinschulen (Lehrer beraten sich regelmäßig mit Sonderpädagogen)
- Unterrichtsintegrierte Förderung, z.B. Ambulanzlehrer-Programm: Ein Sonderpädagoge unterrichtet stundenweise zusammen mit dem Klassenlehrer, evtl. auch zusätzlich in kleinen Fördereinheiten außerhalb des Klassenverbandes
- Förderunterricht - Fördergruppen, z.B. zeitlich begrenzter Förderunterricht in Allgemeinschulen durch Sonderpädagogen außerhalb des Klassenverbandes
- Förderzentrum-Programm: Schüler bleiben in der Regelklasse, werden aber unterstützt durch einen Sonderpädagogen des Förderzentrums; bei Bedarf zusätzliche Förderung außerhalb des Klassenverbands
- Pädagogisch-therapeutische Einzelhilfe
- Kleinklassen, z.B. kooperative Sonderklasse in der Allgemeinschule: Behinderte Schüler werden in einer Sonderklasse unterrichtet und nehmen in einzelnen Fächern am integrativen Unterricht der Regelklasse teil, oder segregierte Sonderklasse in einer Allgemeinschule ohne integrativen Unterricht

Förderung schwer integrierbarer Kinder in Sonderschulen

- Kooperative Tagessonderschule mit kooperativen Bezügen zu Allgemeinschulen, z.B. in Form von außerunterrichtlichen Begegnungen oder in Form einer segregierten Tagessonderschule
- Offene Heimsonderschule mit kooperativen Bezügen zu Allgemeinschulen oder völlig segregierte Heimsonderschule ohne Bezüge zur Allgemeinschule[25]
- Klinikschulen
- Schulen im Strafvollzug

---

[25] Allerdings kann bei den segregierten Tagessonder- und Heimschulen meines Erachtens nicht mehr von einer integrativen Organisationsform gesprochen werden.

Grundlegende Probleme ergaben sich nun aus der Fragestellung, auf der Grundlage welcher Kriterien behinderte Kinder adäquater in einer Sonderschule oder in einer integrativen Allgemeinschule gefördert werden können.

2.2.4 Kriterien für eine integrative Beschulung

Auf die durch eine gemeinsame, integrative Unterrichtung angestrebte Erweiterung der sozialen Kompetenz und gesellschaftliche Integration haben alle behinderte Kinder einen Anspruch. Es gibt keine ethische Rechtfertigung, zwischen "integrierbaren" und "nicht-integrierbaren" behinderten Kindern zu unterscheiden. Wohl aber unterscheiden sich behinderte Kinder im zusätzlichen pädagogischen Aufwand, der für ihre Integration erforderlich ist. Daher kommt Wocken (1988, S. 88) zu einer systemischen Definition von Integrationsfähigkeit als Voraussetzung für eine erfolgversprechende integrative Beschulung: "*Integrationsfähigkeit ist nicht nur eine Eigenschaft von Kindern, Integrationsfähigkeit ist auch eine Eigenschaft von Schulen. Richtig verstanden ist Integrationsfähigkeit (...) ein Verhältnisbegriff, der etwas aussagt über die Passung von Kind und Schule*".

Nach Wittmann (1969, S. 43) gilt für die schulische Integration allgemein die Regel, daß nur so viel Besonderung, Spezialisierung, Differenzierung und Arbeitsteilung wie unbedingt nötig vorgenommen werden und daß andererseits so viel Generalisierung, Verbindung zum Allgemein- und Normalpädagogischen, so viel Koordination, Kooperation und Integration innerhalb der Allgemeinschule als möglich Anwendung finden sollte.

1. Kriterien

Als grundsätzliche Kriterien der Aufnahme behinderter Kinder in die Allgemeinschule gilt für Muth (1982, S. 28) die Chance eines individuellen Lernfortschritts, verbunden mit der Möglichkeit, in der Kommunikationsfähigkeit weiterzukommen. Diese Kriterien setzen bestimmte schulorganisatorische und pädagogische Bedingungen in der aufnehmenden Schule voraus, die eine integrative Beschulung erfordern. Dazu gehören insbesondere die Binnendifferenzierung und Individualisierung des Unterrichts, eine Senkung der Klassenfrequenz, die Zusammenarbeit Regel- und Sonderschullehrer (Zwei-Pädagogen-System), eine Kenntnis und Förderung der individuellen Lernvoraussetzungen der Schüler, eine Differenzierung von Arbeitsformen und Lernzielen, die Akzentuierung des sozialen Lernens im Unterricht und eine sozialpädagogische Ausrichtung der Schulen (vgl. Jost, 1992, S. 138; Wocken, 1993, S. 5 ff; Bundesministerium für Jugend, Familie, Frauen und Gesundheit, 1990, S. 120).

Bach (1984) betont darüber hinaus die Notwendigkeit einer umfassenden Feld- und Begleitdiagnostik im Rahmen integrierter Fördermaßnahmen, um die (personalen, schulischen, familialen usw.) Bedingungen der Verhaltensauffälligkeiten ausfindig zu machen und diesbezüglich wesentliche Ansatzpunkte für wirksame Interventionen herauszufinden. Er weist aber ausdrücklich darauf hin, daß die Feststellung einer "*objektiven Ausgangslage*" aufgrund der vielen subjektiven Einflüsse des diagnostischen Geschehens nicht möglich ist (vgl. a.a.O., S. 34 ff.).

2. Feststellung des sonderpädagogischen Förderbedarfs eines Schülers

Fragen wir nach der Förderbedürftigkeit eines Kindes im Sinne der Allgemein- bzw. Sonderschule, so lassen sich grundsätzlich zwei Dimensionen erkennen, innerhalb derer sich Kriterien für eine integrierte oder segregierte Förderung bestimmen lassen. Zum einen geht es um die personale Dimension des Kindes und seines familiären und sozialen Umfeldes, d.h. um individuelle Lern-, Leistungs- und Verhaltensbeeinträchtigungen oder -störungen. Zum anderen ist die institutionelle Dimension der Möglichkeiten der Allgemein- und Sonderschule relevant, für diese individuellen Beeinträchtigungen adäquate Förderstrukturen und -maßnahmen zur Verfügung stellen zu können. Dies bedeutet für den diagnostischen Prozeß im Vorfeld oder im Rahmen eines pädagogisch-psychologischen Überprüfungsverfahrens, daß die diagnostischen Instanzen, in der Regel der Klassen-, Beratungs-, Sonderschullehrer oder Schulpsychologe, für die Erfassung beider Dimensionen offen und entsprechend qualifiziert sein müssen. Es ergeben sich folgende Fragen:

- Welcher Grad und welche Art von Beeinträchtigung liegt vor?
- Kann das beeinträchtigte Kind in der Allgemeinschule betreut werden?
- Welche sonderpädagogischen Maßnahmen innerhalb der Allgemeinschule sind angezeigt?
- Welche Bedingungen oder Veränderungen in der Allgemeinschule sind notwendig, damit die Förderung erfolgen kann? (vgl. Royl, 1978, S. 387).

Damit wird deutlich, daß die Beantwortung solcher Fragen eine hinreichende sonderpädagogische Kompetenz voraussetzt, die individual- und familiendiagnostische sowie institutionelle und didaktische Kenntnisse miteinschließt. Eine so verstandene Differentialdiagnostik in Bezug auf die Art und den Grad der Beeinträchtigung des Kindes (und seiner Beziehungen) und in Bezug auf das dazu passende Förderkonzept und den geeigneten Förderort sollte möglichst frühzeitig und präventiv einsetzen, um dauerhaft überfordernde, die Symptomatik verfestigende oder eskalierende Prozesse zu verhindern bzw. abzuschwächen. Gerade im Hinblick auf das oftmals interdependent auftretende Phänomen von Lern- und Verhaltensbeeinträchtigungen sind frühzeitig-präventive Förderungen von besonderer, weil integrativer Bedeutung, da die Gruppen der "Lernbehinderten" und "Verhaltensauffälligen" den Hauptanteil der Sonderschüler darstellen.

Meldet nun die Allgemeinschule einen Schüler bei einer Sonderschule an, tritt ein pädagogisch-psychologisches Überprüfungsverfahren in Gang, das in Baden-Württemberg durch eine Verwaltungsvorschrift geregelt und im Ablauf festgeschrieben ist (vgl. Ministerium für Kultus und Sport Baden-Württemberg, 1987, S. 43 f.). Danach beauftragt die Schulverwaltung einen Sonderschullehrer, ein Gutachten zu erstellen, aus dem eindeutig hervorgeht, auf welche Weise und an welchem Ort (an der Allgemein- oder an einer speziellen Sonderschule) der Schüler am besten gefördert werden kann. Auf der Grundlage dieses Gutachtens trifft die Schulverwaltung unverzüglich eine Entscheidung, ob der betreffende Schüler zum Besuch einer Sonderschule verpflichtet ist und gegebenenfalls welcher Sonderschultyp in Frage kommt. In dieser Verwaltungsvorschrift ist jedoch nicht detailliert festgelegt, welche diagnostischen Verfahren der begutachtende Sonderschullehrer verwenden und nach welchen "harten" Kriterien er z.B. den Typ der Sonderschule bestimmen soll. Dies hat zur Folge, daß der Person, Kompetenz und Erfahrung des begutachtenden Sonderschullehrers eine große Bedeutung zukommt, vor allem, wenn es um Entscheidungen geht, die auf der Grundlage unscharfer und wenig eindeutiger diagnostischer Erkenntnisse gefällt werden. Gerade bei der Diagnose von Verhaltensauffälligkeiten kommen solche Uneindeutigkeiten sowohl auf der personalen Ebene des Schülers, als auch der interpersonalen Ebene etwa der Lehrer-Schüler-Beziehung und der institutionellen Dimension der Fördermöglichkeiten häufiger vor. Verschärft werden kann dieses Problem durch die bereits erwähnte häufig vorzufindende Interdependenz von Verhaltens- und Lernstörungen. Wenn nun ein Schüler mit Verhaltens- und Lernproblemen in der Allgemeinschule nicht mehr oder nicht adäquat gefördert werden kann, muß der begutachtende Sonderschullehrer entscheiden, ob der Schüler in eine Förderschule oder in eine SfE umgeschult werden soll. Die Praxis zeigt, daß diese Entscheidung nicht nur vom nicht unumstrittenen "harten" Faktor des Intelligenzquotienten[26] des Schülers abhängt, sondern von vielen weiteren Faktoren wie etwa der Position der Eltern, der Präsenz eines entsprechenden Sonder-

---

[26] Die Schwachstellen des Einsatzes von Intelligenztests im Überprüfungsverfahren faßt Homfeldt (1972, S. 169 ff.) zusammen. Nach Ansicht von Heller et al. (1978, S. 25) erklärt die Intelligenzleistung maximal die Hälfte der Schulnotenvarianz.

schultyps in der Nähe des Wohnorts der Familie, der freien Plätze der Sonderschule, der Möglichkeit externer Beschulung usw.

So können auch bei einer solchen in der Biographie eines Menschen durchaus bedeutsamen Entscheidung einer Umschulung in eine Sonderschule infrastrukturelle, institutionelle und subjektiv-personale Aspekte (auf Seiten des begutachtenden Sonderschullehrers) eine größere Rolle spielen, als die individuellen Kriterien des Förderbedarfs des Schülers. Dies um so mehr, wenn das Gutachten von einem Sonderschullehrer der in Frage kommenden aufnehmenden Sonderschule erstellt wurde, wodurch es u.U. zu einem Interessenskonflikt zwischen dem Kind und der auf Erhalt und Belegung bedachten Sonderschule kommen kann. Um dies von vornherein auszuschließen, sollte die Begutachtung möglichst von einer neutralen Instanz vorgenommen werden, was aber in der Praxis (zumindest im südbadischen Raum) kaum der Fall ist.

2.2.5 Integration in Baden-Württemberg

Das Kultusministerium von Baden-Württemberg hat sich bis zum heutigen Tag konsequent und unmißverständlich für die Beibehaltung des dreigliedrigen Schulsystems als Regelschulsystem und gegen eine breite Einführung von Gesamt- und Ganztagesschulen oder weitergehenden integrativen Schulformen ausgesprochen. Nach Ansicht von Raab et al. (1987, S. 120) übten die Schulverwaltungen in Baden-Württemberg (und Bayern) aus pädagogischen und finanziellen Gründen *"am meisten Zurückhaltung in Bezug auf eine Ergänzung der Schule um spezielle sozialpädagogische Angebote und eine mögliche Angliederung sozialpädagogischer Dienste an die Schule"*. Die wenigen Schulversuche zur Gesamt- und Ganztagesschule oder zu integrativen Beschulungsformen hatten meist nur vorläufigen Modellcharakter ohne Anspruch auf Fortführung. Die Staudinger-Gesamtschule Freiburg mußte beispielsweise 18 Jahre lang "kämpfen", bis sie 1988 als "Schule besonderer Art" Anerkennung fand und damit eine formale Bestandsgarantie bekam (vgl. Baur, 1996). In diesem "Kampf" spiegelte sich eine deutlich konservativ geprägte Grundhaltung des Kultusministeriums Baden-Württemberg wider, das sich bislang vehement gegen eine irgendwie geartete Aufweichung der bestehenden Schulstrukturen sträubte. Innerhalb dieser Strukturen wurde etwa zur Unterstützung erzieherischer Impulse vor allem in den Hauptschulen verstärkt auf die "Persönlichkeit des Lehrers" und auf das "Erweiterte Bildungsangebot" gesetzt, durch das *"den Hauptschülern besondere Hilfen zur persönlichen Entfaltung durch lebensnahe und schülergemäße Aktivitäten angeboten werden"* sollten (Ministerium für Kultus und Sport, Baden-Württemberg, 1983 in Raab et al., 1987, S. 122 ff.). Dieses "Erweiterte Bildungsangebot" wurde von den Lehrern selbst durchgeführt und beschränkte sich auf zwei Wochenstunden pro Klasse. Im Laufe der Jahre fiel aber auch dieses Angebot den Stundenkürzungen des Ministeriums zum Opfer.

Bis zum Jahre 1992 war in Baden-Württemberg bis auf eine Ausnahme im Reutlinger Projekt "Gemeinsam leben - gemeinsam Handeln" (vgl. Polster & Seyfang 1984; Klein & Nestle, 1992) keine gemeinsame Unterrichtung behinderter und nichtbehinderter Schüler zugelassen. Diese recht starre Haltung des Kultusministeriums gegenüber integrativen Organisationsformen (wie den "Kooperativen Schulzentren") war eine der Konsequenzen, an den bestehenden Schulstrukturen festhalten zu wollen. Eine zieldifferente Unterrichtung behinderter Schüler in Allgemeinschulen sollte, wenn überhaupt, durch räumlich ausgelagerte Sonderschulklassen organisiert werden. Im Schuljahr 1995/96 bestanden in Baden-Württemberg an Allgemeinschulen insgesamt 23 solcher "ausgelagerten Klassen", davon 20 von Schulen für Geistigbehinderte und 3 von SfE (vgl. Baur et al., 1996, S. 53). Die Konzeption dieser Außenklassen sieht vor, daß behinderte mit nichtbehinderten Kindern beispielsweise an gemeinsamen außerunterrichtlichen Vorhaben oder an einem gemeinsamen ergänzenden Unterricht in dafür geeigneten Fächern teilnehmen können.

Demgegenüber erfolgte eine politische Präferierung der zielgleichen Integration, die über eine verstärkte Kooperation zwischen den Sonder- und Allgemeinschulen gefördert werden sollte. Im Kooperationserlaß des Kultusministeriums Baden-Württemberg aus dem Jahre 1987 wurden entsprechende Grundsätze formuliert, in denen der Beschulungsort behinderter Kinder von Bildungs- und Erziehungsmöglichkeiten der Allgemeinschule abhängig gemacht wird: "*Behinderte Kinder, die in der allgemeinen Schule nicht in hinreichendem Maße gefördert werden können, sollen rechtzeitig sonderpädagogische Förderung in Sonderschulen erfahren (...)*" (Ministerium für Kultus und Sport Baden-Württemberg, 1987a, S. 5). Die Bereitstellung solcher besonderer Fördermaßnahmen etwa zur Verhinderung und zum Abbau von Lern- und Verhaltensschwierigkeiten in der Grundschule wird im Kooperationserlaß zur primären Aufgabe der Grundschulen erklärt: "*Wenn deren Maßnahmen jedoch nicht ausreichen, sollen sonderpädagogische Hilfen durch entsprechend vorgebildete Sonderschullehrer in der Grundschule unterstützend hinzukommen*" (a.a.O., S. 5). In diesem Zusammenhang wurden 1992 vom Kultusministerium Handreichungen für Sonderpädagogische Individualhilfen in der Grundschule herausgegeben und die Kooperationsgrundsätze: Kontinuität, Offenheit, Partnerschaftlichkeit und Freiwilligkeit (KOPF) dargelegt (vgl. Ministerium für Kultus und Sport Baden-Württemberg, 1992).

Neben der Bereitstellung sonderpädagogischer Individualhilfen wird im Kooperationserlaß desweiteren die Notwendigkeit betont, sich vermehrt um gemeinsame Aktivitäten zwischen den verschiedenen Schularten zu bemühen, etwa durch gemeinsame Fortbildungen der GHS- und Sonderschullehrer. Ein weiterer Schwerpunkt des Kooperationserlasses besteht in einer Erleichterung der Rückschulungen von Kindern aus den Sonder- in die Allgemeinschulen durch begleitende sonderpädagogische Maßnahmen und durch die Möglichkeit, zunächst nur stundenweise am Unterricht der Allgemeinschule teilnehmen zu können.

Der Kooperationserlaß entfachte eine heftige bildungspolitische Kontroverse, hielt er doch am Primat einer zielgleichen (i.d.R. Einzel-)Integration von Schülern fest, die dem Bildungsgang der Allgemeinschule folgen können (vgl. Günther, 1995, S. 54). Insofern stellt der baden-württembergische Weg per se keine wirkliche Alternative zu Integrationsmodellen anderer Bundesländer (beispielsweise des Saarlands) dar, in denen eine zielgleiche und zieldifferente Unterrichtung behinderter und nichtbehinderter Kinder vorgesehen ist. Dieser baden-württembergische Sonderweg wurde daher sogar als "Beschwichtigungsformel konservativer Bildungspolitiker " oder als "wirksame Speerspitze gegen die Integration" (Wilms, 1991, zitiert in Günther, 1995, S. 57) bezeichnet. "Pragmatische" Bildungspolitiker sehen hingegen vor allem angesichts der angespannten Haushaltssituation des Landes derzeit keine Möglichkeit, sowohl ein voll ausgebautes Sonderschulsystem als auch Organisationsformen (zieldifferenter) integrativer Beschulungen in Allgemeinschulen zu finanzieren. Aus diesem Grunde ist eine Veränderung der Rechtslage, die den Eltern bislang keine Wahlfreiheit in Bezug auf die Beschulungsform ihrer (behinderten) Kinder und kein Anspruch auf eine sonderpädagogische Förderung in Regelschulen zugesteht[27], nicht zu erwarten. Das Kooperationsmodell wird von ihnen eher als Notlösung oder Übergangsregelung, denn als tragfähiges Integrationsmodell gesehen (vgl. a.a.O., S. 63). Nach Ansicht von Klein (1990, S. 33) als einem der Vertreter des Reutlinger Forschungsprojekts: Gemeinsam leben - gemeinsam Handeln müssen sich Kooperation und Integration jedoch nicht ausschließen. Für ihn wird Integration erst durch vielfältige Kooperationsformen zwischen Lehrern und Lehrern, Schülern und Schülern sowie Schülern und Lehrern ermöglicht. Dafür haben Klein und Kollegen aus dem Fachbereich Sonderpädagogik an der Pädagogischen Hochschule Reutlingen Broschüren herausgegeben, die sich mit unterschiedlichen Möglichkeiten der Kooperation zwischen Sonder- und Allgemeinschulen (z.B. Arbeitsgemeinschaften, Schullandheimaufenthalte usw.) befassen.

---

[27] Nach einem aktuellen Beschluß des baden-württembergischen Verwaltungsgerichtshof im September 1996 haben Eltern behinderter Kinder keinen Rechtsanspruch auf eine Sonderbehandlung ihrer Kinder in der Grundschule (Az.: 9 S 1971/96).

Günther (1995, S. 56 ff.) faßt die grundsätzlichen, konzeptionellen Kritikpunkte am baden-württembergischen Kooperationsmodell wie folgt zusammen:

- Die Kooperation zementiert die faktische Trennung zwischen Regel- und Sonderschule und verhindert somit eine innere Schulreform, beispielsweise durch die Gefahr der Delegation präventiver Förderaufgaben aus dem Zuständigkeitsbereich der GHS an die Sonderpädagogik, wodurch sich die GHS in ihrem Selbstverständnis kaum verändern müssen.

- Die Trennung zwischen behinderten und nichtbehinderten Schülern kann nicht durch wenige Stunden geplanter Gemeinsamkeiten abgebaut werden.

- Die Kooperation kann eine Selektion leistungsschwacher Schüler durch eine Verstärkung des Anpassungs- und Leistungsdrucks eher fördern anstatt verhindern, wenn die sonderpädagogische Förderung nicht individuell und lernzieldifferent erfolgt.

- Eine Förderung leistungsschwacher Schüler in Kleingruppen der GHS birgt die Gefahr der Stigmatisierung und damit der Verschlechterung der sozialen Integration der Schüler.

- Die zeitweilige Abwesenheit der Sonderpädagogen an ihren Stammschulen kann sich negativ auf die Beziehungen zu ihren Schülern auswirken, da mit ihrer Doppelfunktion zwangsläufig Kontakt- und Informationsverluste verbunden sind.

- Die mangelnden personellen Voraussetzungen für Kooperation und die möglichst kostenneutrale Durchführung begrenzen die Effektivität der Maßnahmen.

Neben dieser grundsätzlichen Kritik am Kooperationsmodell wird aus der Kooperationspraxis gerade in Bezug auf die Problematik der Zunahme von Verhaltensauffälligkeiten in GHS von vielen weiteren Umsetzungsschwierigkeiten berichtet. Folgende Probleme werden - auch in der vorliegenden Untersuchung - häufig genannt:

- Mangelnde Grundausstattung der GHS mit geeigneten "Bordmitteln" zur Förderung verhaltensauffälliger Schüler, z.B. Wegfall von zusätzlichen Förderstunden (wie etwa des Erweiterten Bildungsangebots)

- Zu hohe Klassenfrequenz in GHS

- Vorbehalte von GHS-Lehrern, mit Sonderpädagogen zu kooperieren, sich in die "Karten schauen zu lassen"

- Vorbehalte von GHS-Lehrern in Bezug auf die Übertragbarkeit sonderpädagogischer Konzepte in den Kontext der GHS

- Mangelnde Ausstattung und Kapazitäten der SfE für Kooperation (z.B. Mangel an für die Kooperation geeigneten Sonderpädagogen in Südbaden)
- Ängste der freien Träger der SfE, durch die Kooperation den Bestand der eigenen Einrichtung zu gefährden
- Berührungsängste zwischen Lehrern von GHS und SfE aufgrund vieler Vorurteile
- Vorbehalte von Sonderpädagogen gegenüber GHS-Lehrern im Hinblick auf deren Rollenverständnis (Vorrang der Wissensvermittlung)
- Abhängigkeit sonderpädagogischer Fördermaßnahmen in der Allgemeinschule von der Zustimmung der Erziehungsberechtigten
- Ängste von Eltern vor einer "sukzessiven Überführung" ihrer Kinder durch die Sonderschullehrer in eine Sonderschule

Diese Probleme begrenzen die Möglichkeiten integrativer Maßnahmen in Allgemeinschulen auf unterschiedlichen Ebenen. Werden entsprechende Fördermöglichkeiten in der Allgemeinschule seitens der Schulverwaltung nicht ausreichend zur Verfügung gestellt und/oder hat die Allgemeinschule kein besonderes Interesse daran, solche Fördermaßnahmen bereitzustellen bzw. nachdrücklich einzufordern oder fehlen einfach entsprechende Kooperations- und Förderkapazitäten und -motivationen in SfE, bleibt den betroffenen Schülern meist nur noch der Weg in eine Sonderschule. Dieser Weg stellt, trotz der im Kooperationserlaß formulierten Zielsetzung einer Rückschulung der Schüler in die Allgemeinschule, de facto nach wie vor noch viel zu häufig eine Einbahnstraße dar.

Vor diesem Hintergrund und dem daraus entstandenen Problemdruck konnte sich das Kultusministerium den Forderungen nach einer zumindest versuchsweisen Durchführung zieldifferenter integrativer Beschulungsformen nicht mehr verschließen. Nach zähem Ringen beispielsweise seitens der "Landesarbeitsgemeinschaft Baden-Württemberg, Eltern gegen Aussonderung von Kindern mit Behinderungen: Gemeinsam leben - Gemeinsam Lernen e.V." gab der Ministerrat von Baden-Württemberg 1992 grünes Licht zur Durchführung von fünf bis zum Schuljahr 1995/96 zeitlich befristeten, wissenschaftlich begleiteten Schulversuchen an den Standorten: Obersulm, Dachsberg-Ibach, Weinheim-Weststadt, Ravensburg und Tübingen. Diese fünf Schulversuche sehen in ihrer Konzeption unterschiedliche Formen zielgleicher und -differenter Integration in der Regelschule vor, in denen Schüler mit unterschiedlichen Arten von Behinderungen, in Weinheim auch mit Verhaltensstörungen, gemeinsam mit Nichtbehinderten unterrichtet werden[28]. Bei der "Einzelintegration" wer-

---

[28] Eine Chronologie der wichtigsten Schritte dieses Ringens und eine Übersicht über die 5 Schulversuche stellt Edler (1993, S. 91 ff.) zusammen.

den einzelne Schüler mit einem sonderpädagogischen Förderbedarf in einer Allgemeinschule i.d.R. zielgleich unterrichtet. Eine "Integrationsklasse" hingegen erlaubt die gemeinsame und zieldifferente Unterrichtung von (2-4) Schülern mit unterschiedlichen Behinderungen mit nichtbehinderten Schülern. Der zusätzliche Förderbedarf wird durch die Einbeziehung von Sonderpädagogen abgedeckt ("Zwei-Pädagogen-System"). In "Integrativen Regelklassen" werden alle Schüler eines Schuleinzugsgebiets in die Allgemeinschule aufgenommen. Eine sonderpädagogische Förderung einzelner Schüler wird wiederum durch Sonderpädagogen wahrgenommen[29].

Im Juli 1996 wurde der Abschlußbericht der wissenschaftlichen Begleitung der o.g. fünf Schulversuche durch die Pädagogische Hochschule Ludwigsburg/Reutlingen vorgestellt. Die Ergebnisse unterstreichen entsprechende Erkenntnisse aus vergleichbaren Untersuchungen (vgl. Kap. 2.2.2), daß eine gemeinsame Unterrichtung sowohl den behinderten als auch den nichtbehinderten Kindern zugutekommt. Bei den Schulversuchen kam dies etwa im Bereich einer verbesserten Leistungserbringung oder in einer lebendigeren Schulatmosphäre zum Ausdruck. Daher empfehlen die Reutlinger Erziehungswissenschaftler insbesondere die Einrichtung von Integrationsklassen in Regelschulen größerer Städte und wohnortnahe integrative Regelklassen (mit einzelnen behinderten Kindern) in ländlichen Gebieten mit entsprechendem Einzugsgebiet[30].

Die Betrachtung der Gesamtsituation integrativer Beschulungsmöglichkeiten in Baden-Württemberg ergibt ein recht klares Bild. Der politische Wille der Landesregierung und der Schulverwaltungen für eine entsprechende Beschulungsvielfalt ist noch wenig ausgeprägt. In Baden-Württemberg fehlt es an einem organisatorisch und finanziell abgesicherten differenzierten und abgestuften Konzept sonder- und sozialpädagogischer Maßnahmen unter Miteinbeziehung der Allgemein- und Sonderschulen, trotz entsprechender Verwaltungsvorschriften im Kooperationserlaß. Vielmehr stellt das Beschulungsverfahren und -system in Baden-Württemberg in der Praxis nach wie vor ein i.d.R. starres "Entweder-Oder-System" dar, das wenig Spielraum bietet für individualisierte, d.h. auf die betreffenden Schüler bezogene integrative Entscheidungen. Das Kultusministerium setzt nach wie vor auf eine verstärkte Kooperation zwischen Sonder- und Allgemeinschulen und nicht auf eine Implementierung integrativer Beschulungs- und Unterrichtsformen in den Regelschulen. Das

---

[29] Im Abschlußbericht der wissenschaftlichen Begleitung werden die angewandten Integrationsformen konkretisiert und erörtert (vgl. Baur et al., 1996).

[30] Zusammenfassung der Ergebnisse der "Schulversuche mit integrativen Lösungen" in Baur et al. (1996, S. 295 ff.).

kommt auch durch die aktuell erfolgte Einrichtung von "Arbeitsstellen Kooperation" an mehreren Staatlichen Schulämtern und einer Landesarbeitsstelle für Kooperation in Baden-Württemberg am Oberschulamt Stuttgart zum Ausdruck. Mit diesen Arbeitsstellen sollen die kooperativen Aktivitäten zwischen den Sonder- und Allgemeinschulen vor Ort gefördert und miteinander koordiniert werden.

Vor diesem Hintergrund sind die Forderungen der Sachverständigen der Enquêtekommission Baden-Württemberg im Jahre 1994, die Integrationsbemühungen im vorschulischen und schulischen Bereich zu verstärken, verständlich: "*Im schulischen Bereich sind die Integrationsbemühungen zu verstärken durch die Integration von Schulklassen in der Regelschule, durch Einzelintegration von Schülern in Regelschulklassen, wie auch durch verstärkte Kooperation zwischen Schulklassen von Regelschulen und Schulen für Behinderte*" (Landtag von Baden-Württemberg, 1994, S. 189).

2.3 Jugendhilfepolitische Rahmenbedingungen des Projekts

Gemeinwesen wie das der BRD sind nicht nur allein durch wirtschaftlichen Erfolg oder materiellen Wohlstand gekennzeichnet, sondern ebenso durch soziale Problemlagen, Benachteiligungen und Belastungen einzelner gesellschaftlicher Gruppen. Das Ausmaß solcher sozialen Probleme hängt ebenso von den ökonomischen Rahmenbedingungen ab, wie von der Bereitschaft der Gesellschaft, Randgruppen zu integrieren oder auszugrenzen (vgl. Jordan & Sengling, 1994, S. 11).

Die Sozialpädagogik beschäftigt sich mit der Theorie und Praxis der sozialen Bedingungen und des sozialen Handelns einer Gesellschaft, die zu einer Benachteiligung, Vernachlässigung, Verarmung oder Desintegration benachteiligter Gruppen führen. Die Jugendhilfe ist ein Teilbereich der Sozialpädagogik und richtet sich vor allem an Kinder, Jugendliche und deren Familien. Jugendhilfe fördert deren individuelle und soziale Entwicklung, sie trägt mit zur Vermeidung und zum Abbau von Benachteiligungen bei und setzt sich für positive Lebensbedingungen sowie für eine kinder- und familienfreundliche Umwelt ein. "*Jugendhilfe umfaßt demnach allgemein fördernde, direkt helfende und politische Aufgabenbereiche. Im Mittelpunkt dieser Bemühungen steht der Erziehungsgedanke*" (Jordan & Sengling, 1994, S. 12).

Der allgemein fördernde Aspekt der Jugendhilfe kommt durch pädagogisch unterstützende, familienergänzende Angebote wie etwa Kindergärten oder Jugendhäuser zum Ausdruck, wobei dieser Aspekt durchaus gezielte Maßnahmen zum Abbau von sozialen Ungleichheiten oder Benachteiligungen miteinschließt wie etwa Kindergrippen in sozialen Brennpunkten. Eine direkte pädagogische und wirtschaftliche Hilfeleistung stellt die Jugendhilfe in jenen Situationen bereit, in denen akute individuelle, familiäre bzw. soziale Schwierigkeiten auftreten, etwa bei Notlagen im Kontext von Scheidungen, Jugendkriminalität usw. Die pädagogischen Hilfsangebote reichen von Beratung, Einzelbetreuung, sozialpädagogischer Familienhilfe bis hin zur außerfamiliären Unterbringung von Kindern. Die Mitwirkung der Jugendhilfe an familien- und jugendgerichtlichen Verfahren dokumentiert darüber hinaus, daß Jugendhilfe auch Funktionen sozialer Kontrolle wahrnimmt, etwa bei einer Gefährdung des Kindeswohls (nach § 1666 BGB). Die politische Aufgabe der Jugendhilfe besteht darin, als "Anwalt" der Kinder und Jugendlichen unmittelbaren Einfluß auf die Politik zu nehmen. Dies kann durch fachpolitische Stellungnahmen und Diskussionen ebenso geschehen wie durch eine Einmischung in andere Fachressorts wie Stadtplanung, Verkehr usw. Das Ziel der politischen Einflußnahme besteht darin, die Interessen der jungen Menschen auf allen Feldern der Politik, insbesondere der Kommunalpolitik zu vertreten (vgl. a.a.O., S. 13 f.).

Die Jugendhilfe als ein Teil des sozialen Systems der BRD, deren Angebots- und Trägerstruktur, sowie Aufgaben und Handlungsfelder sind insbesondere aus der historischen Perspektive ihres Entwicklungsprozesses zu verstehen.

2.3.1 Rückblick auf die Geschichte der Jugendhilfe

Die Jugendhilfe kann auf eine ebenso bewegte Geschichte zurückblicken wie das Schul- bzw. Sonderschulwesen (vgl. Jordan & Sengling, 1994; Mörschner, 1988). In ihren Wurzeln war die Jugendhilfe in vorindustrieller Zeit als Kinder- und Jugendfürsorge zunächst privat, d.h. vor allem kirchlich-caritativ organisiert und zielte auf Hilfen für Kinder und Jugendliche, die unter extrem verarmten und sozial stark benachteiligten Lebensbedingungen aufwuchsen (z.B. Kinderarbeit im 19. Jahrhundert) und deren Chancen auf gesellschaftliche Teilhabe kaum gegeben waren. So hatte die caritativ ausgerichtete Fürsorge bis ins 19. Jahrhundert hinein vorwiegend Verwahr- aber auch Anpassungsfunktion der Kinder und Jugendlichen an die christlich geprägte Wertestruktur der vorindustriellen Gesellschaft. Als Reaktion auf die sozialen Probleme der frühen Industrialisierung wie etwa der dramatischen Zunahme der Verelendung breiter Bevölkerungsschichten wurden Versuche unternommen, die Pauperisierung und Desintegration von Kinder und Jugendlichen wenigstens abzumildern. So entstand z.B. die "Rettungshausbewegung" (darunter die Armenschullehrer- und Armenkinderanstalt in Beuggen/Südbaden), die bereits Ausbildungs- und somit erste Integrationsfunktionen im Bereich straffälliger Jugendlicher übernahm. Motiviert war sowohl die Rettungs-hausbewegung als auch die parallel dazu einsetzende kirchliche, bürgerlich-nationale und sozialistisch geprägte Jugend- und Jugendver-bandsarbeit, durch vorbeugende und tätige Fürsorge die Jugend im Sinne der (kirchlichen oder weltanschaulichen) Träger der Maßnahmen zu so-zialisieren. In der Konsequenz erwiesen sich deren Einrichtungen jedoch *"eher als Schutz der Gesellschaft vor den bereits kriminellen oder vor gefährdeten Kindern und Jugendlichen denn als Schutz für die Jugendli-chen vor gesellschaftlichen Fehlentwicklungen und Mangelerscheinun-gen"* (Mörschner, 1988, S. 51).

Bis zum Inkrafttreten des Reichsjugendwohlfahrtsgesetzes (RJWG) 1924 gab es für diese Fürsorgetätigkeiten praktisch nur wenige staatliche Reglementierungen wie etwa die Gesetze zur Zwangs- und Fürsorgeerzie-hung zur *"Verhütung des völligen sittlichen Verderbens des Minderjähri-gen"* (Jordan & Sengling, 1994, S. 33) oder die staatliche (vorbeugende) Jugendpflege zur *"Unterstützung, Ergänzung und Weiterführung der Erziehungstätigkeit der Eltern, Schule, Kirche und der Dienst- und Lehr-herrn"* (Hederer, 1975, S. 376). Während die Fürsorgeerziehung einen eher segregierenden und verwahrenden Charakter hatte, wurde die staatli-che Jugendpflege verstärkt instrumentalisiert, um zu einer vormilitäri-schen, vaterländischen Jugenderziehung beizutragen, d.h. Jugendliche zum Zwecke paramilitärischer Ausbildung in das preußische Staatswesen einzugliedern (vgl. Muth, 1961, S. 603).

Nach dem Ersten Weltkrieg verschlechterte sich die soziale Situation von Kindern und Jugendlichen vor allem aus Arbeiterfamilien drastisch. Ernährungsmangel, Wohnungsnot, unvollständige Familien usw. führten verstärkt zu abweichenden und dissozialen Verhaltensweisen. Dieser enorme Problemdruck überforderte die bestehenden staatlichen Möglich-keiten der Fürsorgeerziehung und der Jugendfürsorge in finanzieller und organisatorischer Hinsicht bei weitem. Ein neues Gesetz, das RJWG, welches 1924 inkraft trat, sollte eine Neuorganisation staatlicher und privater Aufgaben im Rahmen der Kinder- und Jugendwohlfahrt ermögli-chen. In diesem Gesetz wurde das Recht jedes deutschen Kindes auf *"Erziehung zur leiblichen, seelischen und gesellschaftlichen Tüchtigkeit"* festgeschrieben (§ 1). Gleichzeitig wurde der Vorrang der elterlichen Erziehung vor staatlichen Eingriffen betont, die nur dann legitimiert wa-ren, wenn der Anspruch des Kindes auf Erziehung seitens der Eltern nicht erfüllt wurde. In diesem Falle trat die öffentliche Jugendhilfe (als Zusam-menfassung von Jugendpflege und Jugendfürsorge, § 2), organisiert in örtlichen Jugendämtern kompensatorisch ein (§ 1). Desweiteren regelte das RJWG erstmals das Verhältnis zwischen öffentlichen und freien Trä-gern der Jugendhilfe (§ 9).

Im Dritten Reich erfolgte eine tiefgreifende Umstrukturierung der Jugendhilfe im Sinne einer Gleichschaltung aller Träger in der NSV-Jugendhilfe und der Festschreibung eines nationalsozialistischen Erziehungsauftrags. Damit fand die Tradition der Instrumentalisierung der Jugendhilfe für staatsideologische Zwecke ihre Fortsetzung und ihren traurigen Höhepunkt, wurde das Recht auf Erziehung, ja sogar auf Leben vor allem nur leistungsfähigen, arischen Kindern zu- und Kindern anderer Abstammungen oder behinderten Kindern mit den bekannten verheerenden Folgen der Euthanasie abgesprochen.

Die Situation für Kinder und Jugendliche nach 1945 stellte sich noch dramatischer dar als nach dem Ersten Weltkrieg. Mit dem Bundesjugendplan sollte in der Zeit nach 1950 vor allem die materielle Not mit Maßnahmen zur Behebung der Jugendarbeits- und Jugendwohnungslosigkeit usw. abgemildert werden[31].

In der 1. Nachkriegsnovelle zum RJWG von 1953 wurde die Errichtung von Jugendämtern und Landesjugendämtern sowie die Neustrukturierung dieser Ämter als Verwaltung und als Jugendwohlfahrtsausschüsse beschlossen. Das Prinzip der Subsidiarität, d.h. des Vorrangs der freien vor den öffentlichen Trägern zur Wahrnehmung von Aufgaben der Jugendhilfe und das Prinzip des Vorrangs der familiären vor der öffentlichen Erziehung wurden beibehalten.

In den §§ 4 und 5 des 1961 nunmehr zum Jugendwohlfahrtsgesetz (JWG) novellierten RJWG wurden die Aufgaben des Jugendamts ausführlich festgelegt. Das JWG wurde erst 1990/91 durch das Kinder- und Jugendhilfegesetz (KJHG) abgelöst[32]. Neben Beratungs- und Unterstützungsaufgaben standen dem Jugendamt aber auch Kontroll- und Eingriffsmöglichkeiten (zum Schutze des Kindeswohls, § 1666 BGB) zur Verfügung. Diese Funktionen bewirkten in der breiten Öffentlichkeit ein eher negativ geprägtes Bild vom Jugendamt als Eingriffsbehörde, da es als solche oft genug etwa von den Schulen in Anspruch genommen wurde. Dies zeigte sich beispielsweise in der kontroversen Debatte um die Situation der Heimerziehung der 60er und 70er Jahre, der vor allem seitens der Studentenbewegung segregierende und stigmatisierende Funktionen zugeschrieben und vorgeworfen wurde. Die Auseinandersetzung um Stellenwert und Praxis der Heimerziehung (vgl. dazu u.a. Ahlheim et al., 1971; Brosch, 1975; Hornstein, 1970) führte bei Verbänden und Trägern der Heimerziehung in der Folge zu Reform- und Qualifizierungsbemühungen

---

31 In dieser Zeit wurde auch das Jugendhilfswerk Freiburg (als Träger des WIJHW) vom Jugendrichter Prof. Härringer gegründet, das sich vor allem um straffällig gewordene und oftmals obdachlose Jugendliche kümmerte (vgl. Härringer, 1994).

32 Zur Entwicklung und zu Grundlagen des Jugendhilferechts vgl. u.a. Saurbier (1990, S.193 ff.); Wiesner (1990); Münder (1990).

(vgl. u.a. Internationale Gesellschaft für Heimerziehung, 1977; Arbeitsgemeinschaft für Erziehungshilfe (AFET), 1975) und zur Entwicklung von
Alternativen zur geschlossenen Unterbringung (vgl. u.a. Institut für Sozialarbeit und Sozialpädagogik, 1976).

Im Mittelpunkt der kritischen Auseinandersetzung um die Situation der
Jugendhilfe in den 60er und 70er Jahren standen jedoch nicht nur die
Heimerziehung, sondern ebenso die Jugendämter selbst, denen, etwa im 3.
Jugendbericht der Bundesregierung (1972), Defizite und Leistungsgefälle
vorgeworfen wurden. Insgesamt wurde die Mißachtung des sozialen,
wirtschaftlichen, kulturellen und gesellschaftlichen Kontextes durch die
Jugendhilfe, ihr repressiver Charakter und ihre ideologische Prägung
kritisiert (vgl. Textor, 1995, S. 9). Eine Jugendhilfereform sollte solche
Mängellagen beseitigen, scheiterte zunächst aber Ende der 70er Jahre,
bevor sie 1990/91 im KJHG doch noch realisiert wurde. Die Diskussion
um Aspekte der "Pädagogisierung" und "Professionalisierung" der sozialen Dienste und sozialen Arbeit leistete dazu einen wichtigen Beitrag,
indem sie Prozesse der Qualifikation der Mitarbeiter sowie des Wissen-
schaftsbezugs der Praxis der Jugendhilfe förderte (vgl. Tippelt, 1990, S.
69).

Im Hinblick auf Überschneidungsbereiche zum Kontext Schule finden
sich im JWG keine ausdrücklichen Bezüge zu (sozial-)pädagogischen
Einflußmöglichkeiten und Kooperationsverpflichtungen in und mit Schulen. In § 5, Abs. 1, JWG wird als eine der Aufgaben des Jugendamts die
"*Pflege und Erziehung von Säuglingen, Kleinkindern und von Kindern im
schulpflichtigen Alter außerhalb der Schule*" etwa in Kinderhorten genannt, d.h. es wurde eine klare Aufgaben- und Zuständigkeitsabgrenzung
zwischen schulischen und außerschulischen Tätigkeitsfeldern vorgenommen. In Entsprechung der Erwartungen der Schulen wurden seitens der
Jugendhilfe zur Erreichung der Lernziele Horte, sozialpädagogische
Schülerhilfen, Schularbeitszirkel und Hausaufgabenhilfegruppen einge-
richtet, die insbesondere sozial benachteiligten Schülern helfen sollten,
Lernchancen zu realisieren und stigmatisierende Umschulungen in eine
Sonderschule zu vermeiden.

2.3.2 Aktuelle Situation: Jugendhilfe nach dem KJHG

Mit Inkrafttreten des KJHG im Jahre 1990/91 veränderte sich das Selbstverständnis, die Organisation und der Aufgabenkanon der Jugendhilfe -
zumindest de jure - erheblich[33].

---

[33]   Eine differenzierte Zusammenstellung der Schwerpunkte der Neuordnung
       der Jugendhilfe nach dem KJHG gibt Textor (1995, S. 10 f.).

1. Verändertes Selbstverständnis

"*Jeder junge Mensch hat ein Recht auf Förderung seiner Entwicklung und auf Erziehung zu einer eigenverantwortlichen und gemeinschaftsfähigen Persönlichkeit*" (KJHG § 1, Abs. 1).

Dies ist der erste Satz und gleichzeitig das Programm des KJHG. Von ihrem Selbstverständnis her unterstützt und ergänzt die Jugendhilfe auf freiwilliger Basis Eltern in ihrem Erziehungsauftrag und erleichtert insbesondere benachteiligten Kindern und Jugendlichen ihr Hineinwachsen (Integration) in die Gesellschaft. In deutlicher auch sprachlicher Abgrenzung vom JWG geht das KJHG von einem völlig veränderten Hilfeverständis aus. Das bislang praktizierte, noch vom RJWG tradierte obrigkeitsstaatliche Fürsorgedenken im JWG wurde abgelöst von einem sozialstaatlichen Dienstleistungsverständnis. Hatte das Jugendamt bislang von "Fürsorgeempfängern" gesprochen, kann es jetzt von "Leistungsberechtigten" in Anspruch genommen werden, die Leistungen notfalls einklagen können. Entsprechend konsequent mußte das Prinzip der Freiwilligkeit der Inanspruchnahme der Leistungen in den Vordergrund gestellt und die Möglichkeiten des Eingreifens gegen den Willen der Leistungsberechtigten vorwiegend auf die Fälle der Gefährdung des Kindeswohls nach § 1666 BGB eingeschränkt werden.

Die Prinzipien einer modernen Jugendhilfe im Sinne des KJHG lassen sich wie folgt zusammenfassen (vgl. Textor, 1995, S. 240 ff.):

- Orientierungsmaßstab für die Jugendhilfe ist das Wohl des Kindes, Jugendlichen und Heranwachsenden
- Jugendhilfe ist ein eigenständiges Sozialisationsfeld, das prinzipiell der ganzen jungen Generation offensteht
- Das Konzept der Einheit von Jugendhilfe etwa im Bereich der Jugendpflege und -fürsorge
- Vorrang der Erziehungsberechtigten vor öffentlicher Erziehung - d.h. die im KJHG genannten Hilfen zur Erziehung stehen Kindern und Jugendlichen nicht als eigene Rechtsansprüche zur Verfügung, sondern werden über die Personensorgeberechtigten vermittelt
- Subjektorientierung der Jugendhilfe - d.h. Jugendhilfe soll sich an den individuellen Interessen und Bedürfnissen der Kinder und Jugendlichen, insbesondere von Mädchen orientieren
- Partizipation - d.h. Mitwirkungsrecht der Leistungsberechtigten an Entscheidungen der Jugendhilfe, die sie betreffen
- Prävention durch die Schaffung entwicklungsfördernder Lebensbedingungen
- Integration durch Verhinderung von Ausgrenzung und Aussonderung benachteiligter Gruppen
- Alltags- und Lebensweltorientierung

- Bereitstellung eines differenzierten Leistungsangebots und Gleichrangigkeit der Maßnahmen
- Subsidiarität - d.h. Vorrang freier vor öffentlicher Träger und damit Wahrung der Pluralität von Angeboten
- Professionalität und Ehrenamtlichkeit der Jugendhilfemitarbeiter

2. Leistungen der Jugendhilfe nach dem KJHG

Die Jugendhilfe nach dem KJHG bietet einen differenzierten Leistungskatalog für eine bedarfsgerechte Hilfe an. Sie umfaßt:
- die Jugend- und Jugendsozialarbeit (z.B. schulbezogene Jugendarbeit, § 11, Abs. 3 KJHG, oder Unterstützung der schulischen und beruflichen Eingliederung sozial benachteiligter Jugendlicher in Absprache mit der Schulverwaltung § 13, Abs. 1, 3)
- den erzieherischen Kinder- und Jugendschutz
- die Förderung der Erziehung in der Familie, Beratung in Fragen der Partnerschaft, Trennung und Scheidung
- die Förderung von Kindern in Tageseinrichtungen/Tagespflege
- ein breites Spektrum individueller Erziehungshilfen: Hilfe zur Erziehung, Erziehungsberatung, soziale Gruppenarbeit, Heimerziehung, betreutes Wohnen, intensive sozialpädagogische Einzelbetreuung
- andere Aufgaben wie Inobhutnahme

Ambulante, stationäre und teilstationäre sozialpädagogische und therapeutische Hilfen für Kinder und Jugendliche stehen gleichrangig nebeneinander.

3. Träger und Organisation der Jugendhilfe

Aufgaben und Funktionen der Jugendhilfe werden zum überwiegenden Teil von freien Trägern (gesellschaftlichen Gruppen, Initiativen und Verbänden wie z.B. Caritas, Arbeiterwohlfahrt) nach dem Subsidiaritätsprinzip wahrgenommen. Die hauptverantwortlichen öffentlichen Träger sind die Jugendämter. Die legislativen Gremien für die örtliche Jugendhilfepolitik sind der Gemeinde- bzw. Stadtrat sowie der Jugendhilfeausschuß, in dem Repräsentanten der öffentlichen und freien Jugendhilfe, politische Mandatsträger und sachkundige Bürger vertreten sind. Die Landesjugendämter haben planende, beratende und koordinierende Funktionen.

4. Jugendhilfe unter finanziellem Druck

Die aktuelle Situation der Jugendhilfe ist vor allem gekennzeichnet durch das kaum zu lösende Problem der Zunahme des Bedarfs an und Nachfrage nach Leistungen einerseits und einem drastischen Rückgang der finanziellen Mittel der Kommunen andererseits. Statt, wie im KJHG vorgesehen, in den Ausbau einer präventiven Jugendhilfeinfrastruktur zu investieren, werden dringend benötigte Mittel drastisch gekürzt, mit der Folge, daß bereits einige Einrichtungen vor allem in freier Trägerschaft Angebote reduzieren, Mitarbeiter entlassen oder ganz geschlossen werden müssen. Dies trifft vor allem den besonders kostenintensiven teilstationären und stationären Bereich der Jugendhilfe, etwa die Heime. Ein Heimplatz kostet die Kommune im Jahr zwischen 60.000 und 90.000 DM. Klagten Eltern früher manchmal gegen eine zwangsweise Heimeinweisung eines ihrer Kinder, ist es gegenwärtig umgekehrt: Es sind bereits Verfahren anhängig, in denen es um die Durchsetzung des Rechtsanspruchs einer Heimunterbringung gegen den Willen der Jugendämter geht, weil diese, nach Ansicht betroffener Eltern, aus Kosten- und weniger aus pädagogischen Gründen neuerdings sehr harte Kriterien für die Bewilligung stationärer Maßnahmen zugrunde legen.

Im Zuge dieses finanziellen Drucks auf der einen und des veränderten Selbstverständnisses der öffentlichen Jugendhilfe als Dienstleistungsbehörde auf der anderen Seite wurde 1994 vor allem durch die Kommunale Gemeinschaftsstelle für Verwaltungsvereinfachung (KGst) eine grundsätzliche Umorientierung der Jugendhilfe gefordert: Um Kosten einzusparen und die Leistungserbringung effektiver zu gestalten, müßten neue Steuerungsmodelle in der öffentlichen Jugendhilfe angewandt werden, die sich stärker als bislang an betriebswirtschaftlichen Maßstäben orientierten (KGst, 1994). Diese Forderung entfachte eine breite, anhaltende und äußerst kontrovers geführte Diskussion und Begriffe wie "Output-Orientierung, Produkte, Controlling, Kontraktmanagement, Budgetierung usw." fanden Einzug in das Vokabular und Selbstverständnis vieler Jugendhilfepolitiker und -fachkräfte (vgl. u.a. Merchel & Schrapper, 1996). Im Zuge dieser Umorientierungswelle kam es in den letzten Jahren, wie in der Stadt Freiburg, verstärkt zu Umorganisationen der Jugendämter mit dem Ziel einer Straffung und Effektivitätsteigerung der internen Verwaltungsabläute. Solche Umorganisationen sind neuerdings immer häufiger verbunden mit einer Veränderung des Verfahrens der Finanzierung bzw. Förderung der freien Träger. In Anlehnung an das im Gesundheitswesen eingeführte Finanzierungsmittel der "Budgetierung" werden in Zukunft, wie etwa in der Stadt Freiburg geplant, begrenzte Budgets für bestimmte Aufgaben zur Verfügung gestellt, die die freien Träger unter sich aufteilen müssen. Daß ein solches Verfahren, aber auch das zugrundeliegende Steuerungsmodell auf heftige Kritik stößt, wird kaum überraschen, führt es doch zu erheblichen Verunsicherungen und Konkurrenzlagen der freien und öffentlichen Träger und deren Mitarbeiter untereinander, die sich bereits jetzt schon am Ende ihrer Belastbarkeit erleben angesichts der Zunahme der Aufgaben bei gleichzeitigem Abbau von Personal (vgl. Struck, 1996, S. 266 ff.).

Als eine der negativen Folgen dieser Entwicklung für die Leistungs-empfänger wird zunehmend von einer Erschwerung des Zugangs zu den Leistungen der Jugendhilfe und einer fortschreitenden Eingrenzung des Leistungsangebots auf sogenannte "Pflichtaufgaben" berichtet.

So hat das neue KJHG gegenüber dem JWG - de jure - zwar viele posi-tive Veränderungen in Richtung auf eine moderne und zeitgemäße Ju-gendhilfe gebracht. Die Praxis entwickelt sich jedoch zumindest in Teilen gegenläufig. De facto wurde vom sozialstaatlichen Selbstverständnis noch nicht viel umgesetzt.

In diesem - finanziell angespannten - Kontext sind auch einige der Mo-tive für die Bemühungen der Jugendhilfe um eine Kooperation mit den Schulen zur Verhinderung vermeidbarer Umschulungen verhaltensauffäl-liger Schüler in eine Sonderschule zu sehen, stellen diese doch einen er-heblichen Kostenfaktor durch die Koppelung von Beschulung in eine SfE (in privater Trägerschaft) und Heimunterbringung dar.

2.4 Kooperation zwischen Jugendhilfe und Schule

Ein weiteres Motiv der Jugendhilfe, sich verstärkt um eine Kooperation mit den Schulen zu bemühen, liegt auch in einem diesbezüglich ver-pflichtenden Auftrag des § 81 KJHG, nach dem "*die Träger der öffentli-chen Jugendhilfe (...) insbesondere mit Schulen und Stellen der Schulver-waltung (...) im Rahmen ihrer Aufgaben und Befugnisse zusammenzu-arbeiten*" haben.

Umgekehrt wird in § 1, Abs. 3 des Schulgesetzes für Baden-Württem-berg ein weniger deutlicher Kooperationsauftrag mit der Jugendhilfe for-muliert. Die schulsysteminterne Zusammenarbeit zwischen GHS und Sonderschulen wird mit dem bereits vorgestellten Kooperationserlaß des Kultusministeriums Baden-Württemberg von 1987 viel stärker betont.

Vor dem Hintergrund der beschriebenen bildungs- und jugendhilfepoli-tischen Entwicklungen der letzten Jahre und Jahrzehnte, insbesondere der weitgehenden Trennung von Pädagogik, Sonderpädagogik und Sozialpäd-agogik aus der Geschichte heraus und der damit entstandenen Synergie-verluste fanden die beiden Systeme Jugendhilfe und Schule auch in Baden-Württemberg in der Maxime "Integration durch (schulsystem-interne und -übergreifende) Kooperation" einen gemeinsamen Nenner. Dies wurde im Bereich der integrativen Bemühungen um verhaltensauf-fällige Kinder und Jugendliche um so dringlicher, als das Phänomen der Verhaltensauffälligkeit meist nicht nur in der Schule bzw. in der Familie, sondern im gesamten sozialen Lebensfeld der Kinder und Jugendlichen auftritt. Daran läßt sich deutlich zeigen, daß Jugendhilfe und Schule in der Gegenwart nicht nur eine Fülle gemeinsamer Aufgaben, sondern historisch auch einige gemeinsame Wurzeln haben, die im folgenden aufgezeigt werden.

2.4.1 Die Entwicklung der Beziehungen zwischen Jugendhilfe und Schulen[34]

Bereits im Mittelalter gab es eine Funktionseinheit von Bildung und Erziehung etwa in den Klosterschulen, später auch in den ebenfalls meist privaten (kirchlich-caritativen) Fürsorgeheimen oder Rettungshäusern. In der Volksschullehrerschaft des 19. Jahrhunderts wurde die Erziehungs- sogar über die Bildungsaufgabe gestellt, um die katastrophalen Folgen des vorindustriellen Pauperismus zu überwinden und den Schülern ein menschenwürdigeres Dasein zu ermöglichen (vgl. Mörschner, 1988, S. 123).

Nach der Revolution von 1848 ebnete die offizielle Bildungspolitik des Deutschen Reiches alle auf Individualität ausgerichteten Bildungs- und Erziehungskonzepte ein und verordnete eine Erziehung zur kollektiven Pflichterfüllung, die sich an militärischen Normen orientierte. Die Volksschule wurde zur "*Vorschule der Kaserne*" (Wenzel, 1974, S. 346), die institutionelle Trennung von Schule und Jugendfürsorge war vollzogen.

In der Weimarer Verfassung, im Schulgesetz und im RJWG wurde die Trennung von Schulwesen (als Angelegenheit des Staates) und Jugendwohlfahrt (als Angelegenheit privater Verbände und Einrichtungen via Subsidiaritätsprinzip) auch juristisch weiter vertieft. Jugendwohlfahrt und Schule verstanden sich nicht mehr als einander ergänzende pädagogische Arbeitsfelder - stattdessen wurden der Jugendwohlfahrt Problemschüler und Schulversager zugeschoben[35] und deren Einrichtungen hielten sich ihrerseits der Schule weitgehend fern. So trugen sowohl Schulwesen als auch Jugendwohlfahrt zur Vermeidung einer Integration sozialpädagogischer Elemente in Schule und Unterricht bei: "*Die Beziehung zwischen Schule und Sozialpädagogik reduzierte sich (...) auf ein Lieferant-Abnehmer-Verhältnis, das auch durch den niedrigeren Status des Sozialpädagogen und Sozialarbeiters unterstrichen wurde*" (Iben, 1976, S. 20). Die Tradition der Funktionseinheit von am Individuum ausgerichteter Bildung und Erziehung, von Leben und Schule wurde nur noch von der

---

[34] Eine ausführliche Darstellung findet sich u.a. in Rumpf (1993, S. 372 ff.) sowie in Mörschner (1988).

[35] Wie aktuell die Themen Abschiebeprozesse von Schülern zur Jugendhilfe aber ebenso Statusunterschiede von Lehrern und Sozialpädagogen sind, zeigt sich u.a. in den politischen Motiven des hier dokumentierten Praxisforschungsprojekts zur Integration verhaltensauffälliger Schüler in GHS.

Reformpädagogikbewegung im Rahmen ihrer alternativen Schulen und Einrichtungen aufrechterhalten.

Im 3. Reich erfolgte eine Gleichschaltung staatlicher und nichtstaatlicher Institutionen im Sinne der nationalsozialistischen Ideologie. Nach dem Zweiten Weltkrieg bemühten sich sowohl die privaten Träger der Jugendhilfe als auch der Staat, im Fürsorge- und Bildungswesen die alten - getrennten - Verhältnisse wieder herzustellen. Die weitgehend voneinander separierten Aufgaben- und Funktionsbereiche führten zu einer Verstärkung der Abschottung. Die Systeme Jugendhilfe und Schule entwickelten sich in der Folge weiter in ihren inhaltlichen Orientierungen, in ihren Verwaltungsstrukturen und den gesetzlichen Grundlagen nahezu getrennt, d.h. weitgehend ohne formale Beziehungsstrukturen zueinander. Für die Schulen zeichnet auch heute noch das Kultus- und für die Jugendhilfe das Sozialministerium verantwortlich. In der Jugendhilfe gilt das Subsidiaritätsprinzip, d.h. der Vorrang freier vor öffentlicher Träger. Folgerichtig wurden die Zuständigkeiten im Rahmen der Jugendhilfe auf kommunaler Ebene, also dezentral angesiedelt. Das Schulwesen hingegen ist zum großen Teil öffentlich und strikt (länder-)zentralistisch organisiert. Diese Gegensätze der Strukturen beider Bereiche setzen sich auch auf der Ebene des Personals fort. Das Verhältnis von Schul- und Sozialpädagogen war und ist noch weitgehend geprägt von gegenseitigen Vorurteilen, von Mißtrauen und Argwohn.

Eine Integration sozialpädagogischer Einstellungen und Erkenntnisse konnte auch nicht durch eine Verwissenschaftlichung der Volksschullehrerausbildung in den 60er Jahren erreicht werden. Vielmehr wurde dort der Trend verstärkt, fachwissenschaftliche Disziplinen zulasten pädagogisch-erzieherischer Kenntnisse in den Vordergrund zu stellen. Während dadurch der Schule eine immer stärkere leistungsbezogene Qualifizierungs- und damit Selektions- bzw. Allokationsfunktion (vgl. Fend, 1976) zugewiesen wurde, erfolgte gleichzeitig eine Verdrängung der Jugendhilfe auf die Arbeit mit sozial Benachteiligten, Leistungsunwilligen oder -unfähigen und Nichtangepaßten. Mit diesen Funktionszuschreibungen wurde die "Abnehmer-Rolle" der Jugendhilfe gegenüber der Schule verstärkt. Die Schule delegierte Aufgaben der sozialen Kontrolle und Disziplinierung an das Jugendamt wie etwa die Durchsetzung des Schulzwangs gegenüber "schulmüden" Kindern. Schließlich fiel auch die Aufgabe der Unterbringung und pädagogischen Betreuung der in der Allgemeinschule nicht mehr tragbaren Schüler der Jugendhilfe zu, vor allem den Heimen und der ihnen angeschlossenen Sonderschulen. Damit wurden Ausgrenzungs- und Stigmatisierungsprozesse seitens der Schulen mit Hilfe der Jugendhilfe vollzogen. Eine umgekehrte Einflußnahme der Jugendhilfe auf die Schule war kaum gegeben bzw. führte zu Spannungen und Konflikten beispielsweise zwischen dem sozial- und sonderpädagogischen

Bereich innerhalb eines Heimes mit angeschlossener Sonderschule oder zwischen den Heimen und Allgemeinschulen, die von Heimbewohnern besucht wurden. Dieses Spannungsfeld existiert auch heute noch. Aus diesen Gründen wurde seitens der Jugendhilfe, vor allem im Kontext der Heimerziehung, seit den 60er Jahren verstärkt versucht, mit den Schulen ins Gespräch und zu einer Kooperation zu kommen[36], allerdings mit insgesamt wenig Erfolg.

Auch in den 70er und 80er Jahren blieb das Thema "Kooperation Jugendhilfe und Schulen" aktuell, wie etwa auf der zentralen Veranstaltung der Arbeitsgemeinschaft für Jugendhilfe (AGJ) auf dem 7. Deutschen Jugendhilfetag in Bremen oder 1976 auf der 41. Arbeitstagung der Bundesarbeitsgemeinschaft der Landesjugendämter (BAGLJÄ). Die Arbeitsgemeinschaft für Erziehungshilfe (AFET) entwickelte 1975 entsprechende "Richtlinien für die heilpädagogische Arbeit im Heim": Heimerziehung und -beschulung sollte sich als ein umfassendes sonder- und sozialpädagogisches Gesamtkonzept verstehen, das in gemeinsamer Verantwortung getragen werden sollte. Allerdings blieben entsprechende Praxisprojekte, in denen etwa Hamburger Lehrer und Sozialarbeiter gemeinsam in Familie und Gemeinwesen unterstützend tätig wurden, eine Ausnahme (vgl. Struck, 1980).

Eine neue Dimension der Entwicklung von Kooperationsformen zwischen Schule und Sozialpädagogik im Zuge der in den 70er Jahren eingeleiteten Bildungsreformen brachte die - zunächst modellhafte - Einrichtung von integrierten Gesamtschulen, die zum Ziel hatte, größere Chancengleichheit und eine individuelle Förderung der Schüler aller Schichten zu erreichen. In diesem Kontext fanden zum ersten Mal systematische Versuche der Integration sozialpädagogischer Sichtweisen und Methoden in den öffentlich-schulischen Raum statt. Diese bezogen sich vor allem auf die Organisation des außerunterrichtlichen Bereichs an Ganztagsschulen und auf die individuelle Beratung und Intervention bei Problemen, die in und durch die Schule entstanden. In diesem Zuge wurden die Arbeitsfelder des Schulpsychologischen Dienstes und der Schulsozialarbeit geschaffen. Dies wurde von außerordentlich kontrovers diskutierten Debatten und dem Bemühen seitens der Jugendhilfe begleitet, bestimmte Funktionalisierungen schulbezogener oder von der Schule selbst getragener Sozialarbeit abzuwehren (vgl. u.a. Tillmann, 1976; Großmann & Stickelmann, 1981; Homfeldt et al., 1977). Auch innerhalb von Gesamt- und Ganztagsschulen fanden sich Schulsozialarbeiter immer wieder in der Rolle der Abnehmer problematischer Schüler und führten oft ein recht isoliertes Dasein

---

[36] Z.B. auf der Beiratssitzung der Arbeitsgemeinschaft für Erziehungshilfe (AFET) 1961, der Fachtagung der AFET 1970 und den Arbeitstagungen des Evangelischen Erziehungsverbands (EREV) 1970/71.

abseits des Lehrerkollegiums (vgl. u.a. Tillmann & Faulstich-Wieland, 1984; Tillmann, 1976; Raab et al., 1987). Da Schulschwierigkeiten und Verhaltensprobleme von Kindern und Jugendlichen zu einem wesentlichen Teil von Belastungen und Beeinträchtigungen der familiären, sozialen und schulischen Lebenswelten der Kinder bedingt sind, reichten schulpädagogische Interventionen meist nicht aus, um konstante positive Verhaltens- und Leistungsveränderungen zu erreichen. Sozialpädagogische Maßnahmen inner- und außerhalb der Schule waren also durchaus geeignet, die Sozialisationsbedingungen der Kinder insgesamt zu beeinflussen und zu verbessern. Damit mußte die Sozialpädagogik aus der Rolle der "*Feuerwehr*" (Tillmann, 1976a, S. 55) oder des "*Räumkommandos*" heraustreten, "(...) *das die Schule vom Ballast auffällig gewordener oder milieubehinderter Schüler zu befreien hatte, um ein reibungsloses Funktionieren des Schulapparates zu garantieren*" (Iben, 1976, S. 20). Die Funktion einer kritischen Sozialpädagogik und Schulsozialarbeit als selbstbewußter und eigenständiger Partner der Kulturinstitution Schule mußte somit erst wiederentdeckt und aufgebaut werden (vgl. Rademacker, 1990, S. 299).

Eine 1985 abgeschlossene Bestandsaufnahme des Deutschen Jugendinstituts belegt, daß die Schule insgesamt begonnen hat, sich auf ihr jeweiliges soziales Umfeld einzustellen und vermehrt bereit ist, selbst Mitverantwortung für die Bewältigung defizitärer Lebensverhältnisse der Schüler zu übernehmen. Im Bereich der Jugendhilfe zeigen die Ergebnisse dieser Bestandsaufnahme eine zunehmende Sensibilität für schule- und schülerbezogene Probleme und eine erhebliche Bereitschaft, darauf mit entsprechenden Angeboten zu reagieren.

Allerdings scheinen die Beziehungen zwischen Jugendhilfe und Schule der 80er und der beginnenden 90er Jahre wieder mehr durch die Merkmale der Krisenintervention gekennzeichnet zu sein als durch gemeinsame präventive Anstrengungen (Rademacker, 1990, S. 317). "*Zur Tendenz der Entwicklung der Beziehungen zwischen Schule und Jugendhilfe gehört aber auch, daß Maßnahmen, die in den 60er und anfangs der 70er Jahre entweder aus der Gemeinwesenarbeit oder auch der Bildungsreform in Gestalt von Schulsozialarbeit hervorgingen und ihr Selbstverständnis aus dem Kontext einer allgemeinen gesellschaftlichen Reformentwicklung ableiteten, die letzten Endes auf die Überwindung zumindest der krassesten Formen sozialer Benachteiligung abzielte, heute in der Defensive sind*" (vgl. a.a.O., S. 316). Die Chancen sozialpädagogischer Maßnahmen in und im Umfeld von Schulen liegen aber vor allem in der Durchführung präventiver Maßnahmen, die eine Ausgliederung und Isolierung verhaltensauffälliger Schüler vermeiden helfen können.

Die Bedeutung einer präventiven Orientierung von Jugendhilfe und Sozialpädagogik wird auch vom 1990/91 inkraftgetretenen Kinder- und

Jugendhilfegesetzes (KJHG) betont. Darüber hinaus verpflichtet es in § 81 den Träger der öffentlichen Jugendhilfe zur Zusammenarbeit mit den Schulen. Zu diesem Thema hat die Bundesarbeitsgemeinschaft der Landesjugendämter im Juli 1993 Empfehlungen zur Umsetzung dieses Kooperationsauftrags formuliert, die sich auf die Zusammenarbeit von Schulen, Tageseinrichtungen für Kinder, von Jugendarbeit und Jugendsozialarbeit, Erzieherischem Kinder- und Jugendschutz, Hilfen zur Erziehung und Schulsozialarbeit beziehen. Im Hinblick auf die für die vorliegende Arbeit besonders relevanten Hilfen zur Erziehung (verhaltensauffälliger Kinder und Jugendlicher) sehen die Empfehlungen folgende Kooperationsmöglichkeiten und -bereiche vor (1993, S. 13 ff.):

1. Kooperationsmöglichkeiten:

- Miteinbeziehung der Lehrer in die Entscheidungsfindung im Rahmen der Hilfeplangespräche unter Beachtung der Datenschutzbestimmungen (§ 36 KJHG)
- Beteiligung der Mitarbeiter der sozialen Dienste an der Gestaltung von Pädagogischen Tagen und Schulkonferenzen an Schulen
- Einrichtung fester Ansprechpartnerschaften der Mitarbeiter der sozialen Dienste an den Schulen ihres Zuständigkeitsbereichs

2. Kooperationsbereiche:

- Hilfeplangespräche zur Entscheidungsfindung einer notwendigen und angemessenen Maßnahme für die betroffenen Schüler (§ 36 Abs. 2 KJHG)
- Inanspruchnahme, Vernetzung ambulanter Hilfen, insbesondere psychologischer Beratungsstellen
- Teilstationäre Hilfen
- Stationäre Hilfen, vor allem die Kooperation zwischen Heim-, Schul- und Sonderschulpädagogik

Auch Borchert & Schuck empfehlen, "*in einzelnen Regionen schrittweise die schulischen und außerschulischen Unterstützungssysteme auszubauen, zu koordinieren und zu einer flexiblen einheitlichen Gesamtstruktur zu entwickeln, um Behinderten und Benachteiligten sowie ihren Familien eine ganzheitliche, individuelle und problemspezifische Hilfe zu ermöglichen*" (1992, S. IV).

2.4.2 Kooperationsvereinbarungen zwischen Jugendhilfe und Schulen in Baden-Württemberg

Aufgrund der mannigfachen Erfahrungen mangelnder Kooperation zwischen Jugendhilfe und Schulen und der festgestellten Zunahme von Verhaltensauffälligkeiten in Schulen mit den Folgeproblemen der Zunahme von Umschulungen in eine SfE vereinbarten das Kultusministerium

Baden-Württemberg und die Landeswohlfahrtsverbände Baden und Württemberg-Hohenzollern im Jahre 1988 eine verstärkte Kooperation zwischen Jugendhilfe und Schulen.

In der Folge dieser Kooperationsvereinbarungen wurden drei unterschiedliche Kooperationsmodelle entwickelt mit der gemeinsamen Zielsetzung der Unterstützung der Integration verhaltensauffälliger Schüler in den GHS. Da die Bedingungen, die Verhaltensauffälligkeiten entstehen lassen und aufrechterhalten, äußerst komplex sind, sollten Verhaltensauffälligkeiten künftig nicht mehr mit rein schul- oder rein sozialpädagogischen Mitteln angegangen werden. Schüler, Familien und deren soziales Umfeld, zu dem auch die Schulen und die Einrichtungen der Jugendhilfe gehören, sollten in gemeinsamer Abstimmung vor Ort ihre je eigenen Ressourcen einsetzen, um z.b. dem Gewaltphänomen in Schulen möglichst frühzeitig aktiv und wirksam zu begegnen (vgl. Landeswohlfahrtsverband Baden, 1995, S. 17). Das Paradigma "Integration durch Kooperation" sollte also in konkrete Projekte umgesetzt werden. Diese Grundsatzposition wurde später von der Enquêtekommission Baden-Württemberg (1994) bestätigt. Sie empfiehlt weiterhin die Schaffung der Voraussetzungen für eine engere Zusammenarbeit zwischen Schulen und Jugendhilfe sowie die Vernetzung von Betreuungsangeboten an Schulen mit Angeboten und Maßnahmen der Jugendhilfe etwa im Kontext von Ganztagesschulen (vgl. Landtag von Baden-Württemberg, 1994, S. 205).

2.4.3 Modelle der Kooperation zwischen Jugendhilfe und Schulen in Baden- Württemberg

Zur Umsetzung des Paradigmas "Integration durch Kooperation" wurden seitens der Landeswohlfahrtsverbände und der Oberschulämter in Baden-Württemberg unterschiedliche Wege diskutiert und im wesentlichen drei Kooperationsmodelle entwickelt und in den Jahren ab 1991 durchgeführt.

Das erste Modell bestand im Ausbau der Schulsozialarbeit. Sie ist eine präventive Form der Jugendhilfe zur Förderung von Kindern im schulpflichtigen Alter, also ein eigenständiges Angebot der Jugendhilfe innerhalb der Organisationsform Schule. Schulsozialarbeit ist daher nicht der Schulhierarchie untergeordnet, weil sie auch "*eine kritische Auseinandersetzung der Schule mit sich selbst*" bewirken soll (Bundesarbeitsgemeinschaft der Landesjugendämter, 1993, S. 17). In der Praxis setzte sich jedoch Schulsozialarbeit vor allem als schülerzentriertes Konzept durch, in dem sich die Schulsozialarbeiter als Ansprechpartner für Probleme der

Schüler und als Anbieter sozialpädagogisch orientierter außerunterrichtlicher Angebote verstehen[37].

Dieses Modell der Schulsozialarbeit wurde vom Landesjugendamt (LJA) Württemberg-Hohenzollern präferiert und in den letzten Jahren gefördert. Aus der Sicht des LJA Baden aus dem Jahre 1992 schien die Schulsozialarbeit jedoch aus unterschiedlichen Gründen weniger geeignet, der gestiegenen Anzahl schwieriger Schüler zu begegnen. In seiner Argumentation verwies das LJA Baden u.a. auf die Bedeutung der sozialen Dienste der Jugendämter mit deren zentraler Aufgabe, auf der Grundlage eines ganzheitlichen Ansatzes Hilfen nicht nur für den jungen Menschen, sondern auch für seine Familie und das soziale Umfeld zu erschließen oder zu erbringen. Hier würde der Spezialdienst Schulsozialarbeit nach Ansicht des LJA Baden (1992) zu kurz greifen. Des weiteren könnte Schulsozialarbeit aus Kostengründen nicht flächendeckend eingeführt werden, obwohl die Zahl verhaltensauffälliger Schüler nicht nur an Schulen in sozialen Brennpunkten gestiegen wäre (vgl. Landeswohlfahrtsverband Baden, 1992, S. 2 f.)[38].

Daher entschloß sich das LJA Baden, andere Wege zu gehen, um eine möglichst flächendeckende Kooperation entsprechend der Verpflichtung nach § 81 KJHG zu entwickeln. Danach haben die Träger der öffentlichen Jugendhilfe, also vor allem Jugendämter und Allgemeine Soziale Dienste (ASD) mit den Schulen und der Schulverwaltung zusammenzuarbeiten, weil deren Tätigkeit, beispielsweise eine Entscheidung zur Sonderbeschulung, die gesamte Lebenssituation der betroffenen Schüler und ihrer Familien berücksichtigen muß und auf diese entscheidend zurückwirken dürfte. Nach Ansicht des LJA Baden müssen daher beide Systeme, Jugendhilfe und Schule, auf unterschiedlichen Ebenen frühzeitig, kontinuierlich und konzeptionell abgestimmt miteinander kooperieren und zwar auf der Grundlage eines möglichst großen gegenseitigen Verständnisses und Vertrauens und ohne sich die eigenen Verantwortlichkeiten und Aufgaben wechselseitig zu delegieren (vgl. Landeswohlfahrtsverband Baden, 1992, S. 3 f.).

Eine solche systematische Zusammenarbeit wurde nun in zwei weiteren Projekten im südbadischen Raum modellhaft erprobt.

Das erste Projekt umfaßte die Kooperation zwischen ASD und GHS. Die Aufgabe der Mitarbeiter im Bezirkssozialdienst bestand in diesem

---

[37]   Die Schulsozialarbeit hat sich zu einem recht eigenständigen Praxisfeld im Überschneidungsbereich von Jugendhilfe und Schule, nicht nur in Gesamtschulen, entwickelt. Eine ausführlichere Darstellung von Theorie und Praxis der Schulsozialarbeit geben u.a. Tillmann & Faulstich-Wieland (1984); Raab et al. (1987); Tillmann (1976, 1982).

[38]   Mittlerweile hat das LJA Baden diese grundsätzlich ablehnende Haltung gegenüber der Schulsozialarbeit weitgehend revidiert.

Projekt darin, feste Ansprechpartnerschaften mit ausgesuchten Schulen aufzubauen, z.B. in Form von regelmäßig stattfindenden Sprechstunden. Im Rahmen dieser Kooperation wurden Ressourcen der Jugendhilfe vor Ort aktiviert und im Einzelfall eine ganzheitliche Hilfe, die auch die Familie und das soziale Umfeld der betroffenen Schüler miteinschloß, vermittelt oder bereitgestellt. Dieses Projekt wurde im Zeitraum von 1990 bis 1993 in einigen Regionen Südbadens durchgeführt und vom LJA Baden und vom OA Freiburg begleitet und ausgewertet. Die Resultate sind nach Einschätzungen des Landesjugendamts, *"insgesamt betrachtet, positiv"* (Landeswohlfahrtsverband Baden, 1995, Vorwort).

In der Einrichtung fester und verläßlicher Ansprechpartnerschaften, der Ressourcenaktivierung und -nutzung sowohl der Jugendhilfe als auch der SfE und GHS bestanden auch die Zielsetzungen des zweiten Kooperationsmodells des LJA Baden, das zunächst mit "Schule berät Schule" und später mit "Lehrer/-innen beraten Lehrer/-innen" benannt wurde. Die Realisierung dieses Projekts soll mit der vorliegenden Arbeit dokumentiert werden.

2.5 Basiselemente des Modells "Kooperation Jugendhilfe und Schule: Lehrer/-innen beraten Lehrer/-innen"

1. Grundidee des Projekts

Die Grundidee dieses Modells bestand in einer kooperativen Miteinbeziehung der Kompetenzen und Ressourcen von Sonderpädagogen der SfE in ein lehrerzentriertes Beratungskonzept, d.h. erfahrene Sonderpädagogen sollten Grund- und Hauptschullehrern als Berater im Hinblick auf deren Probleme mit Verhaltensauffälligkeiten zur Verfügung stehen. Bei Bedarf sollten die Ressourcen bereits bestehender Jugendhilfeeinrichtungen vor Ort (wie Erziehungsberatungsstellen, Jugendämter, ASD usw.) mit in den Beratungs- und Hilfeprozeß einbezogen werden. In diesem Modell wurden somit die kooperativen Verpflichtungen seitens der Jugendhilfe mit Schulen (nach § 81 KJHG) und diejenigen zwischen Allgemein- und Sonderschulen (Kooperationserlaß Kultusministerium Baden-Württemberg, 1987) institutionalisiert. Das Kooperationsmodell "Lehrer/-innen beraten Lehrer/-innen" wurde im Zeitraum von 1992 bis 1995 durchgeführt und vom Wissenschaftlichen Institut des Jugendhilfswerks an der Universität Freiburg (WI-JHW) im Auftrag des LJA Baden wissenschaftlich begleitet.

2. Beteiligte des Projekts

Als örtliche Kooperationspartner waren insgesamt 6 SfE (davon 4 in privater Trägerschaft), 59 GHS, 4 Jugendämter, 3 Staatliche Schulämter (SSA) sowie mehrere Erziehungs- und Bildungsberatungsstellen und andere Fachdienste in das Projekt einbezogen. Im einzelnen ergaben sich über den gesamten Projektzeitraum hinweg folgende regionale Beteiligungen:

In der Region Stadt Freiburg:
- Hungerbergschule Freiburg (öffentliche SfE) mit zwei Kooperationslehrern
- Klinikschule Freiburg (öffentliche Schule) mit zunächst drei, ab 1994 mit zwei Kooperationslehrern
- Grundschule Vigelius I Freiburg
- ASD des Sozial- und Jugendamts Freiburg
- Einzelfallweise die Beratungsstelle für Eltern, Kinder und Jugendliche der Stadt Freiburg
- Staatliches Schulamt Freiburg

In der Region Breisach/Oberrimsingen:
- Private SfE des Christopherus-Jugendwerks Oberrimsingen mit einem Kooperationslehrer
- Julius-Leber-Schule (GHS) Breisach
- ASD des Kreisjugendamts Breisgau-Hochschwarzwald
- Caritas-Beratungsstelle für Eltern, Kinder und Jugendliche Freiburg für den Landkreis Breisgau/Hochschwarzwald

In der Region Lörrach:
- Private SfE der Tüllinger Höhe mit vier Kooperationslehrern
- 45 GHS des Landkreises Lörrach
- ASD des Kreisjugendamts Lörrach
- Einzelfallweise die pädagogisch-psychologischen Fachdienste der Tüllinger Höhe
- Einzelfallweise weitere medizinische, pädiatrische und psychologische Dienste des Landkreises
- Staatliches Schulamt Lörrach

In der Region Waldshut/Tiengen:
- Private SfE St. Fridolin, Bad Säckingen, mit zwei Kooperationslehrern
- Private SfE am Heim Rickenbach mit vier Kooperationslehrern
- 12 GHS in den Bereichen Hotzenwald und Bad Säckingen

- ASD des Kreisjugendamts Waldshut/Tiengen
- Einzelfallweise Psychologische Beratungsstelle Bad Säckingen
- Einzelfallweise Bildungsberatungsstelle Waldshut/Tiengen
- Staatliches Schulamt Waldshut/Tiengen

3. Rahmenbedingungen der Projektträger

Die Rahmenbedingungen der Projektträger OA Freiburg und LJA Baden wurden - für Modellprojekte im Schulbereich eher unüblich - bewußt weit gefaßt, damit die beteiligten Kooperationspartner vor Ort eigene Kooperationsstrukturen und ein eigenes Kooperationskonzept entwickeln konnten, die zu den jeweiligen regionalen Ausgangsbedingungen paßten. Diese regionalen Ausgangsbedingungen waren so unterschiedlich, daß eine einheitliche, differenzierte Konzeptvorgabe mit Sicherheit zu erheblichen Umsetzungsproblemen und -widerständen geführt hätte.

Die wichtigste Vorgabe im Modell "Lehrer/-innen beraten Lehrer/-innen" bestand in der Formulierung der Zielsetzung: Durch die systematische Kooperation der drei Systeme GHS, SfE und Jugendhilfe sollten die Integration verhaltensauffälliger Schüler in den GHS unterstützt und vermeidbare Umschulungen in SfE möglichst verhindert werden. Dabei wurde seitens der Projektträger darauf verzichtet, konkrete Kriterien für "vermeidbare" Umschulungen zu benennen. Auf der Grundlage eines lehrerzentrierten Beratungskonzepts sollten Sonderpädagogen der SfE die GHS-Lehrer beraten und qualifizieren und daher weniger eigene, auf die Schüler direkt bezogene Förderangebote machen. So steht die Beratungsbeziehung zwischen den Kooperations- und GHS-Lehrern im Mittelpunkt dieses Konzepts. Eine weitere Vorgabe bestand darin, in diesen Beratungsprozeß bei Bedarf Dienste und Einrichtungen der örtlichen Jugendhilfe in partnerschaftlicher Weise einzubeziehen, um deren Hilfemöglichkeiten (vor allem für das familiäre und soziale Umfeld der Schüler) optimal nutzen zu können.

Für die Beratungstätigkeit wurden den am Projekt beteiligten privaten SfE über den Projektzeitraum hinweg jeweils ein zusätzliches Halbdeputat aus Landesmitteln und den öffentlichen SfE jeweils vier Kooperationsstunden vom Staatlichen Schulamt (SSA) Freiburg zur Verfügung gestellt. Desweiteren übernahmen das OA Freiburg und das LJA Baden anteilig die Kosten der ersten 2-tägigen Fortbildung für die Kooperationslehrer. Die zweite Fortbildungsveranstaltung wurde vom LJA alleine finanziert, da dem OA entsprechende Gelder während der Projektlaufzeit gestrichen wurden. Ansonsten wurden keine weiteren Mittel z.B. für die GHS oder die Jugendhilfe bereitgestellt.

Im Hinblick auf Art und Umfang der Kooperation wurden keine Vorgaben gemacht. Somit war es den SfE weitgehend selbst überlassen, wieviele Kooperationslehrer sie benennen, mit welchen GHS in ihrer Umgebung sie in welchem Umfang und mit welchen Beratungsformen kooperieren wollten.

Die sonstigen Vorgaben der Projektträger bezogen sich auf die Festlegung der Aufgaben der wissenschaftlichen Begleitung (siehe Kap. 3.3). Für die Wahrnehmung dieser Aufgaben wurde dem WI-JHW ein auf die Projektlaufzeit befristetes Halbdeputat vom LJA Baden zur Verfügung gestellt.

3 Begleitforschung im Rahmen von Schulversuchen und Sozialpädagogik

Die Begriffe "Evaluationsforschung", "Begleitforschung" oder "wissenschaftliche Begleitung" werden in der gängigen Literatur oft synonym insbesondere im Kontext von Schulforschungsprojekten in den USA oder in Deutschland verwendet und unter dem Überbegriff der "Anwendungsorientierten Forschung" zusammengefaßt (vgl. u.a. Müller, 1978, S. 15; Wittmann, 1985, S. 4 ff.). Die "Anwendungsorientierte Forschung" untersucht Prozesse und Strukturen eines sozialen Feldes weniger unter theoretisch geleiteter, sondern mehr unter der praktischen Fragestellung ihrer gezielten Beeinfluß- und Veränderbarkeit (vgl. Müller, 1978, S. 38). Mit ihr sollen also weniger theoriegeleitete Hypothesen überprüft, sondern Praxis verändert und weiterentwickelt werden. Die "Begleitforschung" bezieht sich speziell auf die Erforschung, d.h. empirische Beschreibung und Bewertung der Wirkungen gesellschaftlich-sozialpolitischer Eingriffe (Interventionen) in soziale Felder wie etwa der Schule (vgl. Wittmann, 1985, S. 262 f.). In diesem Sinne integriert Begleitforschung deskriptive und evaluative Elemente durch die "*systematische Anwendung sozialwissenschaftlicher Forschungsmethoden zur Beurteilung der Konzeption, Ausgestaltung, Umsetzung und des Nutzens sozialer Interventionsprogramme*" (Rossi et al., 1988, S. 3).

Auf der Ebene der Evaluation lassen sich nun zwei grundsätzliche Dimensionen unterscheiden (vgl. Cronbach, 1972; Scriven, 1972):

1. Ergebnisorientierung (Messung der Wirkung selbst) vs. Prozeßorientierung (Messung der im Prozeß wirkenden Faktoren)
2. Formative (Zwischenbewertung und damit Möglichkeit der Modifizierung der Intervention) vs. summative Evaluation (abschließende Bewertung der Interventionswirkung)

In einer Differenzierung des Begriffs "Begleitforschung" auf der Grundlage dieser evaluativen Aspekte können weitere Unterscheidungen getroffen werden. Beispielsweise untersucht die "begleitende Prozeßforschung" interne Prozesse der Wirkung von Interventionen, d.h. sie beinhaltet vor allem im Kontext von Schulforschung formative Elemente im Rahmen längsschnittlicher Untersuchungen mit Prozeßablaufdokumentation und -analyse (vgl. Cronbach, 1972). In Bezug auf das Praxis- und Forschungsfeld Jugendhilfe stellen Bauer et al. (1978, S. 36) folgende Forderungen an Begleitforschung:

"Zunächst (brauchen wir) einen Forschungstyp, der Bedingungszusammenhänge von Praxisabläufen rekonstruierend zu erklären vermag und somit die Prinzipien und Kriterien aufdeckt, nach denen praktisches Handeln unter bestimmten Bedingungen abläuft (...). Einen weiteren Bezugspunkt müßte solche Forschung bilden, die nicht nur Interventionssachverhalte (...) insgesamt in ihrer Wirkung untersucht, sondern konkrete sozialpädagogische Handlungsabläufe in ihrer Abhängigkeit von institutionell-organisatorischen Bedingungen bewertet und darüber hinaus den Zusammenhang verschiedener sozialpädagogischer Interventionen auf dem Hintergrund individueller und kollektiver sozialer Lernprozesse als Systemintervention einbezieht".

Aus der jeweiligen Schwerpunktsetzung im Hinblick auf den Auftrag, den Gegenstand und das Verständnis von Begleitforschung ergeben sich unterschiedliche Forschungsdesigns, die sich in zwei Kategorien unterscheiden lassen:

1. Das "harte", klassisch experimentelle oder quasi-experimentelle Design[39], das unter standardisierten Bedingungen durchgeführt wird (d.h., in dem die unabhängige(n) und intervenierende(n) Variable(n) konstantgehalten und die abhängige(n) Variable(n) einer Versuchsgruppe vor und nach einem "treatment" gemessen und mit denen einer Kontrollgruppe "ohne treatment" verglichen werden (vgl. Wittmann, 1985, S. 22).

2. Das "weiche" deskriptive, interpretative Design nichtexperimenteller Methoden wie Beobachtung, Beschreibung, Interpretation, Deutung, ex-post-facto-Analysen (vgl. a.a.O., S. 28 f.). Nichtexperimentelle Designs finden vor allem Anwendung bei exploratorischer Überprüfung von Konzepten mit breitem Variablenbereich, wenn Kontextvariablen eine große Rolle spielen und das Konzept selbst noch in einem dynamischen Prozeß begriffen, d.h. modifizierbar und nicht standardisiert ist (vgl. a.a.O., S. 184). Dies ist bei vielen pädagogisch-psychologischen Studien zu Förderkonzepten im Rahmen von Schulversuchen der Fall (vgl. Bach, 1984, S. 89; Schäfer-Koch, 1992, Borchert & Schuck 1992)[40].

---

[39] Vgl. Solomon-Viergruppenplan in Frey & Frenz (1982, S. 250)

[40] Auch im Auswertungsbericht der von der Bund-Länder-Kommission für Bildungsplanung und Forschungsförderung geförderten Modellversuche zur Integration behinderter Kinder und Jugendliche kommen die Autoren in Bezug auf den wissenschaftlichen Anspruch der Modellversuche zu dem Ergebnis, daß Effektivitätsuntersuchungen in einem so komplexen Realitätsfeld (aufgrund der Vielfalt und Unterschiedlichkeit der Zielgruppen und der Untersuchungsvariablen) nur mit einem hohen versuchsplanerischen Aufwand möglich seien, der bei keinem der ausgewerteten 45 Modellprojekte geleistet werden konnte. *"So müssen sich die Modellversuche zwangsläufig in ihrem*

3.1 Begleitforschung als Instrument sozialer und bildungspolitischer Innovationen

Der Einsatz von Begleitforschung im Rahmen von Schulversuchen und Sozialarbeit läßt sich historisch vor allem in den USA verorten (vgl. Wittmann, 1985; Müller, 1978). In der BRD gewann sie insbesondere in der Folge der gesellschaftlichen Umbrüche der 68er Jahre und der Forderungen nach Innovationen gerade im Bildungswesen an Bedeutung[41]. Pädagogische Miß- und Notstände der 60er Jahre sollten durch gezielte Innovationen z.B. in Form von Schulversuchen behoben, ja das gesamte Bildungswesen von Grund auf verändert werden. Mit dem Einsatz des Begleitforschungsinstruments begann eine der ausführlichsten Kontroversen innerhalb der Erziehungswissenschaft aber auch der Psychologie, die sich auf die Grundfrage: Handlungsforschung vs. empirisch-analytische Sozialforschung bezog (vgl. Baumert, 1977; Haller & Lenzen, 1978; Lukesch & Zecha, 1978). Mit dieser Kontroverse waren Fragen grundsätzlicher Art über die (politische) Funktion der Forschung, den Status und der Rolle der Forscher selbst und über das methodische Design sowie Instrumentarium verbunden[42].

1. Stellenwert Anwendungsorientierter Forschung

Eine Situationsanalyse der Bildungsforschung in der BRD (Stand 1991) belegt, daß die Anwendungsorientierte Forschung mit einem Anteil von ca. 33% der gesamten empirischen Bildungsforschungen einen beträchtlichen Anteil ausmacht (vgl. Weishaupt et al., 1991, S. 135 f.). Aus einem Gesamtüberblick über Begleitforschungen zu Modellversuchen im Bil-

---

Erkenntniswert auf mehr oder weniger kontrollierte Erfahrungsberichte reduzieren, die nur beschreiben können, unter welchen Bedingungen sich bestimmte (...) Konzeptionen pädagogischer Förderung bewähren können oder nicht" (Borchert & Schuck, 1992, S. 8). Im übrigen sind nach Ansicht von Borchert & Schuck aus den Ergebnissen von Modellversuchen prinzipiell keine schulpolitischen Zielvorstellungen und Grundentscheidungen ableitbar, wohl aber die Bedingungen erfolgreicher und erfolgloser Integration (vgl. a.a.O., S. 5).

[41] Übersichten über den Einsatz von Begleitforschung in der BRD geben u.a. Bauer et al. (1976 - im sozialpädagogischen Feld im Zeitraum zwischen 1970 und 1975); Schaffernicht (1977). Einen Gesamtüberblick über Begleitforschung im Bildungswesen stellt Weishaupt (1992, S.179 ff.) vor.

[42] Neben vermittelnden Positionen (z.B. Klafki, 1973) wurde, ausgehend von erkenntnistheoretischen Überlegungen, die Fruchtbarkeit des Disputs immer öfter verneint. Mollenhauer & Rittelmeyer (1975, S. 687) etwa betonen, daß jeder Forscher, unabhängig von seinen Orientierungen, vor dem allgemeinen Problem stehe, in wissenschaftlichen Theorien aus den Symbolen des Alltagshandelns diejenige Realität zu rekonstruieren, die in ihnen enthalten sei.

dungswesen lassen sich interessante Hinweise entnehmen (vgl. Weishaupt, 1992, S. 179 ff.). Begleitforschung wird demnach vor allem von Psychologen (30%) und Erziehungswissenschaftlern (20%) betrieben (a.a.O., S. 187). Als wichtigste Ziele werden direkte und indirekte Praxisverbesserung, Dokumentation und externe Erfolgsbeurteilung angegeben (a.a.O., S. 188). Desweiteren werden als wichtigste Untersuchungsansätze handlungsorientierte (64%), beschreibende (60%), entwicklungsorientierte (47%), quasi-experimentelle (41%) Ansätze und die Fallstudienmethodik (36 %) sowie der rein experimentelle (10%) Ansatz genannt (a.a.O., S. 190).

2. Funktionen von Begleitforschung als Entwicklung und Evaluation

Dabei stellen die Aufgabenbereiche der Entwicklung und Evaluation des Gegenstandsbereichs unabdingbare Elemente sozialer Innovationen und somit der sie begleitenden Forschung dar (vgl. Teschner, 1981, S. 221 ff.). Die Funktionen einer solchen Begleitforschung können nach Teschner unterschieden werden in:

*   eine heuristische Funktion, die dann im Vordergrund steht, wenn bei einer Kette von einzelnen Innovationen mit relativ kurzfristigen Zielen Anhaltspunkte für weiterreichende Ziele oder Entwicklungsperspektiven eines umfassenderen innovativen Intervalls gewonnen werden sollen,
*   eine identifikatorische Funktion durch Systemvergleiche zum Nachweis der Überlegenheit eines bestimmten Systems im Sinne der Innovationsziele auf der Basis quasi-experimenteller Feldstudien und
*   eine technologische Funktion zur weiteren Optimierung eines Systems, dessen Überlegenheit im Sinne der Innovationsziele bereits erwiesen ist

3. Probleme der Verknüpfung von Entwicklung und Evaluation

"*Entwicklung und Evaluation bei Innovationen im Bereich der Schule haben teils komplementäre, teils konkurrierende Aufgaben: Durch Evaluation wird Entwicklung einerseits ermöglicht und unterstützt, andererseits kontrolliert*" (Teschner, 1981, S. 225). Daraus folgt ein Spannungsverhältnis, aus dem heraus sich sowohl organisatorische als auch methodologische Probleme ergeben können. Zu den organisatorischen Schwierigkeiten gehören nach Ansicht von Teschner (1981, S. 225 f.) das Aufwands-Ertragsproblem, das Zeitproblem (zu kurze Laufzeiten, zu früh einsetzende Evaluation) und das Personalproblem (sehr viele unterschiedliche Beteiligte mit unterschiedlichen Interessen, Schwerpunkten, Zielsetzungen). Nach Ansicht von Teschner (1981, S. 230) sind jedoch die

Elemente Entwicklung und Evaluation im Prinzip auch von identischen Personengruppen leistbar. Zu den methodologischen Aspekten des Spannungsverhältnisses zwischen Entwicklung und Evaluation gehören:

- das Operationalisierungsproblem vor allem im Hinblick auf nicht meßbare, aber dennoch qualitativ wirkungsvolle Variablen,
- das Designproblem aufgrund der Schwierigkeit, Innovationen auf experimentellem Wege zu evaluieren (wegen ungleichartiger Kontrollgruppen, statistischer Mortalität und Instabilität der Variablensätze als Merkmale von Innovationen) und sich auf ein Design mit einfacheren deskriptiven Verfahren und eingeschränkten Generalisierungsmöglichkeiten zu beschränken und
- das Interpretationsproblem, da Evaluation im Verhältnis zur Entwicklung nur selektiv sein kann. Deshalb ist es wichtig, daß "Entwickler" und "Evaluatoren" gemeinsam an der Operationalisierung der Zielvorgaben arbeiten, daß eine möglichst große Transparenz des Forschungsprozesses gewährleistet und eine scharfe Trennung von Befund und Bewertung vorgenommen wird (vgl. a.a.O., S. 226 ff.).

Ein anderes Problem sieht Weißhaupt (1992), gerade im Hinblick auf die Bedeutung des Begleitforschungsansatzes im Bildungswesen, in der mangelnden Abgrenzung und Abgrenzbarkeit von Begleitforschung, Organisations- und Praxisberatung. Er fordert daher als Konsequenz (ganz im Sinne von Teschner, 1981) eine stärkere Ausrichtung der Begleitforschung auf

- Entwicklungsaufgaben (Konzeptentwicklung, Fortbildung und Informationen für die Beteiligten, Schulorganisationsforschung mit Erkenntnissen zur organisatorischen und inhaltlichen Durchführung von Innovationen),
- Forschungsaufgaben (theorieorientierte Begleitung und Fortentwicklung von Innovationen) sowie
- Indikatorenforschung (Entwicklung von Standardmerkmalskatalogen, die sich auf relevante Versuchsaspekte beziehen) (vgl. a.a.O., S. 201 ff.).

4. Gütekriterien für Entwicklung und Evaluation von Schulversuchen

Auch die Bereiche der Entwicklung und Evaluation bei Schulversuchen unterliegen gewissen Gütekriterien, wollen sie wissenschaftlichen Ansprüchen genügen. Teschner (1981, S. 223) unterscheidet diesbezüglich folgende vier Kriterien:

1. Relevanz (interne Relevanz, wenn Entwicklung und Evaluation maßgeblich zur Erreichung des spezifischen Innovationsziels beigetragen

haben - externe Relevanz, wenn dieser Beitrag in gewisser Weise generalisierbar, d.h. auf andere Kontexte übertragbar ist)

2. Legitimation (Personen und Handlungen müssen hinsichtlich des Aufwands und der Eignung zu den Innovationszielen passen)

3. Objektivität (im Sinne der Sachbezogenheit der Personen und Handlungen, der Neutralität der Personen und Eignung der Handlungen im Sinne eines entscheidungsoffenen Innovationskonzepts in Verbindung mit der Bereitschaft, alle legitimen Möglichkeiten der Entwicklung und Evaluation in diesem Sinne auszunutzen)

4. Validität (valide sind nach Ansicht Teschners solche Aktivitäten, die der Gesamtanlage der Innovation inhaltlich gerecht werden).

3.2 Grundsätze und Ausgestaltung der Begleitforschung des Projekts durch das WI-JHW

Das Wissenschaftliche Institut des Jugendhilfswerks an der Universität Freiburg (WI-JHW) ist vom Landesjugendamt Baden und vom Oberschulamt Freiburg beauftragt worden, das Modellprojekt "Kooperation Jugendhilfe und Schule: Lehrer/-innen beraten Lehrer/-innen" wissenschaftlich zu begleiten.

Das WI-JHW ist ein praxisorientiert arbeitendes Jugendforschungsinstitut mit psychologischer Beratungsstelle (in freier Trägerschaft), das seit 25 Jahren Aufgaben in den Bereichen Beratung, Therapie, Supervision und Fortbildung wahrnimmt und Projekte im Rahmen und Umfeld der Jugendhilfe anregt, durchführt und wissenschaftlich begleitet. Alle wissenschaftlichen Mitarbeiter des Instituts sind selbst in der Beratung tätige Praktiker, da eine integrierte Wahrnehmung von Forschungs- und Beratungspraxis wesentlich zum Selbstverständnis[43] des WI-JHW gehört.

Ausgehend vom Auftrag der Projektträger, zusammen mit den Beteiligten vor Ort regionale Kooperationsstrukturen zwischen GHS, SfE und Jugendhilfe aufzubauen und ein weitgehend offenes integrationsförderndes Kooperationskonzept zu implementieren, wurde die wissenschaftliche Begleitung des Modellprojekts: "Lehrer/-innen beraten Lehrer/-innen" im Sinne einer "begleitenden Prozeßforschung" mit folgenden Teilaspekten konzipiert und als explorative, lebenswelt- und entwicklungsorientierte Studie definiert:

• Lebenswelt-, Entwicklungs- und Umsetzungsorientierung in der Begleitung[44]

---

[43] Vgl. Baur (1996); Blumenberg (1993)

[44] Vgl. dazu Fuchs (1995), der das Konzept einer lebensweltorientierten Praxisforschung vorstellt.

- Dialog- und Verständigungsorientierung in der Kommunikation
- Prozeßorientierte Gestaltung von Entwicklung und Evaluation
- Theoriebezogenheit und Anwendung eines sozialwissenschaftlichen, nichtexperimentellen Designs sowie quantitativer und qualitativer Methoden in der Forschung

Um diese Teilaspekte zu konkretisieren, hat sich die begleitende Prozeßforschung des WI-JHW am konkreten Alltag, d.h. vor allem an der schulischen Lebens- bzw. Arbeitswelt der Lehrer und Schüler sowie an der institutionellen und soziostrukturellen Lebens- bzw. Arbeitswelt der Sozialpädagogen orientiert. Ausgehend von deren konkreten Unterstützungsbedürfnissen und von der politischen Zielsetzung der Unterstützung der Integration verhaltensauffälliger Schüler in GHS durch Kooperation bezogen sich somit alle Projektentwicklungsschritte auf praxisrelevante Fragestellungen und deren Lösungsversuche, die von den Beteiligten weitgehend selbst definiert, entschieden und möglichst umgehend umgesetzt wurden. Auf dieser Entwicklungsebene ging es darum, gemeinsam fünf regionale Kooperationssysteme in einem definierten Einzugsgebiet des südbadischen Raums zwischen jeweils einer (in Freiburg zwei) SfE, ausgesuchten GHS und Einrichtungen der Jugendhilfe aufzubauen. Jedes regionale Kooperationssystem eines Einzugsgebietes war wiederum untergliederbar in einzelne Subsysteme, mindestens entsprechend der Anzahl der Kooperationslehrer der jeweiligen SfE.

Gemeinsame Basis dieser Kooperationsebene: "Forscher - Beteiligte" war eine partnerschaftliche, dialog- und verständigungsorientierte Grundhaltung, in der die Phasen der Projektrealisierung und der sie begleitenden Forschungsschritte offen diskutiert und möglichst einvernehmlich realisiert wurden.

Da auch die begleitende Prozeßforschung weder in einem politik- noch theoriefreien Raum stattfindet, erfolgte die wissenschaftliche Begleitung der Projektrealisierung im Sinne der Entwicklung kooperativer Strukturen und Beziehungen unter Bezugnahme auf systemische Theorien wie der Organisationsentwicklungstheorien (siehe Kap. 4.3, 4.4). Organisationsentwicklungstheorien schienen besonders zur Planung und Beschreibung von Prozessen geeignet, die dem Aufbau systematischer Kooperationsstrukturen zwischen Organisationen wie Schule und Jugendhilfe und der Gewährleistung der dafür notwendigen systeminternen Voraussetzungen dienen sollten.

Der evaluative Aspekt des Forschungsauftrags bestand in der explorativen Überprüfung eines für (sehr unterschiedliche) regionalspezifische Bedingungen und Entwicklungen offenen und somit dynamischen und bislang in Deutschland in dieser Form noch nicht realisierten Kooperationskonzepts und in der rekonstruktiven Ermittlung kooperations- und

integrationsfördernder und -erschwerenden Variablen. Die Ausgangsbedingungen der Projektrealisierung waren jedoch gekennzeichnet durch
eine Vielzahl kaum standardisierbarer Kooperations- und Kontextvariablen, die neben der Kooperation auf die angestrebte Integration wirken
können, z.B. die pädagogischen Konzepte und Integrations- und Kooperationsbereitschaft der GHS-Lehrer, Größe des Klassenverbandes und
Anteil ausländischer Kinder, Umschulungskriterien der GHS- und Kooperationslehrer sowie der Staatlichen Schulämter etc. Darüber hinaus war
ein Vergleich zwischen den einzelnen Subsystemen eines regionalen
Kooperationssystems und zwischen den fünf regionalen Kooperationssystemen selbst kaum möglich, weil es sich um unterschiedliche und
wechselnde Organisationen und Sozialräume handelte, in denen die
Kooperationen stattfanden. Ebenso unterschiedlich waren die formalen,
sachlichen und personellen Bedingungen der regionalen Kooperationssysteme. Der Mangel an Standardisierungs- und Vergleichsmöglichkeiten
schloß daher von vornherein aus, beispielsweise Umschulungsquoten von
Schülern aus GHS in SfE (im Projektgebiet) aus den Schuljahren vor
Beginn, während und nach Ende des Projekttreatments zu vergleichen und
im Hinblick auf etwaige kausale Zusammenhänge mit dem Treatment zu
interpretieren und statistisch abzusichern. Vielmehr mußte im Vordergrund stehen, die unterschiedlichen Perspektiven der Beteiligten darzu-
stellen, welche die Komplexität der Bedingungen und die Subjektivität der
Wahrnehmung des Kooperationsgeschehens widerspiegeln können. Dafür
war die Anwendung qualitativer und deskriptiver Methoden im Rahmen
eines nichtexperimentellen Designs besonders geeignet.

Die Entscheidung für ein nichtexperimentelles Design determinierte
somit die Wahl entsprechender Erhebungsinstrumente. Von den Instru-
menten der (teilnehmenden) Beobachtung und der Befragung oder
Testung der betroffenen Schüler wurde teils aus ökonomischen Gründen
aber auch aus Gründen des Schutzes der Entwicklung des Beratungsprozesses und des Vertrauens der Beteiligten Abstand genommen. Darüber
hinaus wären vor dem Hintergrund einer solchermaßen "nahen" Kontrolle
des Beratungsprozesses kaum kontrollierbare Effekte sozialer Erwünscht-
heit zu erwarten gewesen. Daher wurden auch anfängliche Überlegungen
zur Durchführung von Interaktionsanalysen etwa im Rahmen des Schul-
unterrichts fallengelassen[45]. Demgegenüber wurde dem Instrument der
Befragung von beteiligten Fachkräften, wie in ähnlichen und vergleichba-

---

[45]   Beratungs- und Förderprozesse sind auch aus datenschutzrechtlichen Gesichtspunkten besonders schutzwürdig, insbesondere wenn es um die Beobachtung der Lehrer-Schüler-Interaktionen geht (vgl. dazu auch Schäfer-
Koch, 1992, S. 71).

ren Schulversuchen (vgl. z.B. Borchert & Schuck, 1992, S. 8 f.), ein eindeutiger Vorrang eingeräumt.

Zur Datenerhebung in beiden Untersuchungsphasen dieses Projekts boten sich halbstandardisierte Interviews mit Kooperations-, GHS-Lehrern und Jugendhilfemitarbeitern, standardisierte schriftliche Befragungen (statistische Erhebungen) der Kooperationslehrer und die Anfertigung schriftlicher Protokolle der Koordinationstreffen an. Die Statistikbögen ergaben quantitative Informationen über die (einzelfallbezogene und -übergreifende) Arbeit der Kooperationslehrer - sie wurden statistisch-deskriptiv ausgewertet. Die Protokolle bezogen sich thematisch auf Verlauf und Ergebnisse der regionalen und überregionalen Koordinationstreffen der unterschiedlichen Projektbeteiligten. Ausgewertet wurden die Protokolle, indem wir die in den Treffen behandelten Themen und deren Verläufe inhaltsanalytisch extrahierten bzw. beschrieben. In den Interviews hingegen wurden qualitative Aussagen von am Projekt beteiligten GHS-, Kooperationslehrern, Sozialpädagogen und Schulräten zu kooperations- und integrationsfördernden und -erschwerenden Variablen erhoben. Alle Interviews wurden transkribiert und qualitativ inhaltsanalytisch ausgewertet. Darüber hinaus wurde per schriftlicher Befragung der Verlauf eines für die Kooperation typischen Einzelfalls dokumentiert. Eine Fallstudie eignet sich insbesondere als Methode, die Wahrnehmungen und Einschätzungen verschiedener Beteiligter zur Sprache zu bringen und die subjektive und objektive Bedingtheit von Wahrnehmungen und Deutungen beispielhaft sichtbar zu machen.

3.3 Aufgaben der Wissenschaftlichen Begleitung des Projekts

Die Konkretisierung der Aufgaben der wissenschaftlichen Begleitung ergab sich aus dem Auftrag der Projektträger und der Projektbeteiligten vor Ort sowie aus dem beschriebenen Selbstverständnis des WI-JHW; sie lassen sich im nachfolgenden Schaubild wie folgt darstellen:

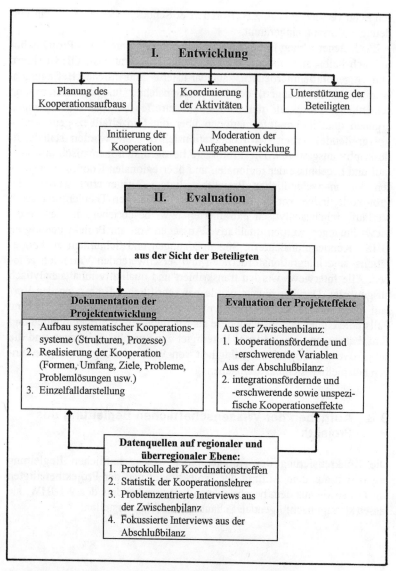

Abbildung: Aufgaben der wissenschaftlichen Begleitung

Zu den beiden Funktionsbereichen Entwicklung und Evaluation gehörten unterschiedliche Aufgabenstellungen. Bei unseren Entwicklungsaktivitäten befanden wir uns selbst stärker in der Rolle eines Kooperationspartners für die Projektbeteiligten, indem wir den Aufbau und die Umsetzung der Kooperation gemeinsam initiiert, geplant, koordiniert, moderiert und unterstützt haben. Bei unseren Evaluationsaktivitäten nahmen wir eine eher distanzierte Rolle ein, indem wir zur Projekthalbzeit eine Zwischen- und zum Projektende hin eine Abschlußbilanz erstellten. Diese Bilanzierungen waren jeweils mit einer Untersuchungsphase verbunden, in der wir die mittels Interviews, Protokollen und Statistikbögen gewonnenen "harten" und "weichen" Daten auswerteten und den Projektbeteiligten auf regionaler und überregionaler Ebene rückmeldeten.

In Anlehnung an unser lebenswelt- und dialogorientiertes Forschungsverständnis und auf der Grundlage des nichtexperimentellen Designs kamen in unseren Evaluationen die subjektiven Sichtweisen und Perspektiven der Beteiligten selbst zu Wort. Aus den je unterschiedlichen Perspektiven der SfE, GHS und Jugendhilfe wurden interpretativ und explorativ-rekonstruktiv kooperations- und integrationsfördernde bzw. -erschwerende Struktur- und Prozeßvariablen ermittelt, die sich zunächst auf die Erfahrungen im je eigenen regionalen Kooperationssystem bzw. -subsystem bezogen. Aus den Ergebnissen der Analysen der fünf regionalen Studien wurden relevante fallübergreifende Aspekte (im Sinne intersubjektiver Wahrnehmungs- und Einschätzungsübereinstimmungen) ermittelt, soweit dies methodisch vertretbar war.

Ganz bewußt verzichteten wir darauf, die so gewonnenen empirischen Auswertungsergebnisse mit theoretischen Konzepten zu konfrontieren und auf einer Meta-Ebene durchgängig selbst zu bewerten. Wir dokumentierten daher die durch uns verdichteten und zusammengeführten Erfahrungen und Bewertungen der Beteiligten, ohne diese nochmals selbst explizit zu interpretieren[46].

In der Zwischenbilanz sollte es vor allem um die Dokumentation der Erfahrungen der ersten Projekthälfte gehen, insbesondere um die (formativ-evaluative) Frage, welche Strukturen und Prozesse den Aufbau und die erste Umsetzungsphase der Kooperation gefördert bzw. erschwert haben. In der Abschlußbilanz fragten wir gezielt danach, welche (formativen und summativen) Effekte der Kooperation von den Beteiligten wahrgenommen, und welche dieser Kooperationseffekte von ihnen als integrationsförderlich oder -erschwerend bewertet wurden.

So können wir in dieser Arbeit Aussagen über kooperations- und integrationsfördernde bzw. -erschwerende Effekte bzw. Variablen der Kooperation aus Sicht der Beteiligten machen (vgl. Kap. 6.1, 6.2).

---

46 Allerdings stellt jede Form der Datenwiedergabe, so auch die Datenverdichtung, die ja eine Selektion voraussetzt, unter wissenschaftstheoretischen Maßstäben eine Interpretation dar, die wir nicht vermeiden, wohl aber durch Transparenz nachvollziehbar machen können.

Da von den Projektträgern für die wissenschaftliche Begleitung nur ein Halbdeputat zur Verfügung gestellt wurde, ergab sich zwangsläufig, daß die beiden Forschungsbereiche: Entwicklung und Evaluation von beinahe derselben Personengruppe des WI-JHW realisiert wurde. Eine gewisse Aufgabenverteilung erfolgte jedoch insoweit, als der Leiter des WI-JHW verstärkt für die Moderation der Projektentwicklung verantwortlich war. Die beiden evaluativen Untersuchungsphasen wurden unterstützt durch externe wissenschaftliche Hilfskräfte, die nicht im Entwicklungsgeschehen involviert waren.

4 Theoretische Grundlagen des Projekts

Das Projekt Kooperation Jugendhilfe und Schule: "Lehrer/-innen beraten Lehrer/-innen" zielt auf einen komplexen Gegenstandsbereich mit einer hochdifferenzierten inneren Struktur, die sich auf unterschiedlichen Ebenen beschreiben läßt.

Auf einer bildungs- und jugendhilfepolitischen Ebene wird modellhaft ein systematischeres Zusammenwirken verschiedener Institutionen von Jugendhilfe und Schule angesichts verschärfter Problemlagen in Schulen, Familien und Gesellschaft und den damit verbundenen pädagogischen und finanziellen Folgeproblemen angestrebt. Die Systeme Schule und Jugendhilfe sind jedoch - jede für sich und untereinander - keine homogenen Gebilde, sondern unterscheiden sich in ihren internen Organisations- und Verwaltungsformen, in ihren Aufgaben und der sie erfüllenden Berufsgruppen sowie dem sozialen Status ihrer Mitarbeiter usw. Aus diesen Unterschieden und mangelndem Zusammenwirken heraus sind viele hochwirksame Vorurteile und Konkurrenzlagen entstanden. Diese bestehen nicht nur zwischen Lehrern und Sozialpädagogen, sondern auch zwischen GHS- und Sonderschullehrern sowie zwischen Jugendhilfeeinrichtungen in öffentlicher und freier Trägerschaft.

Auf der Ebene der Zielgruppe der Schüler ergeben sich Differenzierungsprobleme aufgrund der Schwierigkeit, einheitliche "harte" Kriterien zur definitorischen Bestimmung von "Verhaltensauffälligkeit" zu formulieren. Darüber hinaus ist das Phänomen Verhaltensauffälligkeit bei Schülern nicht hinreichend mit monokausalen Erklärungen zu beschreiben, sondern auf ein multifaktorielles Bedingungsgefüge zurückzuführen, dessen differenzierte Darstellung die Komplexität dieses Phänomenbereichs verdeutlicht (vgl. u.a. Bach, 1989, S. 19).

Aufgrund dieser beispielhaft aufgeführten Komplexität des Gegenstandsbereichs und der beteiligten Institutionen in diesem Projekt ergeben sich auch die grundsätzlichen Probleme der theoretischen Grundlegung, insbesondere der Selektion von Theorien zur Abbildung dieses Gegenstandsbereichs.

Nach dem Popperschen Falsifikationsprinzip handelt die Wissenschaft theoriebezogen, d.h. sie nimmt ihren Ausgangspunkt in theoretischen Postulaten und Hypothesen, die operationalisiert mit der Wirklichkeit konfrontiert und - im günstigen Fall- durch sie falsifiziert d.h. widerlegt werden. Eine zu Popper diametrale Position nimmt etwa Oevermann ein, der vom Gegenstand der Wissenschaft, d.h. von der sozialen Wirklichkeit ausgeht, aus deren Analyse entweder Hypothesen und Theorien extrapoliert und mit bereits bestehenden theoretischen Konzepten konfrontiert oder neue theoretische Konzepte formuliert werden.

Die begleitende Prozeßforschung im Kooperationsprojekt "Lehrer/-innen beraten Lehrer/-innen" nimmt nun in ihrem Grundverständnis beide Positionen ein: Sie ist sowohl gegenstands- als auch theoriebezogen, indem sie von bestimmten theoretischen Grundannahmen ausgeht, um den Gegenstandsbereich, also die "kooperative Wirklichkeit(en)" der Akteure entwickeln, beschreiben und bewerten zu können. Die Weiterentwicklung dieser "kooperativen Wirklichkeit(en)" im Sinne der Unterstützung der Integration verhaltensauffälliger Schüler in GHS ist Zentrum und vorderstes Ziel des Projekts - und nicht die Entwicklung einer entsprechenden Theorie etwa einer "Kooperation sozialer Systeme".

4.1 Systemtheoretisch-konstruktivistische Grundlegung

In der Weg- und Zielbeschreibung des Projekts "Unterstützung der Integration verhaltensauffälliger Schüler in GHS durch Kooperation zwischen Jugendhilfe und Schulen" sind die wesentlichen Merkmale und Grundbegriffe "Integration", "Verhaltensauffälligkeit" und "Kooperation" bereits genannt. Sie ergeben auf der "Projektlandkarte" zentrale Knotenpunkte eines Netzwerks theoretischer und methodischer Überlegungen, die die "kooperative Wirklichkeit(en)" des hypothetisch integrationsfördernden Kooperationskonzepts in seiner Entwicklung konstruieren und in der Evaluation rekonstruieren helfen sollen[47].

Das Kooperationskonzept beinhaltet strukturelle und prozessuale Elemente, die aufeinander bezogen sind und sich wechselseitig bedingen. Im strukturellen Teil des Kooperationskonzepts sind die im wesentlichen organisatorischen und damit durchaus auch politischen Rahmenbedingungen der Kooperations- und Integrationsbemühungen der Akteure subsumiert. Sie bilden den äußeren Rahmen und das innere Gerüst für die prozessualen Elemente der Kooperation. Diese beziehen sich auf die kommunikativen und interaktiven Handlungsfiguren, die durch das kooperative Geschehen zwischen den Akteuren entstehen. Sowohl die Strukturen als auch die Prozesse des Kooperationskonzepts sind keine feststehen-

---

[47] Aber auch die Rekonstruktion ist meines Erachtens eine Konstruktion, denn die Rekonstruktion kann niemals im nachhinein die "tatsächliche Realität" ihres Gegenstands beschreiben; diese Begriffsdifferenzierung ist nur insoweit hilfreich, als sie auf der Zeitachse den Bezug zur Vergangenheit herstellt, die in der Rekonstruktion vergegenwärtigt und damit bereits wieder verändert wird.

den Größen, die sich "objektiv" und "statisch" abbilden ließen, weil sie im wesentlichen von den Akteuren selbst explorativ aufgebaut und immer wieder auf regionale Bedingungen hin modifiziert werden müssen. Vielmehr konstruieren die Akteure, also die Projektträger, die Lehrer, Sozialpädagogen, Schüler, Eltern, auch die wissenschaftliche Begleitung usw. ihre jeweiligen "kooperativen Wirklichkeit(en)" selbst und rekonstruieren sie in ihren Beurteilungen. Daher ist die Beschreibung beider Aspekte abhängig von der jeweils subjektiven Sichtweise des Beschreibenden, von seinen Interpunktionen, Erfahrungen, Vorerfahrungen, Realitätskonstruktionen auch im Sinne von Wahrnehmungsmustern, vom Zeitpunkt der Wahrnehmung als Interpunktion eines Zeitkontinuums, auf dessen Achse sich das kooperative Geschehen entwickelt.

Entwicklung und Evaluation des Projekts lassen sich somit definieren als Konstruktions- und Rekonstruktionsprozesse der Verwirklichung des hypothetisch integrationsunterstützenden Kooperationskonzepts durch die Akteure, wenngleich auf unterschiedlichem Abstraktionsniveau.

Die Handlungen der Projektträger beziehen sich vor allem auf die Beschreibung von überregionalen organisatorischen Rahmenbedingungen und auf die politischen Zielvorgaben. Diese sind so weit gefaßt, daß für deren Umsetzung durch die Akteure vor Ort, also vor allem der Lehrer und Sozialpädagogen viel (regionaler) Spielraum sowohl auf der Interpretations- als auch auf der Gestaltungsebene besteht. Die wissenschaftliche Begleitung hingegen unterstützt und moderiert diese Interpretations- und Gestaltungsaktivitäten und dokumentiert die Konstruktionen (Entwicklung) und Rekonstruktionen (Evaluation) auf einer Meta-Ebene.

Weil nun die Konstruktion und Rekonstruktion der "kooperativen Wirklichkeit(en)" (als Gesamt seiner strukturellen und prozessualen Elemente) nicht beliebig erfolgen sollte, mußte dazu eine "passende" theoretische Grundlegung vollzogen werden. "Passend" bedeutet, daß sie die strukturellen und prozessualen Elemente um die Knotenpunkte auf der Projektlandkarte "Kooperation, Integration, Verhaltensauffälligkeit" beschreibend (konstruierend und rekonstruierend) verständlich machen können muß[48]. Zur theoretischen Grundlegung des Projekts bedurfte es daher einerseits der Berücksichtigung der Komplexität der sozialen Realität (der Lebenswelt, Probleme usw.) der Akteure und der darauf aufbauenden Projektkonzeption, andererseits aber auch der Reduktion dieser Komplexität auf sinnvolle, relevante Theoriezusammenhänge oder -ebenen.

Wir haben uns aus zweierlei Gründen für eine systemtheoretische Grundlegung des Modellprojekts "Lehrer/-innen beraten Lehrer/-innen"

---

[48] Damit wird vom nomothetischen Anspruch des Erklärens- und Vorhersagen-Könnens Abstand genommen.

entschieden. Zum einen, weil dessen Konzeption von vornherein eine systemtheoretische bzw. ökologische Sicht der Verhinderung und Veränderung und somit auch der Entstehung und Aufrechterhaltung von Verhaltensauffälligkeiten bei Schülern implizierte. Zum anderen, weil unterschiedliche systemtheoretische Ansätze (bzw. Theorien, die auf sie Bezug nehmen) geeignet erschienen, der Komplexität des Gegenstandsbereichs des Modellprojekts dadurch gerecht werden zu können, indem sie sich auf unterschiedliche Teilbereiche konzentrieren und dennoch, durch den gemeinsamen systemtheoretischen Bezug, zueinander passen.

1. Systemtheoretischer Bezug der Konzeptionsvorgaben der Projektträger

Die Vorgaben der Projektträger LJA Baden und OA Freiburg bezogen sich vor allem auf das Konzept und die Zielsetzung des Modellprojekts "Lehrer/-innen beraten Lehrer/-innen": Durch eine Erschließung bzw. optimale Nutzung pädagogischer, psychologischer, sozialer und materieller Ressourcen der am Projekt beteiligten Erziehungs- bzw. Unterstützungssysteme Schule und Jugendhilfe sollte die Integration verhaltensauffälliger Schüler in GHS unterstützt werden. Diese optimierte Ressourcenausschöpfung sollte durch eine stärkere, partnerschaftliche Kooperation der Fachkräfte sowohl innerhalb des Schulsystems als auch zwischen Schul- und Jugendhilfesystem erfolgen: Sonderpädagogen von SfE sollten GHS-Lehrern als beratende und unterstützende Ansprechpartner zur Verfügung stehen. Darüber hinaus sollten bei Bedarf Angebote der Jugendhilfe i.S.d. KJHG bereitgestellt und gegebenenfalls mit den Fördermöglichkeiten der Schulen koordiniert werden.

Diese Konzeption einer integrationsfördernden Veränderung von Verhaltensauffälligkeit durch Kooperation zielt daher nicht primär auf individuelle Faktoren in der Person des verhaltensauffälligen Schülers wie in klassischen individuumzentrierten sonder- bzw. schulpädagogischen Förderkonzepten, sondern vielmehr auf interdependente Faktoren der Schüler-Umwelt-Beziehung. Dabei kann die Umwelt als komplexes Gesamt der schulischen, familiären und infrastrukturellen Lebenswelten des Schülers definiert werden, in denen Ressourcen zur Verhinderung oder Veränderung von Verhaltensauffälligkeiten durch kooperative Beziehungen und Strukturen (vor allem der Fachkräfte der Systeme GHS, SfE und Jugendhilfe) erschlossen oder ausgeschöpft werden.

Die Focussierung der Person-Umwelt-Beziehung als System (auf struktureller und dynamisch-prozessualer Ebene) stellt nun den Kern systemtheoretischer Sichtweisen sozialer Entitäten bzw. Phänomene dar. Die somit im Kontext dieses Projekts vorgenommene system- statt individuumzentrierte "Verhinderungs- und Veränderungskonzeption" von Verhaltensauffälligkeit legt den Schluß nahe, daß auch von einer entsprechenden systemtheoretischen bzw. ökologischen Sicht der Entstehung und Aufrechterhaltung von Verhaltensauffälligkeiten ausgegangen wurde und werden kann.

2. Systemtheorien und deren theoretische Ableitungen bzw. Bezugnahmen

Obwohl es mittlerweile viele systemtheoretische Ansätze aber immer noch keine einheitliche Definition des Zentralbegriffs "System" gibt[49], erheben diese Ansätze doch alle den Anspruch, sowohl strukturelle als auch prozessuale Aspekte von Systemen durch eine Reduktion ihrer Komplexität beschreiben und verstehbar machen zu können[50]. Diese Aspekte können sich - je nach der theoretischen Perspektive und Zielrichtung - auf unterschiedliche Systeme der sozialen Realität beziehen, etwa auf das Verhalten und Erleben eines personalen Systems, z.B. eines Schülers oder Lehrers, aber ebenso auf Merkmale interpersonaler Systeme (wie Lehrer-Schüler- oder Lehrer-Lehrer-Beziehungen), institutioneller (wie GHS, SfE, Jugendhilfe) und interinstitutioneller Systeme (wie Kooperationssysteme Schule-Schule, Schule-Jugendhilfe). Entsprechend dieser geschachtelten Komplexität der sozialen Realität der Mensch-Umwelt-Beziehung (vgl. Bronfenbrenner, 1989) wurden aus der "Allgemeinen Systemtheorie" als Metatheorie (vgl. v. Bertalanffy, 1975) spezifischere Systemtheorien oder daraus abgeleitete oder darauf bezogene andere Theorien entwickelt, die sich auf einen Teilbereich dieser umfassenden sozialen Realität konzentrieren. Zu den bedeutsamen Beispielen solcher Bezüge und Ableitungen gehören sicherlich die elaborierten soziologischen Systemtheorien, etwa die strukturell-funktionale Systemtheorie von Parsons (z.B. 1951, 1968, 1976) und der funktional-strukturelle Ansatz sowie die Theorie selbstreferentieller Systeme von Luhmann (z.B. 1970, 1975, 1977, 1981, 1984).

Die systemtheoretische Diskussion der letzten Jahre konzentriert sich vor allem um die Begriffe "Autopoiese (bzw. Selbstreferenz)" und "Selbstorganisation" (vgl. etwa Maturana, 1982, S. 194 f; Varela, 1982;

---

[49] Von "der" Systemtheorie kann heute nicht mehr gesprochen werden. Verschiedene Autoren haben in den letzten 3 Jahrzehnten in geradezu inflationärer Weise unterschiedliche systemtheoretische Ansätze mit je unterschiedlichen Definitionen, Arten, Klassifikationen und Beschreibungsmodi von "Systemen" konstruiert. Einen Überblick über unterschiedliche Definitionen und Klassifikationen von Systemen gibt u.a. v. Saldern (1991, S. 89 ff.).

[50] Diese Komplexitätsreduktion der Realität ist durch die Beachtung struktureller Isomorphismen in der formalen Struktur lebender oder unbelebter Systeme möglich, vgl. Guntern (1980, S. 23 f.).

Luhmann, 1984). In diesem Konzept können lebende bzw. soziale Systeme als selbstreferentiell bezeichnet werden, d.h. sie erzeugen und erhalten sich (im Austausch mit ihrer Umwelt) selbst. Der Begriff der Selbstorganisation bezieht sich auf Bestimmungsfaktoren für interdependente Strukturen sowie auf die Koordinations- und Integrationsprozesse, die ein soziales System funktionsfähig erhalten. Probst (1987, S. 14) sieht in der Selbstorganisation ein Metakonzept für das Verstehen der Entstehung, Aufrechterhaltung und Entwicklung von Ordnungsmustern und definiert folgende vier Charakteristika für selbstorganisierte Systeme: "*Autonomie, Selbstreferenz, Komplexität, Redundanz*" (a.a.O., S. 76 f.).

Angeregt durch die vor allem von Luhmann (1984) entfachte und mitgeprägte Diskussion um die Verwendung des Begriffs "Autopoiese" gibt es im Bereich der Erziehungswissenschaften vielfältige Versuche, Luhmanns Ansatz (selbstreferentieller Systeme) auf den Bereich der Schulen zu übertragen und von der Schule als selbstreferentielles, soziales System zu sprechen (vgl. u.a. v. Saldern, 1992, S. 229 ff; Burkard & Pfeiffer, 1992; Oelkers & Tenorth, 1987, S. 13 ff; Strobel-Eisele, 1992, S. 11 ff.). Dabei bewegen sich auch diese Versuche auf einem höheren theoretischen Abstraktionsniveau, so daß sie im Hinblick auf eine plausible, praxisnahe theoretische Grundlegung des anwendungsbezogenen Kooperationsprojekts "Lehrer/-innen beraten Lehrer/-innen" weniger geeignet erscheinen und daher nicht expliziter ausgeführt werden.

Andere, weniger abstrakte systemtheoretisch abgeleitete Konzepte oder Theorien beziehen sich z.B. auf die Beschreibung von Organisationen, im erziehungswissenschaftlichen Bereich insbesondere der Schule als Organisation (vgl. u.a. v. Saldern, 1992; Pieper, 1986, S. 25 ff.). Organisationstheorien beschäftigen sich vor allem mit sozial definierten latenten oder manifesten Organisationsstrukturen wie etwa die der Schule und deren Auswirkungen auf und Wechselwirkungen mit Interaktionen ihrer Organisationsmitglieder. Organisationsentwicklungstheorien stellen Innovationsstrategien zur Weiterentwicklung von Organisationen vor. Interaktions- und Kommunikationstheorien focussieren verstärkt solche prozessualen, interaktionellen Elemente (z.B. in Organisationen), Sozialisationstheorien hingegen beide Bereiche (Umweltstruktur und Interaktion) unter einer besonderen thematischen Fragestellung (der dynamischen Entwicklung der Person im Wechselwirkungsfeld zwischen Person und ihrer komplexen sozialen Umwelt).

System-, Organisations-, Organisationsentwicklungs- und Sozialisationstheorien können daher ihrerseits (in Abbildung der sozialen Realität) als in einer bestimmten komplexen Ordnung zueinander stehend beschrieben werden, in der sie ein Gesamtsystem von Beschreibens- und Verstehensmustern zur Konstruktion und Rekonstruktion sozialer Realitäten und deren Wandel darstellen.

Wie aber lassen sich wissenschaftlich fundierte Aussagen über die Entwicklung und Evaluation eines Praxisentwicklungsprojekts machen? Konstruktivistische Theorien erheben den Anspruch, die erkenntnistheoretischen Grundlagen und Abläufe beschreiben zu können, mit denen Menschen auch unter (system-)theoretischen Gesichtspunkten Aussagen über Erfahrungen, Empfindungen, Einschätzungen usw. machen. Sie betonen insbesondere die Subjektbezogenheit, Rekursivität (Rückbezüglichkeit) und Nicht-Vollständigkeit der Erkenntnis sowohl der Akteure, als auch der Forscher (vgl. u.a. v. Foerster, 1981; v. Glasersfeld, 1981; v. Saldern, 1992, S. 175 ff.).

3. Fazit

Mit Hilfe von Systemtheorien und deren theoretischen Ableitungen im Rahmen von Organisations-, Organisationsentwicklungs- und Sozialisationstheorien sind strukturelle und prozessuale Elemente der Konstruktion des hypothetisch integrationsfördernden Kooperationskonzepts beschreibbar und unter Einbeziehung konstruktivistischer Grundannahmen evaluativ rekonstruierbar.

In den folgenden Kapiteln soll nun eine Bezugnahme dieser Theorien auf den Gegenstandsbereich des Kooperationsprojekts "Lehrer/-innen beraten Lehrer/-innen" vorgenommen werden. Ausgangspunkt ist die Herleitung einer systemtheoretischen Sichtweise der Entstehung, Aufrechterhaltung und Veränderung von Verhaltensauffälligkeiten.

4.2 Verhaltensauffälligkeiten in der Schule aus systemtheoretischer Sicht[51]

Auf die Problematik der uneinheitlichen Terminologie in der Pädagogik der "Verhaltensstörungen" wurde bereits in der Einleitung hingewiesen und soll im Rahmen dieser Arbeit nicht weiter vertieft eingegangen werden (vgl. hierzu u.a. Bach, 1989; Schlee, 1989; Bittner et al., 1974). Im Duktus der oftmals synonym verwendeten Begriffe "Verhaltensstörung", "Verhaltensauffälligkeit", "abweichendes Verhalten", "dissoziales Verhalten" usw. spiegelt sich die jeweilige Ätiologie der zahlreichen Theorien wider, die Verhaltensprobleme erklären. Benkmann (1989, S. 71 ff.) unterscheidet für den Bereich von "Verhaltensstörungen" in der Schule den biophysischen, psychodynamischen, verhaltenstheoretischen, soziologischen, polit-ökonomischen und (systemtheoretisch-)ökologischen Ansatz.

---

[51]   Vgl. u.a. Schley (1989); Hennig & Knödler (1985); Sander (1990, 1992); v. Saldern (1991); Huschke-Rhein (1990)

4.2.1 Verhaltensauffälligkeit als Ausdruck von Passungsproblemen

In den Kap. 4.1 und 4.2 wurden die Gründe für die in dieser Arbeit zugrundegelegten systemtheoretischen bzw. davon abgeleiteten Ansätze zur Herleitung der Entstehung und Veränderung von Verhaltensauffälligkeiten in der Schule dargelegt. Ihnen zugrunde liegt die Hypothese, daß der Mensch kein von seiner Umwelt isoliertes Wesen ist, sondern mit dieser Umwelt in einem fortwährenden Austausch steht. Umgekehrt ist auch die Umwelt kein vom Menschen isolierter sondern ein von ihm aktiv mitkonstruierter Kontext. So bilden Mensch und Umwelt ein Gesamtsystem, das fortwährend in Veränderung begriffen ist.

1. Entwicklungspsychologische Aspekte

Bezogen auf diese Mensch-Umwelt-Beziehung lassen sich Verhaltensoder Entwicklungsauffälligkeiten aus systemtheoretischer entwicklungspsychologischer Sicht als "Passungsprobleme" zwischen den einzelnen Systembedingungen definieren (vgl. u.a. Brandstädter, 1985; Lerner, 1984). Die Systembedingungen können sich sowohl auf die Person selbst (z.B. auf den verhaltensauffälligen Schüler), als auch auf dessen Umwelt (z.B. auf dessen Familie, Peer-group, Schule usw.) beziehen. Bronfenbrenner (1989) hat in seinem Mehr-Ebenen-Modell eine Systematik dieser Systembedingungen vorgestellt, indem er das gesellschaftliche Makrosystem in verschiedene Subsysteme (Exo-, Meso-, Mikrosysteme) untergliederte.

Verhaltensauffälligkeiten manifestieren sich nun dann, wenn Diskrepanzen (Passungsprobleme) bestehen zwischen Mensch- und Umweltbedingungen, nach Brandstädter (1985, in Montada, 1987, S. 84) konkret zwischen

"*a) den Entwicklungszielen des Individuums selbst,*
b) seinen Entwicklungspotentialen und -möglichkeiten (Dispositionen, Kompetenzen usw.),
c) den Entwicklungsanforderungen im familiären, schulischen, subkulturellen Umfeld des Individuums, d.h. den dort existierenden alters-, funktions- oder bereichsspezifischen Standards sowie
d) den Entwicklungsangeboten (Lern- und Hilfsangeboten, Ressourcen) in der Umwelt des Individuums".

In einer Übertragung dieses Passungskonzepts auf das Mesosystem "Schule" ist das Phänomen "Verhaltensauffälligkeit" Ausdruck einer unzulänglichen Passung von Angeboten und Anforderungen der Schule an die individuelle Kompetenzstruktur des auffälligen Schülers. Kinder und Jugendliche können in der Schule u.a. Schwierigkeiten zeigen, weil

- sie die altersgemäßen Entwicklungsaufgaben des Vorschulalters (z.B. durch organische oder psychische Schädigungen) noch nicht bewältigt haben und die Strukturen und Lernbedingungen der Schule eine Nachentwicklung nicht zulassen oder erschweren,
- die schulischen und/oder elterlichen Leistungs- und Verhaltenserwartungen über den Möglichkeiten des Kindes liegen,
- die Schule oft Lernbedingungen organisiert, die durch Konkurrenz und Wettbewerb bestimmt sind, obwohl kindliche Entwicklung im sozialen und kognitiven Bereich in wesentlichen Aspekten erst durch Kooperation ermöglicht wird (vgl. hierzu Holzkamp-Osterkamp, 1976),
- bei Leistungs- und Verhaltensproblemen von Kindern oftmals keine adäquaten schulischen und außerschulischen Hilfs- bzw. Fördermöglichkeiten zur Verfügung stehen,
- die kindlichen Entwicklungsbedürfnisse (z.B. motorisch-spielerische Aktivitäten) nicht zu den Unterrichtsbedingungen passen (z.B. Frontalunterricht des Lehrers, Stillsitzen der Kinder, Mangel an Binnendifferenzierung, Überfluß oder Mangel an Verhaltenssteuerung durch die Lehrer).

Interventionen zur Überwindung solcher Passungsprobleme setzen konsequenterweise auf verschiedenen Ebenen des Kind-Umwelt-Systems an und sind im allgemeinen eklektisch und komplex (vgl. Reiser, 1984, S. 293 ff.). Im Kontext der Schule bestehen u.a. folgende Interventionsmöglichkeiten (vgl. Holtz & Kretschmann, 1989, S. 956):

- größere Toleranz in der Schule gegenüber Verhaltensauffälligkeiten (z.B. durch Einstellungsänderungen der Lehrer)
- Verhaltensmodifikation bei Schülern und/oder Lehrern (durch z.B. Förderung, Therapie, Beratung)
- Anpassung der Schulsystemstrukturen an die Kompetenzen und Verhaltensweisen der Schüler und Lehrer (z.B. durch Veränderung bzw. Reformierung schulischer Bedingungen)
- Kontextwechsel des Schülers in ein "passenderes" schulisches Subsystem (z.B. durch Umschulung des Schülers in eine SfE)

Die integrative vs. segregierende Ausrichtung solcher Interventionen sieht Wocken (1988, S. 88 ff.) konsequenterweise im Zusammenhang mit der Frage der "Integrationsfähigkeit" sowohl der betroffenen Schüler als auch der Schulen. "Integrationsfähigkeit" ist für ihn also kein einseitig auf die personalen Fähigkeiten der Schüler abzielender Begriff, sondern schließt ebenso die integrativen Möglichkeiten der Schulen mit ein. In diesem

Sinne ist eine "Integrationsfähigkeit" dann gegeben, wenn die (schulischen und außerschulischen) Förderressourcen zum individuellen Förderbedarf des Schülers passen. Wenn jedoch der Förderbedarf größer ist als die entsprechenden Ressourcen, also ein Mangel an Passung besteht, rät er von einer Integration ab.

Die aufgeführten Beispiele möglicher Passungsprobleme zwischen Entwicklungsstand, -möglichkeiten des Kindes und den schulischen Anforderungen und Bedingungen sowie Interventionen ihres Abbaus ließen sich ohne weiteres übertragen z.B. auf den familiären Bereich. Hier können Passungsprobleme bestehen zwischen dem Entwicklungsstand und -möglichkeiten des Kindes, der Eltern, von Geschwistern und zwischen den daraus resultierenden Entwicklungs- und Unterstützungsbedürfnissen und adäquaten außerfamiliären Hilfsmöglichkeiten etwa der Jugendhilfe. Entsprechend muß zur Behebung solcher Passungsprobleme an den familiären Bedingungen auf der einen Seite und den sozialen, ökonomischen und ökologischen Bedingungen des Gemeinwesens etwa durch Angebote der Jugendhilfe oder an beiden Bedingungen angesetzt werden.

2. Sozialisationstheoretische Aspekte

Die Schule gehört unbestrittenermaßen neben der Familie zu den wichtigsten Sozialisationsinstanzen. Sie ist nicht nur Bestandteil des Netzwerks an Agenturen zur Vermittlung von Wissen, Fertigkeiten und Fähigkeiten, sondern in zunehmenden Maße auch Bestandteil des sozialen Unterstützungsnetzwerks für Schüler. Leider werden die Unterstützungspotentiale der Schule (und Jugendhilfe) oftmals erst dann aktiviert, wenn Schüler bereits auffällig geworden sind. In solchen Fällen zeigen sich erfahrungsgemäß häufig, daß die Unterstützungsmaßnahmen nicht miteinander koordiniert werden und erhebliche Reibungsverluste stattfinden, die sich in Rückkoppelungen wieder stabilisierend auf jene Faktoren auswirken, die Verhaltensauffälligkeiten aufrechterhalten.

Spätestens seit dem 8. Jugendbericht der Bundesregierung aus dem Jahre 1990 und der Neufassung des KJHG besteht im Kontext der Jugendhilfe daher weitgehend Konsens darin, die sozialen, pädagogisch-psychologischen Unterstützungspotentiale von Kindern und Jugendlichen sowie deren Familien im Bereich der Prävention auszubauen und besser aufeinander abzustimmen (vgl. Kap. 2.3.2). Auch im Bereich der Schulen gehört der Grundgedanke der Prävention von Verhaltensauffälligkeiten zum allgemeinen schulpädagogischen Wissensstand. Allerdings setzt die Verwirklichung von Prophylaxe die Erkenntnis voraus, *"daß Schulversagen, Lernschwierigkeiten und Schulprobleme keineswegs nur individueller Natur sind oder ausschließlich auf außerschulischen Faktoren (...) beruhen, sondern daß ihre Ursachen oder Bedingungen auch im Schul-*

system selbst, in seinen unterrichtlichen und außerunterrichtlichen Handlungsbereichen liegen können (...)" (Aurin, 1977, S. 48). Dies bedeutet, daß eine präventive Grundorientierung übergreifend an jenen personalen und sozialen Bedingungen ansetzen muß, unter denen Menschen leben und sich entwickeln. Sie postuliert, daß unter der Schaffung von entwicklungsfördernden Bedingungen im günstigsten Fall nur jene temporären Leistungs- und Verhaltensauffälligkeiten auftreten, die Ausdruck sind von "normalen" krisenhaften Entwicklungsverläufen (oder kritischen Lebensereignissen wie der Übergang vom Kindergarten in die Schule), die durch ein ausreichendes Maß an sozialer Unterstützung und individueller Problemlösekompetenz bewältigt werden können. Im ungünstigen Fall können manifeste Verhaltensauffälligkeiten entstehen durch eine Wechselwirkung zwischen nicht bewältigten Entwicklungsaufgaben des Kindes und ungünstigen (nicht fördernden) sozialen Kontextbedingungen vor allem der Sozialisationsinstanzen Schulen und Familien.

Mit der Sozialisationsinstanz Schule als "Lebenswelt" von Jugendlichen beschäftigen sich unterschiedliche sozialisationstheoretische Ansätze. Hurrelmann & Jaumann (1985) stellen eine soziostrukturelle und sozioökonomische Konzeption der Sozialisationstheorie vor, die in ihrer Grundrichtung dem vorgestellten Ansatz von Brandstädter (1985) ähnelt, aber weitere Konkretisierungen etwa um den Aspekt lebenslagenspezifischer Probleme vornimmt. Folgende Grundannahmen sind für die Konzeption und das Variablenmodell von Hurrelmann & Jaumann (1985) kennzeichnend:

- Menschliche Entwicklung vollzieht sich durch wechselseitige, dynamische Beeinflussungsprozesse zwischen Individuen und deren vielfältigen Umweltbedingungen.
- Die Jugendphase beinhaltet sowohl ein erhebliches Stimulus- als auch Belastungspotential (kritische Lebensereignisse, Rollenkonflikte, schwierige Übergänge, familiale, schulische, partnerschaftliche Überforderungen).
- Jedem Jugendlichen fällt die Aufgabe zu, zwischen seinem Streben nach Individuation und den gesellschaftlichen Anpassungs- bzw. Integrationsforderungen, die durchaus von der Schule und der Jugendhilfe vermittelt werden, abzuwägen.
- Diese Spannung Individuation - Integration kann zu Problembelastungen führen, die in Leistungs- und Verhaltensauffälligkeiten ihren Ausdruck finden können.
- Problemverhalten läßt sich daher als abhängige Größe darstellen von: a) unabhängigen Variablen: "soziale Lebensbedingungen" (wie sozioökonomische und soziokulturelle Faktoren und familiäre und schulische Sozialisationsbedingungen), "personale Lebensbedingungen" (wie Alter, Geschlecht, Kompetenz usw.) und "lebenslagen-

spezifische Problemkonstellationen" (wie psychosoziale Lebenslage, Selbsteinschätzung lebenslagenspezifischer Problemkonstellationen) und

b) moderierenden Variablen: u.a. "individuelle Problembewältigungsstrategien" (z.B. Handlungs- und Bewältigungskompetenzen in einzelnen Lebensbereichen wie Schule, Freizeit usw.) und "Interventionspotentiale der sozialen Umwelt" (vgl. Schäfer-Koch, 1992, S. 13 ff.).

Ein vergleichbares Variablenmodell von Schulerfolg bzw. -mißerfolg entwickelten Rutter et al. (1980) in ihren Studien zu Beginn der 70er Jahre. Sie sehen Schul- i.S.v. Lernerfolg als Resultante von vier verschiedenen Faktoren, von denen vor allem die innerschulisch situativen Faktoren - zusammengefaßt als "Schulethos" - eine wesentliche Rolle spielen. Diese vier Faktoren sind:

1. Individuelle und familiäre Bedingungen (als Schulzugangsbedingungen)
2. Formale Faktoren der Schule als Organisation (wie Räume, Schülerzahl usw.)
3. Außerschulische Faktoren des Einzugsgebiets
4. (Organisationssoziologische) Faktoren der Schulsituation: Schulklima, Leistungsanspruch, Unterrichtsverhalten und Interaktionsstil der Lehrer, Ausmaß der Disziplinierungen/Belohnungen, Möglichkeiten der Schülermitverantwortung, Konstanz der Sozialbeziehungen, Koordination und Kooperation im Kollegium.

Die aufgeführten Variablenmodelle der Entstehung von Problemverhalten, insbesondere das von Hurrelmann & Jaumann (1985), sind meines Erachtens im Sinne eines klassisch-empirischen Erklärungs- und Vorhersagemodells von Problemverhalten nicht ausreichend tragfähig. Die Beschränkung auf nur wenige unabhängige und moderierende Variablen scheint vielmehr eher dafür geeignet zu sein, die Komplexität des multifaktoriellen Bedingungsgefüges von Verhalten bzw. Verhaltensauffälligkeiten reduzieren und damit übersichtlicher und greifbarer machen zu können.

4.2.2 Abbau von Passungsmängeln durch integrationsunterstützende Kooperation

Der Schwerpunkt der meisten Konzeptionen zur Integration verhaltensauffälliger Schüler in Allgemeinschulen lag bislang im Bereich der Schulen selbst. In den letzten Jahren wurden hingegen immer öfters außerschulische Einrichtungen etwa der Jugendhilfe, Psychiatrie, oder Kinderheilkunde usw. miteinbezogen. So zielt das Kooperationskonzept des Modellprojekts "Lehrer/-innen beraten Lehrer/-innen" darauf, Passungsprobleme durch innovative kooperative Interventionen vor allem im schulischen und familiären Umfeld verhaltensauffälliger Schüler abzubauen. Sowohl durch die effektivere Ausschöpfung vorhandener, Erschließung neuer sowie durch einen erleichterten Zugang zu Ressourcen der sozialen Systeme von Schule und Jugendhilfe (durch verstärkte Kooperation) als auch durch die Förderung der individuellen Problemlösekompetenzen, Einstellungen, Motivationen usw. der Schüler und Pädagogen soll auf das Problemverhalten der Schüler (aber auch von Pädagogen) Einfluß genommen werden. *"Eine wichtige Aufgabe ökologischen Vorgehens besteht darin, Kooperation sicherzustellen, relevante Dienstleistungen zu koordinieren, Ressourcen zu erschließen und den Betroffenen zugänglich zu machen"* (Benkmann, 1989, S. 106).

Im Kooperationskonzepts des Projekts "Lehrer/-innen beraten Lehrer/-innen" zählen zu den Ressourcen des Schulsystems - auf personaler Ebene - vor allem die sonderpädagogischen Kompetenzen der Lehrer in den SfE, die sowohl im Rahmen eines einzelfallbezogenen Beratungssettings als auch in fallübergreifenden präventiven Veranstaltungen eingebracht werden. Im Bereich der GHS bestehen strukturelle und personelle Ressourcen beispielsweise in der Art der Unterrichtsgestaltung der Lehrer und etwa in der Bereitschaft, sonderpädagogische Impulse (wie Freiarbeit) in den Unterricht einfließen zu lassen. Desweiteren werden in vielen GHS Möglichkeiten sozialintegrativer Erfahrungen, etwa im Rahmen unterrichtsübergreifender, außerunterrichtlicher Veranstaltungen kaum oder gar nicht genutzt. Die strukturellen Ressourcen der Jugendhilfe beziehen sich beispielsweise auf alle familienunterstützenden, -ergänzenden oder -ersetzenden Maßnahmen, die das KJHG vorsieht (z.B. Erziehungsberatung).

1. Zum Begriff "Kooperation"

Die Forderung nach verstärkter Kooperation ist weder in den Schulen noch in der Jugendhilfe neu. Gerade bei der Thematisierung der Erziehungsziele "Mündigkeit" und "Autonomie" spielt Kooperation (etwa zwischen Schülern und Lehrern, Lehrern und Rektoren, aber auch zwischen den Lehrern selbst) ein wichtige Rolle. Versucht man nun, den Begriff "Kooperation" vor allem im Hinblick auf pädagogisches Handeln genauer zu bestimmen, kann Kooperation bezogen sein auf eine individuelle Verhaltensweise oder auf die Struktur einer Organisation.

Kooperation als individueller Verhaltensbegriff wird in der Pädagogik vor allem als sozialintegratives Lehrer- oder demokratisches Führungsverhalten verstanden, das sich auszeichnet durch eine hohe Ausprägung der emotionalen Dimension (Wertschätzung, Wärme, Zuneigung) und durch eine niedrige Ausprägung der Lenkungs-Dimension (Kontrolle, Lenkung, Autorität). Die jeweilige Ausprägung des individuellen Verhaltens des Lehrers oder Rektors entscheidet, ob eine Kooperation möglich und erfolgreich ablaufen wird (vgl. König, 1991, S. 10 f.).

Im Gegensatz dazu bezieht sich Kooperation als organisationstheoretischer Begriff nicht auf das Verhalten eines Einzelnen, sondern auf die Struktur einer Organisation und auf die Frage, wieviel Entscheidungsspielraum die Organisation ihren Mitgliedern läßt. Im Bereich der Organisation Schule ist Kooperation letztlich nur dann möglich, wenn Lehrer selbstverantwortlich Entscheidungen fällen können, also Kontroll- und Entscheidungskompetenzen dezentralisiert werden (vgl. a.a.O., S. 11).

Die Alltagserfahrung zeigt nun, daß Kooperation immer beide, personale und organisatorisch-strukturelle Aspekte umfaßt. König (1991) schlägt daher eine Integration beider Ansätze vor, indem er Kooperation als Systembegriff versteht. Kommt in einer Organisation Kooperation nicht zustande, liegt es in diesem Sinne nicht nur am Individuum oder allein an der Organisation, sondern es ergibt sich aus der Struktur des jeweiligen sozialen Systems, hier der Schule. Kooperation als Systemeigenschaft bedeutet die Fähigkeit eines sozialen Systems, gemeinsame Problemlösungen durchzuführen, die Entscheidungen im Konsens zu treffen und dabei regelgeleitet vorzugehen (vgl. a.a.O., S. 13). Die Herausbildung der dafür notwendigen individuellen Bereitschaft und Fähigkeiten der Lehrer und Schulleitungen (Motivation, Problemlösekompetenz, Verhalten, Einstellung usw.) steht in wechselseitiger Abhängigkeit von den innerschulischen strukturellen Kooperationsbedingungen (z.B. dezentrale Entscheidungsprozesse, systematische Kooperationsaufgaben und -gelegenheiten, Teamentwicklung), ohne die eine Kooperationskultur in der Schule und zwischen Schulen bzw. anderen Organisationen nicht gelingen kann.

2. Kooperation in Schulen

Little (1982, S. 329 ff.) hat sieben Merkmale der Kooperation zusammengestellt, die sich offenbar als trennscharf zwischen Schulen mit hohem und niedrigem Leistungserfolg bzw. mit hohem und niedrigem Ausmaß an innerschulischer Entwicklungsarbeit erwiesen haben. An erfolgreichen Schulen wurden festgestellt:

1. Eine breite Palette an Kooperationsanlässen und -feldern
2. Die Sicherung von Kooperationsmöglichkeiten durch systematisch hergestellte Gelegenheiten, etwa durch gemeinsame Fortbildungen, Fallbesprechungen usw.
3. Eine starke Praxisorientierung in der Zusammenarbeit
4. Eine Konzentration der Arbeit auf konkrete Aufgabenstellungen

5. Eine hohe Wertschätzung der Zusammenarbeit durch die Lehrer und entsprechende Erwartungen im Kollegium
6. Reziproke Umgangsformen unter Kollegen und zwischen Lehrern und Schulleitung
7. Die Einbeziehung möglichst aller Kollegen in Kooperationsprozesse

Cohen (1983, S. 33) kommt in seiner Bilanz über effektive Schulen u.a. zu dem Ergebnis, daß Lehrerkooperation eine wesentliche Bedeutung bei innerschulischen Veränderungsprozessen spielt, weil sie zu einer Schulkultur gemeinsam getragener Werte und Überzeugungen beiträgt. Es zeigte sich zudem ein enger Zusammenhang zwischen dem Ausmaß an Lehrerkooperation und dem allgemeinen Erziehungsverhalten der Lehrer: Je höher die Kooperationsrate, desto mehr ist das Erziehungsverhalten auf Verantwortlichkeit, Selbständigkeit, Zuwendung und Förderung der Schüler ausgerichtet.

Aus verschiedenen Untersuchungen geht hervor, daß es zur Initiierung kooperativer Prozesse einer Anregung und Sicherung von Kooperationsgelegenheiten vor allem durch die Schulleitung bedarf (vgl. Manasse, 1985). Sie scheint - auch in kooperativ gestalteten Schulen - eine zentrale Rolle zu spielen. Ist es schon schwierig, eine kooperative Kultur innerhalb einer Schule zu entwickeln, so gestalten sich kooperative Prozesse zwischen Schulen und anderen Organisationen wie der Jugendhilfe als noch schwieriger, gerade angesichts der (in Kap. 2.2.5) beschriebenen gegenseitigen Vorurteile. Auch hier gilt es, sowohl an den personalen Bedingungen der Lehrer und Fachkräfte der Jugendhilfe als auch an den organisatorischen Bedingungen der Schulen und der Einrichtungen der Jugendhilfe anzusetzen, um kooperationshemmende Vorurteile und negative strukturelle Erfahrungen ab- und kooperationsförderliche Motivationen aufzubauen.

In den nächsten Kapiteln wird unter organisationstheoretischer Perspektive die Beziehung zwischen personellen, interpersonellen und organisatorischen Bedingungen des Systems Schule beschrieben, die im Sinne des dargestellten Passungskonzepts von Bedeutung sind. Diese Perspektive erlaubt auch eine nähere Focussierung der Konstitutionsmerkmale von Schule, die die Entstehung, Aufrechterhaltung und Veränderung auffälligen Verhaltens von Schülern mitbedingen können.

4.3 Die organisationstheoretische Perspektive

Eine Organisation im Sinne der klassischen Organisationssoziologie ist ein soziales Gebilde mit einer formalen Struktur (mit bewußt geplanter arbeitsteiliger Gliederung), innerhalb derer das Verhalten ihrer Mitglieder bewußt an einem Ziel orientiert und auf Dauer ausgerichtet ist (vgl. Mayntz, 1971)[52]. Die organisationstheoretische Perspektive focussiert nun vor allem interne strukturelle und prozessuale Elemente von Organisationen. Darüber hinaus erlaubt sie eine Beschreibung der Prozesse gesellschaftlicher Differenzierung in Teilsysteme und deren Implikationen für interorganisatorische Prozesse.

Die organisationstheoretischen Veröffentlichungen in Bezug auf intraorganisatorische Merkmale sozialer Systeme beziehen sich vorwiegend auf Schulen, Krankenhäuser, sozialpsychiatrische Dienste oder Bildungseinrichtungen usw. Vor allem im Bereich der Organisation Schule gibt es eine Vielzahl von elaborierten Ansätzen, die eine konkrete Merkmalsbestimmung der Schule als sozialer Organisation ermöglichen (vgl. folgendes Kap. 4.3.1). Es finden sich hingegen kaum vergleichbare spezifische Abhandlungen für Einrichtungen der Jugendhilfe wie des Jugendamts bzw. des ASD[53].

Die vorwiegend systemtheoretisch abgeleiteten interorganisatorischen Theorie- bzw. Vernetzungsansätze sind abstrakter (vgl. u.a. Aldrich & Whetten, 1981; Mayntz, 1988; Filsinger & Bergold, 1993) und können meines Erachtens nicht ohne weiteres auf den für die vorliegende Arbeit relevanten Gegenstandsbereich der Errichtung von Kooperationssystemen zwischen strukturell sehr unterschiedlichen Organisationen wie Schulen und Jugendhilfeeinrichtungen konkretisiert werden. Beispielsweise thematisieren neuere systemtheoretische Differenzierungstheorien die Beziehungen zwischen gesellschaftlichen Teilsystemen und damit vor allem Prozesse der Grenzziehung und Verselbständigung, der wechselseitigen Abhängigkeit, des Austausches und der Koppelung von Organisationen aus diesen Teilsystemen (vgl. Mayntz, 1988, S. 13 ff.). Filsinger & Bergold (1993, S. 15 ff.) charakterisieren diesbezüglich die allgemeine Entwicklungsdynamik psychosozialer Dienste im Kontext neuerer Entwicklungen des Gesundheits- und Sozialsystems in Deutschland und leiten daraus ihre Forderung nach einer Vernetzung der sozialen Dienste ab. Zu den wesentlichen Aspekten dieser Entwicklungsdynamik zählen sie die "quantitative Expansion" sozialstaatlicher (monetärer) Leistungen und

---

[52] Neben dieser klassischen Definition gibt es eine Vielzahl weiterer Definitionen und Merkmalsbestimmungen von Organisationen (vgl. Steuer, 1983, S. 16 ff.), auf die hier nicht weiter eingegangen wird. Die Begriffe "Organisation" und "Institution" werden oftmals synonym verwendet, weil es auch theoretische Abgrenzungsprobleme gibt. Im Gegensatz zur Institution sieht beispielsweise Gukenbiehl (1995) die Organisation als "konstruierte Kooperationsform".

[53] Ein Vergleich institutioneller Merkmale von Schule und Heim führt Rumpf (1989, S. 115 ff.) durch, allerdings ohne explizite Ausführung der organisationssoziologischen Perspektive, auf die er Bezug nimmt.

personenbezogener Dienstleistungen, die "Differenzierung" der Sozial-
und Gesundheitsdienste und die "Pluralisierung" der Akteure (Anbieter
und Vermittler psychosozialer Hilfen). Diese Entwicklungsaspekte beein-
flussten und verstärkten sich nach Ansicht von Filsinger & Bergold in den
letzten Jahren wechselseitig und führten zu einer *"Diversifikation der
psychosozialen Landschaft, d.h. zu einer Vielfalt von Diensten, Institutio-
nalisierungsformen psychosozialer Hilfe, Angebote und Hilfeformen"*
(a.a.O., S. 16), die eine Neuorganisation psychosozialer Dienste notwendig macht. Eine solche Neuorganisation sollte in einer "horizontalen Integration" (a.a.O., S. 31), insbesondere in einer verstärkten Kooperation und
Koordination der einzelnen Dienste im Rahmen stadtteilbezogener Netzwerke bestehen. Solche Netzwerke können unterschiedliche Organisationen und Gruppen umfassen[54], etwa im Bereich von professioneller Hilfe
und Selbsthilfe, von Gesundheits- und Sozialdiensten, von öffentlichen
und freien Trägern, von psychiatrischen und psychosozialen Einrichtungen oder von Jugendhilfeeinrichtungen und Schulen, wie in dieser Studie.

4.3.1 Ansätze der Beschreibung von Schule als sozialer Organisation

Organisationstheoretische Fragestellungen und Abhandlungen im Bereich
der Schule gehen vor allem auf klassische organisationssoziologische
Ansätze zurück, zu deren Vertreter insbesondere Max Weber und Renate
Mayntz gehören. Veröffentlichungen neueren Datums etwa von Rolff
(1990, 1992) oder von Bauer (1992) im Rahmen von Organiationsent-
wicklungsansätzen zur Frage von Innovationsmöglichkeiten in Schulen
beziehen sich hingegen stärker auf Luhmanns Theorie selbstreferentieller
Systeme.

Die Beschreibung von Schule als System kann - je nach zugrundelie-
gendem Systembegriff - auf der Grundlage des klassischen Bürokratie-,
des organisationstheoretischen oder des Konfliktansatzes erfolgen. Die
Organisationstheorie kann zwar auf eine lange Tradition zurückblicken,
nicht aber innerhalb der Erziehungswissenschaft: "*Die Pädagogik hat sich
(...) vergleichsweise spät und zögerlich der Organisationsproblematik von
Bildungsprozessen und -einrichtungen angenommen*" (Haug & Pfister,
1985, S. 10). Die diesbezügliche Diskussion der 70er Jahre war stark
geprägt von der Auffassung von Schule als bürokratischer Organisation
mit hierarchischen Strukturen, Arbeitsteilung (Pädagogik - Verwaltung),
verschriftlichtem System von Prozeduren, Regeln, Vorschriften usw., das
sich stark an Webers Bürokratieverständnis orientierte (vgl. u.a. Weber,

---

[54] Einen entsprechenden Überblick geben Heinze et al. (1988); Damkowski &
Luckey (1990); Dewe & Wohlfahrt (1991).

1972; Mayntz, 1971a, 1977; Vogel, 1977). Dieses Webersche Bürokratie-verständnis von Schule blieb nicht unkritisiert. Es wurden vor allem die mangelnde Berücksichtigung informeller Elemente, also etwa der persönlichen Wertvorstellungen und Bedürfnisse sowie der relativ hohen Autonomie der Lehrer zumindest im Kernbereich ihrer Tätigkeit und die Vernachlässigung von Umweltbeziehungen bemängelt (vgl. Mayntz, 1971a, S. 29 f; Baumert, 1980, S. 460)[55].

Der organisationstheoretische Ansatz von Schule umreißt Fragen nach der strukturellen und prozessualen Erscheinungsform der Schule als Organisation. In ihm ist eine Vielzahl von uneinheitlichen Beschreibungs-modellen subsumiert, wobei Einigkeit darin besteht, Schule als eine besondere soziale Organisation aufzufassen (vgl. Pieper, 1986, S. 31). Haug & Pfister (1985, S. 8) schlagen folgende Definition von Schule als Organisation vor: "*Schule ist eine organisierte, auf eine Mindestdauer angelegte Einrichtung, in der unabhängig vom Wechsel der Lehrer und der Schüler durch planmäßige, gemeinschaftliche Unterweisung in einer Mehrzahl von Gegenständen bestimmte Lern- und Erziehungsziele verfolgt werden*". In ihrer Analyse der Schulorganisation gehen sie von der Schule als bürokratisch organisiertem Gebilde aus, wenngleich sie "akzeptierte Freiräume" berücksichtigen, die in Webers Bürokratiemodell nicht vorkommen (vgl. a.a.O., S. 18 f.). Allerdings erklären sie nicht, was in diesen Freiräumen geschieht.

Der Konfliktansatz beschreibt die Organisation Schule unter der Dimension typischer Konflikte und Konfliktabläufe und konzentriert sich damit auf die Ebene von Interaktionsprozessen (vgl. v. Saldern, 1992, S. 52 ff.). Insofern könnte er geeignet sein, einen Zugang zu jenen Freiräumen zu ermöglichen, die Lehrer, aber auch Schüler in der Schule haben und zur Frage, wie sie mit ihnen umgehen. Im Rahmen dieser Arbeit wird der Konfliktansatz jedoch nicht weiter ausgeführt.

4.3.2   Schule als besondere soziale Organisation

In einem gleichlautenden Beitrag beschreibt Rolff (1992) die Besonderheiten der Aufbau- und Ablauforganisation der Schule bzw. des Schulsystems, das er als die "*zahlenmäßig größte, technisch einfachste und sozial komplizierteste Organisation mit dem qualifiziertesten Personal*" bezeichnet (S. 306). Das Charakteristische an der Schule besteht seiner Ansicht nach darin, daß ihre Aufbauorganisation aus "klassisch-bürokratischen" und ihre Ablauforganisation vorwiegend aus Elementen "professioneller" Organisationsmodelle bestehen.

---

[55]   Weitere Kritikpunkte faßt Türk (1989) zusammen.

1. Charakteristika der sozialen Organisation Schule

Zur Aufbauorganisation der Schule gehören nach Ansicht von Rolff folgende Elemente (vgl. a.a.O., S. 307)[56]:

- Regionale und sozial-hierarchische Gliederung
- Gliederung nach Schulstufen und -arten
- Aufgaben, Rechte und Pflichten ihrer Mitglieder
- Rechtliche Rahmenvorgaben, Ressourcenverteilung, Hierarchie (Schulaufsicht, -verwaltung, -träger)
- Stellenzuweisung

Die Ablauforganisation hingegen bezieht sich auf alle (interaktionellen) Prozesse innerhalb der Aufbauorganisation bzw. zwischen den Akteuren auf allen Ebenen. Diese sieht er durch folgende Aspekte charakterisiert (vgl. a.a.O., S. 308 ff.):

- Im Bildungsauftrag der Schule, der in der Vermittlung von Inhalten (Wissen, Vorstellungen, Ideen, Ideale) besteht, die in Bildungs- und Lehrplänen festgelegt sind,
- Im pädagogischen Bezug ihrer Mitglieder, d.h. der Lehrer-Schüler-Beziehung, innerhalb derer Erziehungs- und Bildungsprozesse stattfinden, die sich nur zum Teil zweckrational organisieren und nur begrenzt technologisieren lassen,
- In der Zentrierung des pädagogischen Handelns auf die Schüler, das von den Lehrern (in handlungstheoretischem Bezug zu Oevermann, 1983) ein "Fallverstehen", d.h. ein Verständnis für den einzelnen Schüler verlangt, obwohl sie es meist in der Klasse mit einer Schülergruppe zu tun haben,

---

[56] Eine zu Rolff alternative Systematik struktureller Dimensionen stellt Steuer (1983, S. 18 ff.) vor, der den strukturfunktionalistischen Ansatz von Girschner (1976, S. 13 f.) auf die Organisation Schule überträgt. In Bezugnahme auf Girschner lassen sich demnach folgende 9 Dimensionen konkretisieren: Ziele, Struktur, Input-Output-Beziehungen (Austausch mit Schulumwelt), Steuerung, Technologie, Gruppenstruktur, Anreizmuster, Mitgliederzusammensetzung, Umwelt. Für jede dieser Dimensionen, die Steuer als "Organisationsinventur" bezeichnet (a.a.O., S. 19), werden spezifische Beispiele aus dem Bereich der Schule aufgeführt.
Rolff weist bei der Bestimmung solcher struktureller Elemente der Schule als Organisation auf die (konstruktivistisch begründete) Unmöglichkeit hin, diese Elemente objektiv-sachlich zu bestimmen: *"so viele Menschen man über die Organisationsstruktur befragt - so viele verschiedene Bilder erhält man (...)"* (1992, S. 307 f.). In der Konsequenz bedeutet dies, daß sich nicht allgemein geteilte objektive Strukturen herausbilden würden, sondern Regeln der Interaktion, die kommunikatives Handeln in Organisationen bestimmten. Die Rekonstruktion dieser Handlungsvollzüge sollte damit zum Gegenstand der Organisationsforschung werden und nicht die Beschreibung einer fiktivobjektiven Struktur (vgl. a.a.O., S. 308).

- In der Lehrerrolle, die vor allem vor dem Hintergrund des Beamten-status den staatlichen Zielen verpflichtet ist und daher mit wenig Autonomie ausgestattet ist. Andererseits ist aber eine berufliche Autonomie notwendig, weil "Fallverstehen" und damit der pädagogische Handlungsvollzug kaum standardisierbar, steuerbar, kontrollierbar und bewertbar ist,
- In der Arbeitsteilung und gefügeartigen Kooperation, durch die Lehrer zum Einzelarbeiter oder -kämpfer werden,
- In der Erziehung zur Selbsterziehung im Sinne reflexiver, widersprüchlicher und unbegrenzbarer pädagogischer Ziele (z.B. Erziehung zur Mündigkeit kann nur so erfolgen, indem die Beziehung des Lehrers zum Schüler so gestaltet ist, daß sich der Schüler selbst für mündiges Verhalten entscheidet und entscheiden kann).

Im Charakteristikum der "gefügeartigen Kooperation" sieht Rolff (1992) ein klassisch-bürokratisches Prozeßelement, das eines der wesentlichsten Hinderungsfaktoren zur Professionalisierung von Schule darstellt. Er unterscheidet zunächst die horizontale (zwischen Lehrern) von der vertikalen (zwischen Schulleitung und Lehrern) Kooperation in der Schule, die sich historisch als "gefügeartige Kooperation" entwickelt haben. Die gefügeartige Kooperation ist durch eine (bürokratisch ausgerichtete) Schulorganisation etwa durch eine feste Systematik der Arbeitsplätze und durch eine zeitliche Ordnung als konkretes Nacheinander bis ins Detail vorgegeben, das Hilfeleistungen durch unmittelbare Beteiligung an der Arbeitsaufgabe des anderen nicht zuläßt. Das bedeutet: Jeder Lehrer arbeitet nach einem festen Stundenplanschema alleine und parallel zu den anderen an seiner abgegrenzten Aufgabe. Kooperationen sind somit durch diese Vorgaben bestimmt bzw. vermittelt. Sie beziehen sich vor allem auf die vertikale Achse, also auf die gefügeartige Verbindung der Einzelnen zur gesamten Schulorganisation (vgl. a.a.O., S. 312 ff.).

Als Alternative stellt Rolff die "teamartige Kooperation" gegenüber, die den einzelnen Lehrer freie Beweglichkeit in einem gemeinsamen Arbeitsraum erlaubt und in der es ein wechselseitiges Unterstützungsverhältnis zwischen den Lehrern gibt (z.B. bei fachübergreifender Unterrichtsplanung und -durchführung) (vgl. a.a.O., S. 313 f.). Teamartige Kooperation ist nach Ansicht von Rolff zwar möglich, aber im allgemeinen nicht vorgesehen und muß daher in der einzelnen Schule erst gelernt bzw. entwickelt werden: "*Die staatliche Schule ist so verfaßt und wird so verwaltet, daß teamartige Kooperation aus der formellen Organisation der Schule geradezu herausfällt*" (Rolff & Steinweg, 1980, S. 117).

Die Beschreibung "gefügeartiger Kooperation" geht somit meines Erachtens von einem Kooperationsverständnis des "geplanten Neben- und

Übereinander" und die Beschreibung "teamartiger Kooperation" von einem "geplanten Miteinander" aus.

2. Probleme der sozialen Organisation Schule

Entsprechend der aufgezeigten Charakteristiken von Schule ergeben sich nach Steuer (1983, S. 30 ff.) u.a. folgende Probleme, die er mittels Organisationsentwicklungsstrategien für lösbar hält:

- Unzureichende Bewußtheit der Schulmitglieder:
  Steuer (1983) geht davon aus, daß die Leistungsfähigkeit der Schule von den "kognitiven Potentialen" ihrer Mitglieder beeinflußt ist. Zu diesen Potentialen gehört auch das Bewußtsein über Aufbau, Möglichkeiten und Grenzen von Handlungsvollzügen und Innovationen in der Organisation Schule, das seiner Ansicht nach bei Lehrern nur unzureichend und von einem hierarchisch-statischen Bild geprägt ist. Damit fehlt z.B. ein Instrument zur Wahrnehmung des Ausmaßes an Möglichkeiten der Kooperation, Teambildung und Problemlösung, womit u.a. auch Innovationswiderstände vor allem im Bereich der "Schulkultur" erklärt werden können.

- Unzureichende Gruppenstruktur:
  Die im Schulrecht vorgegebenen Strukturen in der Schule führen zu systembedingten Kooperations-, Aufgabenerfüllungs-, Teambildungs- und Problemlösungsbehinderungen. Das Strukturelement der Gruppe ist kaum, allenfalls zeitlich befristet (z.B. Projektgruppen) vorgesehen.

- Unzureichende Kooperation:
  Eine horizontale Lehrerkooperation ist in staatlichen Schulen kaum und wenn, dann freiwillig und informell vorgesehen. Ohne Kooperation kann jedoch die pädagogische Aufgabe der Schule nicht ausreichend gut gelöst werden. Isoliert zu unterrichten führt zu Individualisierung und Konkurrenzdruck. Professionelle Lehrer "bedrohen", indem sie die Leistungsnorm im Kollegium heben. Andererseits führt das Kollegialitätsprinzip ("keiner kritisiert den anderen, zumindest nicht offen") zur Isolation und Verunsicherung des einzelnen Lehrers, weil Rückmeldungen fehlen. Die dabei gängige Berufung auf Dienstverpflichtungen und auf Verwaltungsanweisungen im Hinblick auf solche Kooperationsmängel legitimiert eher die eigene Unfähigkeit oder mangelnde Kooperationsbereitschaft.

- Unzureichende Problemlösefähigkeit:
  Die Problemlösungsfähigkeit knüpft an der Dimension des kognitiven Potentials der Schulmitglieder an und bezieht sich beispielsweise auf Erfahrungen und Motivation zur Problemdiagnose und -bewältigung. Probleme werden gar nicht wahrgenommen, nicht artikuliert oder es

wird nicht nach Lösungen gesucht bzw. gefundene Lösungen werden nicht umgesetzt. Nach Ansicht von Steuer (1983, S. 40 ff.), der sich dabei nach eigenen Angaben auf viele Forschungsergebnisse stützt, gehört die Steigerung der Problemlösefähigkeit der Lehrer durch kooperative Problemdiagnose- und Problemlösungsstrategien zu den kostenneutralen Ressourcen der Organisation Schule, die kaum gesehen und wenig realisiert werden. Gerade Innovationsstrategien etwa im Rahmen von Organisationsentwicklung sollten seiner Meinung nach an dieser Dimension ansetzen.

Im folgenden Kapitel werden nun organisationstheoretische Überlegungen von Hurrelmann (1975) als Beispiel eines umfassenden Ansatzes zur Beschreibung der Schule in ihrer Einbindung in das Erziehungssystem vorgestellt und Bezüge zum Kooperationsprojekt "Lehrer/-innen beraten Lehrer/-innen" hergestellt.

4.3.3 Organisationstheoretischer Ansatz von Hurrelmann

In einer organisationstheoretischen Analyse des Erziehungs- und Bildungssystems befaßte sich Hurrelmann (1975) Mitte der siebziger Jahre mit den sozialen Strukturen und Prozessen und deren Wirkungen auf die Interaktionen der Menschen innerhalb des Erziehungssystems. Dabei ging auch er von der Schule als Organisation, als organisatorisches Subsystem des Erziehungs- und Bildungssystems aus und analysierte die Organisationsstruktur der Schule und ihre Bezüge zu den Interaktionen der Organisationsmitglieder, also etwa der Lehrer und Schüler (1975, S. 142 ff.).

Ein Ergebnis dieser Analyse besteht in der meines Erachtens zumindest für Baden-Württemberg[57] immer noch aktuellen These, daß die Organisationsstruktur der Schule oftmals nicht zu den pädagogisch-praktischen Handlungsvollzügen und -erfordernissen der Lehrer und Schüler paßt und vielmehr legislativ-administrativen Charakter aufweist. Dadurch befindet sich Schule in einem dauernden Spannungsfeld zwischen normativen Vorgaben und Strukturen seitens der Schulverwaltung und den weniger normierbaren Beziehungen und Interaktionen (etwa zwischen Lehrern und Schülern) im konkreten pädagogischen Handlungsvollzug.

Zur Begründung dieser These führt Hurrelmann (1975, S. 145) 4 charakteristische Basiselemente der Organisationsstruktur der Schule an, die sich meines Erachtens stark an das bürokratische Organisationsmodell

---

[57] In Baden-Württemberg hat sich die Organisationsstruktur des dreigliedrigen Schulwesens und der Schule in den letzten Jahrzehnten - außer in wenigen Modellschulen - kaum verändert.

anlehnen: 1. arbeitsteilige Funktionsgliederung, 2. Amtscharakter der Lehr- und Verwaltungsrollen, 3. hierarchische Ordnung der Ämter und 4. Regelhaftigkeit der Handlungsvollzüge.

In Bezug auf die Ziele der Schule als Organisation verweist Hurrelmann (1975, S. 149) desweiteren auf mehrere Ebenen der Funktions- und Zielbestimmung mit unterschiedlichem Abstraktionsniveau. Schule als Teil des Erziehungssystems ist den Zielen dieses Erziehungssystems verpflichtet, also in einer Sicherung normativer Loyalität, in der Bereitstellung angemessener Qualifikation und in der Reproduktion der Sozialstruktur. In den Schulgesetzen werden zwar diese Ziele des Erziehungssystems konkretisiert, bleiben jedoch in ihren Ausformulierungen oftmals allgemein gehalten.

In einer Verbindung der beschriebenen strukturellen Basiselemente der Schule mit den normativen Elementen der Zielbestimmung ergeben sich nach Hurrelmann folgende Konstituierungsmerkmale der Schulorganisation:

- zielkonforme Festlegung von Mitgliedschaft- und Klientenverhältnisse
- Verpflichtung der Mitglieder auf zielkonforme Erwartungen
- Erwartung der Akzeptanz vorgegebener Rollen und der formalen Entscheidungsstruktur der Träger bzw. Organisation (vgl. a.a.O., S. 148)

Die Normierung des Bildungsprozesses zur Vereinheitlichung und Kontrolle der Funktions- und Zielerfüllung der Schulen erfolgt durch eine Formalisierung und Zentralisierung der Abläufe, die nur eine eingeschränkte Autonomie der Schulen erlaubt und als legalistisch-administrative Dimension der Organisationsstruktur von Schule bezeichnet werden kann (vgl. a.a.O., S. 149 ff.). Weil nun andererseits in den Schulgesetzen solche zielkonforme Erwartungen eher allgemein formuliert sind, besitzen sie wenig Durchschlagkraft auf die konkrete Handlungspraxis der Schule bzw. der Lehrer. Das bedeutet, daß für die Lehrer an den Schulen trotz hierarchischer Einbindung ein weiter Spielraum für eigene Zieldefinitionen und -operationalisierungen besteht und diese meist aus den spezifischen Handlungsvollzügen, also etwa der Lehrer-Schüler- oder Lehrer-Lehrer-Interaktionen und nicht aus den allgemein gehaltenen politischen Zielbestimmungen abgeleitet werden.

Aus diesem Grunde sieht Hurrelmann die Schule und Lehrer in einem Spannungsfeld zwischen den politischen Forderungen der Einhaltung und Produktion vorgegebener "formaler Standards" auf der einen und den kaum normierbaren Aspekten der personen- und beziehungsorientierten Dienstleistungen etwa an den Schülern auf der anderen Seite. Dieses Spannungsfeld wird vor allem in der Lehrerrolle wirksam, die sowohl die administrativ-normativen Erwartungen der Schulbehörde als auch die weniger normierbaren interaktionellen Erwartungen etwa der Schüler integrieren muß (vgl. a.a.O., S. 150 ff.).

Von der Art der Übernahme vor allem der administrativen Leistungs-erwartungen sind entsprechende Wahrnehmungs- (etwa bzgl. Leistung und Sympathie) und Typisierungsprozesse (etwa bzgl. Konformität und Non-konformität) der Lehrer determiniert, die tendenziell die Selbstdefinition der Schüler und die Fremddefinitionen der Peergruppe der betroffenen Schüler, etwa des Klassenverbands beeinflussen und somit sogar identi-tätswirksame Aspekte aufweisen (vgl. a.a.O. S. 187 f.). Solche Typisie-rungsprozesse von Lehrern betreffen vor allem Schüler mit abweichendem Verhalten, das ja oftmals verbunden ist mit einem Leistungsrückgang. Lehrer typisieren diese Schülergruppe vor allem auf dem Hintergrund gängiger Alltagstheorien abweichenden Verhaltens wie Vorsätzlichkeit, böser Wille usw. und blenden immer noch häufig soziokulturelle und -strukturelle Bedingungen aus[58]. Solche Alltagstheorien sind aber gerade im Hinblick auf den Konformitäts- und Leistungsaspekt der Ausfüllung ihrer Rolle schwer aufzuweichen (vgl. a.a.O., S. 196 ff.), insbesondere, weil auch die Organisationsstruktur der Schule formal vor allem auf sol-che normativen Außenanforderungen zugeschnitten ist, die die pädago-gisch-interaktiven Anforderungen aus den konkreten Handlungsvollzügen der Lehrer beschneiden.

Als Beispiel für den Einfluß organisationsstrukturell vorgezeichneter Interaktionsmuster (zwischen Lehrern und Schülern) führt Hurrelmann eine Reihe schulischer Rituale an, die sich seiner Ansicht nach vor allem um das Thema "Leistung" (als normative Zielvorgabe) zentrieren (Eintritts-, Austrittsfeiern, Leistungskontrollen, Prüfungen, Frontalunter-richt usw.; a.a.O., S. 155).

Als Resümee stellt Hurrelmann fest, daß Schulen oftmals durch ein un-koordiniertes Nebeneinander von legalistisch-administrativer und pädago-gisch-sachlicher Dimensionen (unter Dominanz der ersteren) gekenn-zeichnet sind (vgl. a.a.O., S. 149). Zur Überwindung des Spannungsfelds zwischen Organisationsstruktur und Interaktionserfordernissen zielen daher die Forderungen nach Schulreformen zurecht vor allem darauf ab, die Organisationsstrukturen so zu verändern, der pädagogisch-sachlichen Dimension, also der personalen Interaktionen etwa zwischen Schülern und Lehrern eine größere Gewichtung zu verschaffen und diese ins Zentrum der Organisationsstruktur zu stellen (z.B. im Bereich der Gesamtschulen: Reform der Unterrichtsorganisation oder der Entscheidungsstrukturen;

---

[58] Eine vertiefte Darlegung von Typisierungsprozessen und deren Folgen für Schüler mit abweichendem Verhalten findet sich beispielsweise bei Kuhne-kath (1989, S. 992 ff.) und Brusten & Hurrelmann (1976).

vgl. a.a.O., S. 163 ff.)[59]. Hurrelmann empfiehlt etwa zum Bereich abweichenden Verhaltens die Institutionalisierung offener, sozialtherapeutischer Interaktionsmöglichkeiten außerhalb der starren Lehrer- und Schüler-Rollen, in der persönliche und affektive Bedürfnisse einen Raum erhalten. In diesem Sinne können seiner Ansicht nach beispielsweise Gruppendiskussionen zwischen Lehrern, Schülern und Experten bei Problemfällen abweichenden Verhaltens und gezielte Elternarbeit unter Miteinbeziehung von Sozialarbeitern wichtige Beiträge leisten (vgl. a.a.O., S. 201).

1. Bezugnahme zum Kooperationsmodell "Lehrer/-innen beraten Lehrer/-innen"

In einer Reflexion der Projektanlage des in dieser Arbeit vorgestellten Kooperationskonzepts "Lehrer/-innen beraten Lehrer/-innen" unter der vorgestellten These Hurrelmanns sowie deren Begründungen lassen sich durchaus interessante Bezüge herstellen. Auf der legislativ-administrativen Dimension wurde in Baden-Württemberg mit dem kultusministeriellen Kooperationserlaß (vgl. Kap. 2.2.5) eine Zielvorgabe formuliert, die sich direkt auf den interaktionellen Bereich der Kooperation zwischen GHS- und Sonderschullehrern bezieht, allerdings ohne nennenswerte Folgen für die Organisationsstruktur der GHS und Sonderschulen. Das dreigliedrige Schulsystem sollte im Kern nicht verändert werden. Auch die Konzeption des Kooperationskonzepts im Modellprojekt" Lehrer/-innen beraten Lehrer/-innen" mit der Zielvorgabe der Integration verhaltensauffälliger Schüler in GHS zielt auf die interaktionelle Dimension der Beratung von Lehrern und weniger auf die direkte Förderung der verhaltensauffälligen Schüler, ohne dabei wesentliche strukturelle Veränderungen in den beteiligten SfE und GHS vorzusehen. Wenn nun aber strukturell-administrative Variablen der Organisation Schule interaktionelle Beratungsprozesse mitbedingen, wenn nicht gar determinieren, so begrenzen diese auch die Möglichkeiten integrationsförderlicher Veränderungen auf interaktioneller, hier kooperativer Ebene von vornherein. Dies um so mehr, als durch die systematische Miteinbeziehung der Jugendhilfe als weiterer sozialer Organisation ein strukturell höherer Komplexitätsgrad der Interaktionen entsteht (von der Beratungsdyade "Kooperations- und GHS-Lehrer" zur Beratungstriade "Kooperations-, GHS-Lehrer und Sozialpädagoge").

---

[59] Die Forderungen nach Reformierung der Schulstrukturen sind deshalb von Bedeutung, weil die Geschichte pädagogischer Reformbemühungen immer wieder belegt hat, daß die Starrheit und Dominanz der legalistisch-administrativen Dimension viele Innovationen verhindert hat (vgl. Steuer, 1983, S. 25).

In der Konsequenz bedeutet dies möglicherweise, daß eine integrationsförderliche Kooperation auf der interaktionellen Ebene nur gelingen kann, wenn die strukturellen Organisationsvariablen der beteiligten Organisationen Jugendhilfe und Schule kooperative Prozesse der Akteure zulassen und fördern, zumindest jedoch nicht behindern. Im Sinne von Hurrelmann müssen solche kooperativen Prozesse an den Wahrnehmungs- und Typisierungsprozessen der GHS-Lehrer in Bezug auf verhaltensauffällige Schüler ansetzen, die dahinterstehenden Theorien hinterfragen und gegebenenfalls aufweichen. Das Rollenverständnis und dessen Konsequenzen für das Wahrnehmen und das pädagogische Handeln der GHS-Lehrer würden somit in den Mittelpunkt der Einzelfallberatung rücken.

4.4 Die Perspektive der Organisationsentwicklungstheorien

Wurden in den vorangegangenen Kapiteln vor allem strukturale und spezifische Aspekte der Organisation Schule beschrieben und damit eher ein statisch-analytisches Bild von Schule als problemhaftem, aber dennoch gestaltungsfähigem sozialem System gezeichnet, beschäftigen sich Ansätze der Organisationsentwicklung von Schule mit der Frage, wie eine solche Gestaltung aussehen könnte und unter welchen Bedingungen sie stattfinden müßte.

In diesem Sinne kann Organisationsentwicklung als eine prozeß- und aktionsforschungsorientierte, innovative Gestaltungsstrategie der Veränderung der Organisation Schule (vor allem ihrer Organisationskultur) bezeichnet werden (vgl. Steuer, 1983). French & Bell (1990, S. 31) definieren Organisationsentwicklung im klassischen Sinne als *"eine langfristige Bemühung, die Problemlösungs- und Erneuerungsprozesse in einer Organisation zu verbessern, vor allem durch eine wirksamere und auf Zusammenarbeit gegründete Steuerung der Organisationskultur - unter Berücksichtigung der Kultur formaler Arbeitsteams - durch die Hilfe eines Organisationsentwicklungs-Beraters oder Katalysators und durch die Anwendung der Theorie und Technologie der angewandten Sozialwissenschaften unter Einbeziehung von Aktionsforschung"*. Für die beiden Autoren setzt die Organisationsentwicklung nicht alleine an formalen (sichtbaren) Dimensionen der Organisation an, wie etwa an Zielen, Technologien, finanziellen Mitteln, sondern ebenso an den informalen (unsichtbaren) Aspekten wie Einstellungen, Werten, Gefühlen und Interaktionen (vgl. a.a.O., S. 33).

Eine der wichtigsten Wurzeln der Organisationsentwicklung stellt die Aktionsforschung dar, die auf Kurt Lewin (1953) zurückgeht. Für ihn stellt sie die Verbindung zwischen Experiment und Anwendung, zwischen

Theorie und Praxis, zwischen Forschern und Praktikern dar. In ihr wird die traditionelle Trennung zwischen Forschern und Forschungsgegenstand aufgehoben, um sich gemeinsam relevanten Problemstellungen zuzuwenden und sie in einem gemeinsamen Aktionsprozeß zu verändern bzw. zu lösen.

Im Kontext der Schule bedeutet daher Organisationsentwicklung, daß die Schulleitung gemeinsam mit Lehrern und Schülern sowohl Strukturen als auch Interaktionsprozesse in der Schule zur Optimierung ihrer Aufgabenstellungen - bei Bedarf mit Hilfe externer Moderatoren - weiterentwickeln. Entsprechend den unterschiedlichen Problemstellungen einer Schule kann die Organisationsentwicklung nach Steuer (1983) drei unterschiedliche Funktionen übernehmen:

- Kompensatorische Funktion zum Abbau von Defiziten, die etwa durch eine unzureichende Vorbereitung der Lehrer auf ihre Tätigkeit entstanden sind
- Regulative Funktion zur Unterstützung interner Optimierungsprozesse
- Adaptive Funktion zur Unterstützung von Verhaltensweisen, mit denen eine Schule die für ihre Selbständigkeit notwendigen Umweltbeziehungen aufbauen und pflegen kann

Die wichtigste Voraussetzung für Organisationsentwicklung im Bereich der Schulen sehen Dalin & Rolff (1990) darin, daß im Kollegium ein wirkliches Bedürfnis nach Erneuerung und Entwicklung vorhanden ist. Das Kollegium sollte sich mit den angestrebten Neuerungen identifizieren können und es sollten genügend Kompetenzen und Ressourcen vorhanden sein, daß diese Neuerungen auch tatsächlich durchführbar sind. Dabei ist die besondere Rolle der Schulleitung zu beachten. Aus den entsprechenden Forschungsberichten geht hervor, daß Neuerungen ohne Unterstützung der Schulleiter wenig Chancen auf Realisierung haben, wobei als Mindestvoraussetzung die Einwilligung des Schulleiters genannt wird (vgl. Dalin & Rolff, 1990, S. 145).

4.4.1 Die "innovative Schule" und "Problemlöseschule" als Entwicklungsideal

Die aus dem prozeß- und aktionsforschungsorientierten Grundverständnis abgeleiteten Innovationen im Rahmen der Organisationsentwicklung von Schulen erfolgen nicht beliebig, sondern nach bestimmten Leitvorstellungen. Trotz einiger Unterschiede in den organisationstheoretischen Veränderungsansätzen und -strategien von Schule findet sich in der entsprechenden Literatur recht übereinstimmend als Zielrichtung von Veränderung das Leitbild einer professionellen, auf Partizipation ausgerichteten "innovativen Schule" (vgl. u.a. Bauer & Rolff, 1978; Steuer, 1983) oder "Problemlöseschule" (Rolff, 1992; Dalin & Rolff, 1990). Damit wird die Frage aus organisationstheoretischer Perspektive konkretisiert, in welche Richtung sich Schule überhaupt entwickeln soll.

Mit dieser Frage sind Bezüge zum Komplex der Schulwirkungsforschung hergestellt, die versucht, Kriterien einer "guten" bzw. "wirksamen" Schule empirisch zu ermitteln (vgl. u.a. Rutter et al., 1980; Aurin, 1991; Tillmann, 1994). Es hat sich jedoch gezeigt, daß die Hervorhebung einzelner "wirksamer" Kriterien oder Merkmale der Komplexität der Organisation Schule nicht gerecht werden kann. So plädieren etwa Rutter et al. (1980) und Aurin (1991) dafür, Schule als komplexes "Handlungssystem" zu verstehen, das aus vielen formalen organisationsstrukturellen Elementen (wie Leitungs-, Koordinierungsinstanzen oder Stützsystemen, Rollen, Normen, Unterrichtsmethoden) sowie aus interaktionellen, prozeßhaften Elementen (wie Art und Stil der sozialen Beziehungen, Informationsfluß usw.) zusammengesetzt ist. Beide Bereiche stehen sowohl untereinander als auch mit den Rahmenbedingungen, in die die Schulen eingebettet sind, in wechselseitiger Beziehung und bilden eine entsprechende Schulkultur heraus. Nach Ansicht von Aurin (1991, S. 10) determinieren jedoch sowohl die Rahmenbedingungen als auch die strukturellen Elemente nicht von sich aus die Handlungsvollzüge einer Schule in Richtung einer guten (im Sinne von "wirksamen") Schule, wie eine Interpretation entsprechender Forschungsergebnisse ergeben hat. Ähnlich strukturierte Schulen mit denselben Rahmenbedingungen können eine sehr unterschiedliche, "individuelle Schulkultur" (a.a.O.) bzw. ein "individuelles Ethos" (Rutter et al., 1980, S. 211) herausbilden. Die "individuelle Schulkultur" besteht aus einer Kumulation der Effekte der strukturellen und prozessualen Variablen einer Schule und kann als ein wesentlicher Faktor zur Bestimmung der Wirksamkeit einer Schule angesehen werden.

Aus einer Zusammenfassung der Ergebnisse der Schulwirkungsforschung in den USA haben Purkey & Smith (1991, S. 36 ff.) auf der Grundlage dieser "Schulkulturidee" (a.a.O., S.33) ein vorläufiges Portrait einer "wirksamen" Schule gezeichnet. Zu den wichtigsten wirksamen organisationsstrukturellen Variablen gehören demnach:

- Autonomie der Schulleitung und des Kollegiums
- Unterrichtsbezogene Führung (durch die Schulleitung)
- Stabilität des Kollegiums
- Artikulation und Organisation eines geplanten, zielorientierten Unterrichtsangebots im Bereich der Allgemeinbildung (der Sekundarschule)
- Unterstützung und Mitarbeit der Eltern
- Schulweite Anerkennung fachunterrichtlicher Leistungserfolge
- Wirksam genutzte Unterrichtszeit

- Unterstützung durch die regionale Schulbehörde

Darüber hinaus haben die o.g. Autoren vier Prozeßvariablen formuliert, die ihrer Ansicht nach wesentlich zum Klima und zur Kultur einer guten Schule beitragen (vgl. a.a.O., S. 38 ff.):

- Gemeinsame Planungen und kollegiale Beziehungen
- Zusammengehörigkeitsgefühl
- Konsens über klare Ziele und hohe Erwartungen
- Ordnung und Disziplin

Die Wirksamkeit einer Schule zeichnet sich nach Purkey & Smith durch ein wechselseitiges Zusammenwirken der o.g. Struktur- und Prozeßvariablen zur Herstellung oder Erhaltung eines günstigen Schulklimas aus.

Kritisch beurteilen sie die in der empirischen Schulforschung gängige Hervorhebung einzelner Merkmale von "wirksamen" Schulen, die mit unterschiedlichen methodischen Ansätzen ermittelt wurden und, je nach Studie, unterschiedlich ausgefallen sind (vgl. a.a.O., S. 18 ff.). Auch Dalin & Rolff (1990) weisen vor allem auf den Mangel an allgemein akzeptierten Kriterien für Schulqualität hin, die sich ihrer Ansicht nach eben nicht nur aus Schulleistungen heraus definieren lassen. Gerade unter dem Blickwinkel der Schule als "komplexem sozialem Handlungssystem" reichen deskriptiv festschreibende Qualitätskriterien nicht aus - qualitative Kriterien hingegen stehen in Gefahr, als Mittel zur Effektivitätssteigerung instrumentalisiert zu werden (vgl. a.a.O., S. 118 f.). Für Dalin & Rolff stellen empirisch ermittelte Kriterien einer "wirksamen" Schule vielmehr Anstöße dar zur Stimulierung von Innovationsprozessen, deren Zielsetzung von den Kollegien der einzelnen Schulen selbst formuliert und getragen werden sollen. Sie bevorzugen darüber hinaus die Formulierung eines Leitbilds von Schule als Entwicklungsideal und konkretisieren dieses Leitbild im Sinne der Schule als einer "Problemlöseschule" (a.a.O., S.197; Rolff, 1992, S. 322).

Eine Problemlöseschule zeichnet sich vor allem durch ihre Fähigkeit aus, sich weitgehend selbst organisieren und verändern zu können. Sie ist eine "Sich-selbst-erneuernde Schule", "*die die Bedürfnisse von Lehrern, Schülern und Eltern sehr aufmerksam wahrnimmt und registriert, die sich bewußt und klar über die Ansprüche des Umfeldes ist, die über eine Organisationskultur und ein Management verfügt, welches offen ist für Veränderung und Innovation, (...), die fähig ist, Menschen und Ressourcen im Umkreis des erforderlichen Veränderungsprogramms zu mobilisieren. Das alles trägt dazu bei, die Qualität des Unterrichts zu erhöhen und das Können der Schüler sowie die Ergebnisse der Schule insgesamt zu verbessern*" (Dalin & Rolff, 1990, S. 197).

In dieser Leitbildbeschreibung wird deutlich, daß es Dalin & Rolff (1990) zuvorderst um die Verwirklichung struktureller Innovationen geht, die sich prozeßhaft durch Management-, Organisations-, Team- und

Curriculumsentwicklung ergeben, für die sie ein umfassendes Programm, das "Institutionelle Schulentwicklungsprogramm" (ISP) entwickelten (siehe Kap. 4.4.3).

Ein ähnliches Entwicklungsideal für Schule, das jedoch stärker auf die Professionalisierung der Lehrerarbeit abzielt, stellt Steuer (1983) in seinem Leitbild der "Innovativen Schule" vor. Professionelle Lehrerarbeit kann als Ergebnis eines Zusammenspiels zwischen zwei Hauptkomponenten beschrieben werden: einer professionellen Arbeitsorganisation (Teambildung, Flexibilität der Zeitstruktur, Selbstevaluationsstruktur, technische Infrastruktur, Entscheidungsbefugnis) und professionellen Kompetenzen (Motivation, Wissen, Handlungsrepertoire, Persönlichkeitsprofil - vgl. Bauer, 1992, S. 333 ff.). Beide Hauptkomponenten finden sich in der Perspektive von Steuer (1983) wieder, der als Ziele der Organisationsentwicklung (im Sinne des Leitbilds einer "Innovativen Schule") vor allem die Veränderung der in Kap. 4.3.2 beschriebenen Problembereiche der Schule angibt, aus denen er fünf pragmatische Ziele einer innovativen Organisationsentwicklung ableitet (S. 142):

1. Bewußtwerdung der Mitglieder über Schule als gestaltungsfähige soziale Organisation
2. Team-, Gruppenbildung
3. Vertikale und horizontale Kooperation
4. Qualifizierung der Problemlösekompetenz
5. Unterrichtliche und schulorganisatorische Veränderungen vor Ort

In Anwendung dieser Zielbereiche auf die Dimensionen des Organisationsinventars von Girschner (1976)[60] beschreibt Steuer (1983) das Profil einer "Innovativen Schule" (S. 74 ff. - Übersicht S. 100), das hier nur stichwortartig aufgeführt werden soll:

- Ziele: Dynamik und Interpretationsspielraum von Zielen, Öffnung zur Umwelt, Sozialisationsziele
- Struktur: dezentrale Entscheidungskompetenzverteilung, linking-pin-Funktion von Gruppenvertretern, flexible Rollenstruktur, offene Kommunikationsstruktur, formell partizipative Führungsstruktur, Mindestkooperation, überlegte Arbeitsteilung, Kontrolle von oben nach unten u.u., Projekt- vor Stellenstruktur, rollierende Funktionen vor allem in Führungspositionen, Subsysteme für Innovation
- Steuerung: gemeinsame Einflußausübung, funktionale Rollendifferenzierung und Sachautorität, multilaterale Informations- und Kommunikationsbeziehungen, Konfliktregelungen durch Aushandeln und Verhandeln, Gruppenorientierung, Vertrauen, Bedürfnisbefriedigung,

---

[60] Siehe auch Kap. 4.4.2

Ziel-und Leistungsorientierung, bedürfnisorientierte Personal- und Organisationsentwicklung

- Anreizmuster: Experiment, Beratung, Weiterbildung, Öffentlichkeit
- Mitgliederzusammensetzung: Vertrauen, Professionalisierung, Außenbeziehungen, Informationen
- Umweltbeziehung: offene Kanäle zur Umwelt, Freiraum für Zielinterpretation, pro-aktive Verhaltensweisen, Verbindungen schaffen können, Unterstützung erhalten

4.4.2 Organisationsentwicklungsinterventionen - ein Überblick

"Organisationsentwicklungsinterventionen sind eine Reihe strukturierter Aktivitäten, in denen sich ausgewählte organisatorische Bereiche (Zielgruppen oder Individuen) mit einer Aufgabe oder einer Reihe von Aufgaben beschäftigen, wobei sich die Aufgabenziele direkt oder indirekt auf die Verbesserung der Organisation beziehen. Interventionen sind die eigentlichen Antriebselemente und bringen Veränderungen in Gang" (French & Bell, 1977, S. 126). Entsprechend müssen Organisationsentwicklungsstrategien bestimmte Merkmale aufweisen (vgl. Steuer 1983, S. 12 f.). Organisationsentwicklung muß:

- kooperative Problemerkenntnis- und Problemlösungsprozesse sowohl von Individuen als auch von Gruppen in der Schule einüben,
- an gestaltungsbedürftigen Problemen in der Schule ansetzen,
- von den Teilnehmern getragen, mitgestaltet und selbst als Übungsfeld kooperativer Problemlösung erfahren werden,
- in Gruppen und Projektteams während des Schulalltags erfolgen, um Teambildungsprozesse zu problematisieren und zu erfahren.

Nach French & Bell (1977, S. 131 ff.) lassen sich Organisationsentwicklungsinterventionen unterscheiden in:

- Diagnostische Aktivitäten (wie etwa die Erhebung des IST-Zustands einer Schule nach den strukturalen Dimensionen von Girschner, 1976),
- Teamentwicklungsaktivitäten (z.B. durch die Bildung von Projekt- oder Balintgruppen),
- Intergruppen-Aktivitäten (z.B. zwischen Schülern und Lehrern oder zwischen Fachlehrergruppen),
- Survey-oder Daten-Feedbacks (z.B. Rückmeldung und Diskussion der von externen Beratern oder Forschern erhobenen Daten),
- Schulungs- und Trainingsaktivitäten (z.B. zur Verbesserung der Problemerkenntnis- und Problemlösekompetenz),

- Prozeß-Beratungs-Aktivitäten (z.B. Berater hilft durch Außenperspektive, Vorgänge besser zu verstehen),
- Individuenzentierte Aktivitäten (z.B. Einzelberatung von Teilnehmern),
- Planungs- und Zielsetzungsaktivitäten (z.b. Hilfe bei der Planung neuer Kooperationsformen).

4.4.3   Organisationsentwicklungsprogramme

Um Organisationen geplant verändern zu können wurde eine Vielzahl von Modellen entwickelt, mit denen entsprechende Ziele oder Zieldimensionen wie etwa das Leitbild einer "Problemlöseschule" erreicht werden können. In ihnen kommen die o.g. Strategien des Organisationswandels gezielt zur Anwendung.

Die theoretischen Grundannahmen solcher Entwicklungsmodelle sind aus unterschiedlichen Quellen abgeleitet. Bauer & Rolff (1978, S. 224 ff.) gehen beispielsweise in ihren "Vorarbeiten zu einer Theorie der Schulentwicklung" von organisations- und systemtheoretischen Grundannahmen aus und versuchen, zwei zentrale Paradigmen der Veränderung von Systemen, das "gleichgewichtsorientierte"[61] und das "dialektische"[62] Paradigma auf abstrakter Ebene miteinander zu koppeln und sie mit entsprechenden anwendungsorientierten Ansätzen in Bezug auf Innovationsphasen bzw. -zyklen der Organisationsentwicklung in Verbindung zu setzen. Für intendierte Innovationen in sozialen Systemen scheint dabei zu gelten, "*daß sie sich als eine Abfolge von Phasen mit bestimmten Merkmalen darstellen lassen (...). Phasen lassen sich möglicherweise zu Zyklen zusammenfassen, die Bestandteile längerfristiger Entwicklungsprozesse sind*" (a.a.O., S. 247).

Im deutschen Sprachraum gibt es einige solcher anwendungsorientierter Organisationsentwicklungsprogramme im Bereich der Schulen, von denen im folgenden das "Institutionelle Schulentwicklungs-Programm" (ISP) von Dalin & Rolff (1990) und das "Erweiterte zyklische Phasenschema der Organisationsentwicklung" von Hage & Aiken (1970) vorgestellt werden.

1.   Das Institutionelle Schulentwicklungs-Programm (ISP)

Das ISP wurde ursprünglich vom norwegischen Forschungs- und Entwicklungsinstitut IMTEC (gegründet von Dalin) entwickelt und vom Lan-

---

[61] Adaption System- und Umweltanpassung
[62] Gesetz des Umschlagens von Quantität in Qualität u.u., Gesetz von der Durchdringung der Gegensätze, Gesetz von der Negation der Negation.

desinstitut für Schule und Weiterbildung in Soest (Nordrhein-Westfalen) unter Beteiligung von Rolff im Jahre 1987 auf deutsche Verhältnisse umgearbeitet. Es orientiert sich am Leitbild der bereits beschriebenen "Problemlöseschule". *"Ziel des ISP ist es, die Problemlösefähigkeit von Schule zu erweitern, d.h. die Fähigkeit der Schule, intern oder von außen kommende Anforderungen in der Weise zu begegnen, daß sie die tatsächlichen Bedürfnisse treffen und die Entwicklungskapazität der Schule stärken"* (Dalin & Rolff, 1990, S. 34), so daß sie in Zukunft ähnliche Entwicklungsprozesse selbständig durchführen kann.

Um zu einer Problemlöseschule zu kommen, wendet sich das ISP mit entsprechenden Programmen vor allem an die Schulleitung und das Lehrerkollegium. Diese erhalten Unterstützung und Begleitung von dafür ausgebildeten externen Moderatoren. Die externe Beratung soll der Schule helfen, ihre Fähigkeiten und Ressourcen zu mobilisieren und selbst initiativ zu werden. Die Rolle des Moderators besteht nicht in der Eingabe inhaltlicher Vorstellungen oder Zielsetzungen, sondern in der Initiierung und Begleitung entwicklungsfördernder Beziehungsprozesse: *"Die Berater müssen nicht unbedingt Experten auf einem inhaltlichen Feld sein, aber sie müssen sehr viel Kompetenz auf dem Felde der Beziehungsarbeit und Prozeßmoderation mitbringen. Und sie müssen Experten sein auf dem Felde des Managements des Entwicklungsprozesses"* (Dalin & Rolff, 1990, S. 172).

Für die Moderation und Anleitung dieses Entwicklungsprozesses geht das ISP von den spezifischen Gegebenheiten und Bedingungen der einzelnen Schulen aus. Zur strukturierenden Orientierung des Entwicklungsprozesses folgt das ISP einem Schema, das durch unterschiedliche zyklische bzw. spiralförmig ablaufende Phasen gekennzeichnet ist, die je nach Bedarf mehrmals durchlaufen werden.

Die von einem Management in unterschiedlichen Teams gesteuerten Entwicklungsprogramme haben das Ziel, die Problemlösefähigkeit der Schule zu verbessern mit der Folge einer qualitativen Veränderung der Schulkultur, der Arbeit der Lehrer und der Kompetenzen der Schüler. Zur Erfassung solcher Veränderungen erstellen die Schulen regelmäßig Diagnosen anhand von eigens dafür entwickelten Fragebögen ("Guide to Institutional Learning") und führen interne Schulbeurteilungen durch, deren Ergebnisse mit der Strategie des Daten-Feedbacks den weiteren Entwicklungsprozeß steuern. Die Schule soll somit in die Lage versetzt werden, flexibel auf interne oder externe Veränderungen reagieren zu können. Im folgenden Schaubild sind diese Phasen des ISP in einem idealtypischen Verlauf (hier linear) aufgeführt:

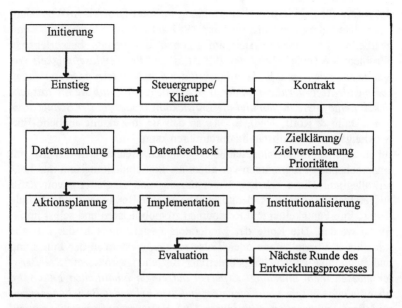

Abbildung: Phasenschema des ISP (aus Dalin & Rolff, 1990, S. 40)

2. Das erweiterte zyklische Phasenschema der Entwicklung komplexer
    Organisationen nach Hage & Aiken (1970)

In diesem übergreifenden Ansatz, der auf Hage & Aiken (1970) zurückgeht und durchaus Ähnlichkeiten zum ISP aufweist, wird der Wandel von
Organisationen in vier Phasen beschrieben, die sich in zyklischen Prozessen auf einem immer höheren Niveau wiederholen.

Der Veränderungsprozeß beginnt mit der Phase der Evaluation, also
"*(...) in dem Augenblick, in dem Entscheidungsträger in der Organisation
entweder feststellen, daß die Organisation ihre augenblicklichen Ziele
nicht so effektiv oder effizient wie möglich erreicht, oder aber die Ziele
der Organisation ändern oder verbessern wollen*" (a.a.O., S. 94). In der
darauffolgenden Initiationsphase werden die sachlichen und personellen
Voraussetzungen für die angestrebten Veränderungen wie etwa die Be-
schaffung von Ressourcen oder die Abklärung von Beteiligungen geschaffen. Die dritte Phase der Implementation wird als die schwierigste, weil
konfliktreichste Phase beschrieben. "*Die Implementationsphase ist das
Stadium des Konflikts, insbesondere über Macht. Es ist die Phase, in der
das neue Programm das stärkste Ungleichgewicht in der Organisation
hervorruft, weil das Programm in dieser Phase Wirklichkeit wird und die*

116

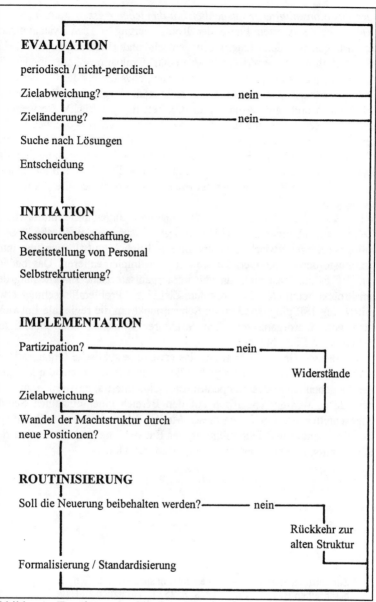

EVALUATION

periodisch / nicht-periodisch

Zielabweichung? ———————————— nein ————

Zieländerung? ————————————— nein ————

Suche nach Lösungen

Entscheidung

INITIATION

Ressourcenbeschaffung,
Bereitstellung von Personal

Selbstrekrutierung?

IMPLEMENTATION

Partizipation? ——————————— nein ———

Widerstände

Zielabweichung

Wandel der Machtstruktur durch
neue Positionen?

ROUTINISIERUNG

Soll die Neuerung beibehalten werden?——— nein———

Rückkehr zur
alten Struktur

Formalisierung / Standardisierung

Abbildung: Erweitertes zyklisches Phasenschema des Organisationswandels nach Hage & Aiken (aus Bauer & Rolff, 1978, S. 248)

Organisationsmitglieder tatsächlich mit ihm leben müssen" (a.a.O., S. 104)[63]. In der vierten Phase der Routinisierung werden systematische Erfahrungen mit den Neuerungen gemacht und Handlungsroutine kehrt ein. Auf diese Phase erfolgt eine erneute Evaluationsphase, in der die Neuerungen diskutiert und bewertet werden, etwa mittels der Methode des Daten-Feedback (externe Forscher melden die Ergebnisse ihrer Datenerhebungen und -auswertungen an die Beteiligten zurück). Desweiteren wird in dieser Phase eine Entscheidung über das weitere Vorgehen getroffen. Sprechen sich die Entscheidungsträger für eine Modifikation der Neuerung oder für eine Rückkehr zur vorherigen Struktur aus, beginnt der Zyklus von neuem mit der Initiationsphase usw. Der Zyklus findet seinen Abschluß, wenn die Neuerung beibehalten wird oder der alte Status wiederhergestellt ist.

Das Ziel des Modellprojekts "Kooperation Jugendhilfe und Schule: Lehrer/-innen beraten Lehrer/-innen" bestand darin, systematische Kooperationsstrukturen zwischen Jugendhilfe und Schule aufzubauen und integrationsfördernde Kooperationskonzepte zu implementieren. Das bedeutet, daß es zunächst nicht um die intraorganisatorische Entwicklung der am Projekt beteiligten GHS mit dem Ziel einer "Problemlöseschule" etwa mittels des ISP ging, sondern im Schwerpunkt um die regionale Entwicklung von interorganisatorischen Strukturen zwischen allen beteiligten Schulen und Einrichtungen.

Aus diesem Grunde schien uns das erweiterte zyklische Organisationsentwicklungsmodells von Hage & Aiken geeigneter, um auf die komplexen Gegebenheiten des Kooperationsprojekts übertragen werden zu können, da es weniger spezifisch auf den Bereich einer einzelnen Schule zugeschnitten ist. Wir haben dieses Modell daher als formale Grundlage für die Planung und Durchführung der Entwicklung und Evaluation des Kooperationsprojekts verwendet (vgl. Kap. 5.1.1).

---

[63] Zur Differenzierung des Implementationsbegriffs für den Bildungsbereich beschreiben Bauer & Rolff (1978, S. 252 f.) zusätzlich zu Hage & Aiken folgende wesentliche Elemente: 1. Explikation (z.B. der Ziele und Maßnahmen) und Verdeutlichung und Abarbeiten von Komplexität (durch Bestimmung zentraler Maßnahmen, Entwicklung einer Zeitperspektive und Identifikation von Problemfeldern). 2. Verstehen und Bewerten (z.B. Widerstände oder Strategien) und 3. Rollenwandel (Änderung des Rollenverständnisses und des Verhaltens).

5 Methodische Grundlagen: Planung und Durchführung der Entwicklung und Evaluation des Kooperationsmodells

Die wissenschaftliche Begleitung dieses Projekts wurde als "begleitende Prozeßforschung" mit den Dimensionen Entwicklung und Evaluation durchgeführt (vgl. Kap. 3.2, 3.3). Für die Planung und Durchführung beider Dimensionen wurde viel Zeit und Energie aufgewendet, vor allem im Hinblick auf die Herstellung und Pflege der Basis unserer Bemühungen, der kooperativen Beziehungen zu unseren Projektpartnern. Diese sollten, soweit als möglich und ökonomisch sinnvoll, bereits schon in die Planungsphase miteinbezogen werden, um ein größtmögliches Einvernehmen zwischen der wissenschaftlicher Begleitung und den Akteuren vor Ort zu erzielen.

In den folgenden Kapiteln werden nun die Planung und Durchführung der Entwicklung und der Evaluation des Projekts vorgestellt und die Ergebnisse in Kap. 6 dokumentiert.

5.1 Planung und Durchführung der Entwicklung

5.1.1 Zyklisches Prozeßmodell zur Planung der Entwicklung der Kooperation

Als theoretisch fundierten und zugleich praxisnahen Leitfaden für den Aufbau der regionalen Kooperationsstrukturen zwischen Schulen und Jugendhilfeeinrichtungen und zur Umsetzung des Kooperationskonzepts haben wir ein zyklisches Prozeßmodell auf der Grundlage systemischer Organisationsentwicklungstheorien in Anlehnung an Hage & Aiken (1970, S. 94) konzipiert (vgl. Kap. 4.4.3). Sowohl die Beteiligten vor Ort als auch die Projektträger waren mit den vorgeschlagenen Entwicklungsphasen und -schritten dieses Modells sehr einverstanden. Es bestand Konsens, daß die zyklischen Schrittabfolgen zu den unterschiedlichen Ausgangs- und Beteiligungsbedingungen paßten und das Modell daher als hilfreiche, weil komplexitätsreduzierende Strukturierungsmatrix für die eigenen Aktivitäten angesehen werden konnte.

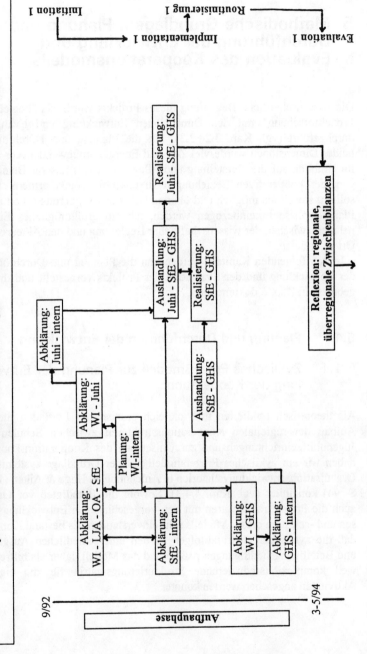

Zyklisches Prozeßmodell der Entwicklung der Kooperationsstrukturen und -prozesse

Initiation I

Implementation I → Routinisierung I

Evaluation I

Reflexion: regionale, überregionale Zwischenbilanzen

Realisierung: Juhi - SfE - GHS

Aushandlung: Juhi - SfE - GHS

Realisierung: SfE - GHS

Aushandlung: SfE - GHS

Abklärung: Juhi - intern

Abklärung: WI - Juhi

Planung: WI-intern

Abklärung: WI - LJA - OA - SfE

Abklärung: SfE - intern

Abklärung: WI - GHS

Abklärung: GHS - intern

9/92

Aufbauphase

3-5/94

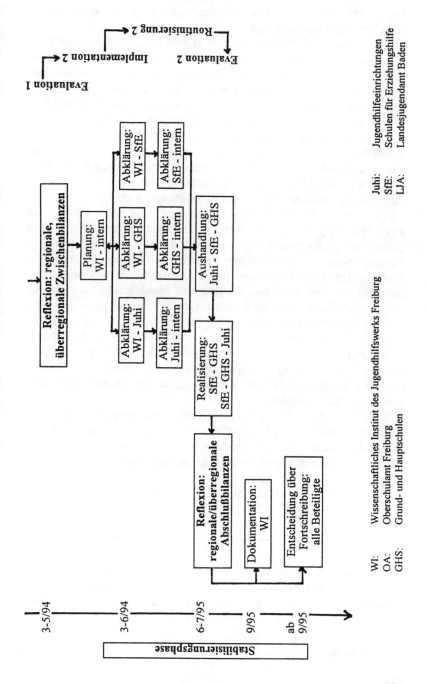

WI: Wissenschaftliches Institut des Jugendhilfswerks Freiburg
OA: Oberschulamt Freiburg
GHS: Grund- und Hauptschulen

Juhi: Jugendhilfeeinrichtungen
SfE: Schulen für Erziehungshilfe
LJA: Landesjugendamt Baden

Wie im Modellplan (vgl. Schaubild) vorgesehen, sollte die tatsächliche Projektrealisierung in zwei aufeinanderfolgenden Phasen, einer Aufbau- und einer Stabilisierungsphase erfolgen.

Die Aufbauphase (Projektbeginn im Herbst 1992 - Frühsommer 1994) sollte eingeleitet werden mit der Initiation der Projektaktivitäten. Ihr folgen die Entwicklungsschritte der Implementation 1, Routinisierung 1 und Evaluation 1 des Kooperationskonzepts, die sich zeitlich phasenweise überschneiden können. Die Aufbauphase wird durch eine Zwischenbilanz (= Evaluation 1) der Beteiligten im Sinne des Daten-Feedbacks (als Organisationsentwicklungsstrategie, vgl. Kap. 4.4.2) reflektiert. Als Ergebnis dieser Reflexion ist vorgesehen, daß Entscheidungen zur Modifikation oder Beibehaltung der weiteren Kooperationsaktivitäten oder -strukturen getroffen werden können. Die Zwischenbilanz dient somit vor allem dem Entwicklungsaspekt unserer "begleitenden Prozeßforschung".

In der anschließenden Stabilisierungsphase (Frühsommer 1994 - Sommer 1995) sollte sich die Abfolge der Entwicklungsschritte mit der Implementation 2, Routinisierung 2 und Evaluation 2 des auf der Grundlage der Ergebnisse der Zwischenbilanz beibehaltenen oder modifizierten Kooperationskonzepts wiederholen. In der Abschlußbilanz (= Evaluation 2) soll dann eine Dokumentation der gesamten Projektentwicklung und eine abschließende Bewertung im Hinblick auf die Frage vorgenommen werden, ob und wie die Kooperation zur Zielsetzung des Projekts, also zur Unterstützung der Integration verhaltensauffälliger Schüler in den GHS beitragen konnte. Im Kontext und Anschluß an die Abschlußbilanz im Sommer 1995 ist eine Entscheidung über die Fortschreibung oder Beendigung der Kooperation seitens der Beteiligten und der politischen Entscheidungsträger vorgesehen.

Alle Entwicklungsphasen und -schritte sind gekennzeichnet durch entsprechende interne bzw. kooperative Abklärungs-, Planungs-, Aushandlungs-, Realisierungs- und Reflexionsprozesse der beteiligten Organisationen und Personen, wie sie im obigen Schaubild verdeutlicht sind.

5.1.2 Dokumentation der Durchführung der Projektentwicklung[64]

1.   Aufbauphase (Herbst 1992 - Frühsommer 1994)

Da zu Projektbeginn noch keine systematischen Kooperationsstrukturen mit Ausnahme der Region Lörrach vorhanden waren, standen in der anfänglichen Aufbauphase die Initiierung und Koordinierung der Aufbauaktivitäten sowie interne Abklärungsprozesse der beteiligten Organisatio-

---

[64]   Aus der Sicht der wissenschaftlichen Begleitung.

nen (SfE, GHS und Jugendhilfeeinrichtungen, insbesondere der Allgemeinen Sozialen Dienste) zur Entwicklung der regionalen Kooperationsstrukturen im Vordergrund.

Den Ausgangspunkt der diesbezüglichen Aktivitäten der wissenschaftlichen Begleitung bildeten erste Besuche bei den beteiligten SfE in den Projektregionen. Wir ließen uns umfassend über strukturelle Besonderheiten der Schulen, der regionalen Infrastruktur und über bereits bestehende Beziehungen zu GHS sowie über diesbezüglich gemachte Erfahrungen informieren, fragten nach Erwartungen und Befürchtungen im Hinblick auf das Projekt und eruierten den Informationsgrad der für die Kooperation vorgesehenen Lehrer der SfE über Anlage und Zielsetzung des geplanten Projekts. Da diesbezüglich größtenteils ein erheblicher Nachholbedarf bestand, luden wir die Kooperationslehrer der SfE im November 1992 zu einer eintägigen Fachtagung in das WI-JHW ein. Ziele dieser Tagung waren, einander persönlich kennenzulernen, eine aktuelle Standortbestimmung vorzunehmen, über das Projekt zu informieren und Anregungen zur Formulierung des jeweiligen regionalen Kooperationsangebots voneinander zu erhalten. Im Rahmen dieser Informations- und Austauschprozesse bildeten sich erste regionale Projektteams.

Auf der Fachtagung zeigte es sich recht schnell, daß die regionalen Ausgangsbedingungen zum Auf- bzw. Ausbau der Kooperationssysteme und die damit zusammenhängenden Startprobleme sehr unterschiedlich waren. In der Region Lörrach wurde seit September 1990, also bereits vor Projektbeginn, ein Kooperationskonzept umgesetzt, das dem des Projekts "Lehrer/-innen beraten Lehrer/-innen" sehr nahe kam. Hier fand die Kooperation allerdings vorwiegend zwischen der SfE der Tüllinger Höhe (Lörrach), deren einrichtungsinternen Fachdiensten und GHS im Lörracher Raum statt. Diese Kooperation galt es beispielsweise, innerhalb des Projektrahmens unter stärkerer Berücksichtigung der öffentlichen Jugendhilfe weiterzuentwickeln.

Aus der Schilderung der von den Kooperationslehrern der SfE der Tüllinger Höhe gemachten Erfahrungen ergaben sich jedoch konstruktive Anregungen für die Aufbaubemühungen in den anderen Regionen. Beispielsweise wurden die Kooperationslehrer ermutigt, eine teilweise anfänglich nur zögerliche Inanspruchnahme ihrer Kooperationsangebote durch GHS-Lehrer auszuhalten und präsent zu bleiben. Andererseits entstand aber auch schnell Gewißheit darüber, daß die vielschichtigen Kooperationserfahrungen der "Tüllinger" nicht einfach auf andere Regionen übertragbar waren. Einer der wesentlichen Gründe dieser erschwerten Übertragbarkeit bestand im Mangel an sonderpädagogisch ausgebildeten Lehrkräften an den SfE vor allem in Oberrimsingen und in St. Fridolin, Bad Säckingen. Über den gesamten Projektzeitraum hinweg konnten diese SfE aufgrund ihres Sonderschullehrermangels das ihnen jeweils zur Verfügung gestellte Halbdeputat nur teilweise in Anspruch nehmen, mußten sich also in der Formulierung eines Kooperationsangebots auf wenige Kooperationsformen für wenige GHS beschränken. Die Probleme infolge des Mangels an Sonderpädagogen, die auch für solche Außentätigkeiten gewonnen werden und qualifiziert sein mußten, zogen sich für die genannten Schulen wie ein roter Faden durch das Projekt hindurch.

Uns wurde daher relativ schnell klar, daß wir es, entsprechend den regionalen Beteiligungen, mit fünf unterschiedlichen Varianten dieses "Lehrer/-innen beraten Lehrer/-innen-Konzepts" zu tun hatten, die nur auf der Basis der Vorgaben der Projektträger miteinander vergleichbar waren. Im nachfolgenden Schaubild sind diese Unterschiede zusammengefaßt.

Um den regionalen Besonderheiten gerecht zu werden, haben wir für jede der fünf Regionen eigene Koordinierungstreffen (als weitere Kooperationskontexte) mit Beteiligung auch der Leitungen der SfE, der ASD und der GHS initiiert und moderiert. Allerdings wurde die teilweise recht schwache Präsenz der GHS in diesen Treffen vor allem seitens der Kooperationslehrer bedauert. In diesen regionalen Koordinationstreffen wurden Kooperationserfahrungen ausgetauscht, Probleme benannt und Lösungen bzw. Perspektiven entwickelt.

Um jedoch auch einen überregionalen Erfahrungsaustausch zu gewährleisten und die Projektträger mit in die Aktualität des Kooperationsalltags einzubeziehen, wurden in regelmäßigen 1/4-jährlichen Abständen überregionale Koordinationstreffen der "Anbieter" der Kooperation mit Beteiligung der Leitungen der SfE und der ASD, der Staatlichen Schulämter (SSA), sowie der Projektträger Oberschulamt (OA) Freiburg und Landesjugendamt (LJA) Baden und des WI-JHW durchgeführt. Bereits in den ersten überregionalen Koordinationstreffen wurde das auf der Fachtagung des WI-JHW geäußerte dringende Bedürfnis der Kooperationslehrer nach einer entsprechenden Fortbildung vor allem in Gesprächsführung thematisiert. Im Oktober 1993 fand, mit vorbereitender Unterstützung durch das WI-JHW und unter der gemeinsamen (auch finanziellen) Trägerschaft des OA Freiburg sowie des LJA Baden, die erste zweitägige Kooperationslehrer-Fortbildung statt, in der sich die Kooperationslehrer in Gesprächsführung auf der Grundlage von Themenzentrierter Interaktion (TZI) bei einer erfahrenen Referentin fortbilden und schwierige Fälle unter Supervision beraten konnten.

In der Folge der Standortbestimmung der Kooperationslehrer auf der ersten Fachtagung im WI-JHW und weiterer klärender Gespräche besuchten wir in einer zweiten Phase die ASD der Projektregionen ebenfalls mit der Absicht der Informierung über das Projekt und der Eruierung der Bedingungen für eine Projektteilnahme. Parallel dazu wurden seitens der Kooperationslehrer der SfE Kooperationskontakte zu GHS intensiviert

Abbildung: Die fünf Kooperationsregionen

	Kooperationskapazität	Deputatsinanspruchnahme	Beteiligung von GHS	Schwerpunkte der Kooperation	sozialräumliches Kooperationsgebiet
Freiburg	bis Zwischenbilanz 5, danach 4 Kooperationslehrer	je 2 Stunden pro Kooperationslehrer	1 Grundschule	* einzelfallbezogene Lehrerberatung * Spiel(förder-)gruppen für Schüler * pädagogische Fallbesprechungsgruppe für Lehrer	städtisch, sozialer Brennpunkt
Breisach/ Oberrimsingen	1 Kooperationslehrer	partiell (bei Unterkapazität)	1 Grund- und Hauptschule	* einzelfallbezogene Lehrerberatung * pädagogische Fallbesprechungsgruppe für Lehrer	städtisch
Lörrach	4 Kooperationslehrer	voll (bei Überkapazität)	45 Grund- und Hauptschulen	* einzelfallbezogene Lehrerberatung * Lehrer-, Schulkonferenzen	städtisch, ländlich
Rickenbach	4 Kooperationslehrer	voll (bei Überkapazität)	8 Grund- und Hauptschulen	* einzelfallbezogene Lehrerberatung * Fördergruppen für Schüler * pädagogische Fallbesprechungsgruppe für Lehrer * Institutionsberatungen	ländlich
Bad Säckingen	2 Kooperationslehrer	partiell (bei Unterkapazität)	4 Grund- und Hauptschulen	* einzelfallbezogene Lehrerberatung * Beratungslehrergruppe	überwiegend städtisch

oder neu geknüpft, konkrete Kooperationsangebote unterbreitet und mit dem Bedarf der GHS abgeglichen.

Die diesbezüglichen Aushandlungsprozesse unter den unterschiedlichen Beteiligten betrafen die gemeinsame Verständigung auf organisatorische und konzeptionelle Aspekte der Kooperation. Die in den jeweiligen Regionen ausgehandelten Kooperationskonzepte wurden implementiert und in ersten Schritten zunächst zwischen den SfE und den von ihnen ausgesuchten GHS realisiert. Parallel dazu fanden in einem weiteren Schritt Koordinierungsgespräche unter Miteinbeziehung vor allem der örtlichen ASD statt.

Im Gefolge all dieser Aufbauaktivitäten kristallisierten sich langsam feste Kooperationsstrukturen zwischen SfE, GHS und Jugendhilfeeinrichtungen und eine Palette an einzelfallbezogenen und -übergreifenden Kooperationsformen heraus.

Zu den einzelfallbezogenen Formen im Angebot der Kooperationslehrer gehörten:
- Beratungsgespräche mit GHS-Lehrern, -Rektoren, Eltern und Schülern sowie mit Fachkräften der Jugendhilfe
- Moderation von Gesprächen mit unterschiedlichen Beteiligten
- Koordination von Maßnahmen
- Unterrichts-, und Verhaltensbeobachtungen
- Durchführung diagnostischer Tests bzw. Begutachtungen sowie
- Einzelförderungen von Schülern

Der Anspruch des Projekts bezog sich aber nicht nur auf solche Einzelfallkooperationen, sondern ebenso auf den vorwiegend präventiv ausgerichteten Bereich fallübergreifender Kooperationsformen. Sie bestanden im Angebot bzw. in der Mitwirkung der Kooperationslehrer und/oder der Jugendhilfemitarbeiter bei folgenden Veranstaltungen:
- Lehrer, Schulleiter-, Schulkonferenzen (z.B. zum Thema: "Möglichkeiten und Grenzen der örtlichen Jugendhilfe")
- Pädagogischen Tagen (z.B. zum Thema: "Umgang mit verhaltensauffälligen Schülern")
- Institutionsberatungen (z.B. in Bezug auf Unterrichtsgestaltung)
- Pädagogischen Fallbesprechungsgruppen für GHS-Lehrer
- Gruppenförderungen von Schülern

Die Aufbauphase endete im Frühsommer 1994 mit der Zwischenbilanzierung des WI-JHW zur Projekthalbzeit. In dieser Zwischenbilanz wurden auf der Basis der Ergebnisse einer ersten umfangreichen Datenerhebungs- und -auswertungsphase durch das WI-JHW die ersten Kooperationserfahrungen der Beteiligten im Hinblick auf kooperationsfördernde und -erschwerende Aspekte in allen Regionen zusammengetragen und als Datenfeedback an die Beteiligten in (regionalen und überregionalen) Zwischenbilanztreffen zurückgegeben, reflektiert und diskutiert (vgl. Kap. 6.1).

2. Stabilisierungsphase (Sommer 1994 - Sommer 1995)

Nach den Schulsommerferien 1994 wurden die Impulse aus den Zwischenbilanztreffen aufgegriffen und in neuen Aushandlungsprozessen vor allem mit der örtlichen Jugendhilfe und GHS zur modifizierten Umsetzung vorbereitet. Zur Unterstützung dieses Starts nach den Sommerferien und als Dank für das Engagement unserer Kooperationspartner im Rahmen der Zwischenbilanzierung luden wir im Herbst 1994 an drei Samstagen zu einem "kooperativen Segeln" am Schluchsee mit den Robinson-Segelbooten des Jugendhilfswerks ein, was auf reges Interesse und Begeisterung stieß[65].

Ein wesentliches Thema in dieser "Stabilisierungsphase" bildete die Diskussion, mit welchen vor allem strukturellen Mitteln sowohl Schule als auch Jugendhilfe auf den vielerorts dringend formulierten Bedarf an Nachmittagsbetreuungsangeboten für Kinder und Jugendliche reagieren sollten, die nach der Schule ohne elterliche Betreuung sind (siehe Kap. 7).

Gerade in diesem Zusammenhang stieß das Kooperationsprojekt in der Region Waldshut/Tiengen auf ein besonderes politisches Interesse. Die wissenschaftliche Begleitung wurde eingeladen, im Rahmen einer Jugendhilfeausschußsitzung im Dezember 1994 unter der Leitung des Landrates die Zwischenbilanzergebnisse der Region vorzustellen. In der anschließenden Diskussion bestand bei den Ausschußmitgliedern weitgehend Konsens in Bezug auf die Notwendigkeit des Ausbaus präventiver Jugendhilfe auch in der Region Waldshut/Tiengen.

Neben solchen einzelfallübergreifenden, strukturellen Aktivitäten engagierten sich die Kooperationslehrer und Sozialpädagogen auch weiterhin in der Einzelfallarbeit. Trotz der gewonnenen Routine ergaben sich jedoch immer wieder schwierige Fallverläufe, die eine weitere Unterstützung der Kooperationslehrer im Rahmen einer zweiten Fortbildungsveranstaltung notwendig machten. Nachdem im OA Freiburg jedoch für eine weitere Fortbildung keine finanziellen Mittel mehr zur Verfügung standen, schien eine solche zweite Veranstaltung lange Zeit gefährdet. Mit einigem Enga-

---

[65] Unserer Erfahrung nach tragen solche gemeinsamen, erlebnisaktivierenden Aktivitäten ohne den Handlungsdruck des Alltags wesentlich zur Fundierung von Beziehungen - und Kooperation lebt von guten Beziehungen - bei (vgl. Blumenberg, 1992, 1993). Die positiven Rückmeldungen der "Segler" bestätigten diese Einschätzung.

gement hat das LJA Baden die Durchführung dieser zweiten Fortbildung im November 1994 dann doch noch ermöglicht, die wiederum von fast allen Kooperationslehrern in Anspruch genommen wurde[66].

Im Frühsommer 1995 wurde in den regionalen und überregionalen Koordinationstreffen die Diskussion zu Fragen der bevorstehenden Abschlußbilanzierung der wissenschaftlichen Begleitung und den Voraussetzungen und Bedingungen einer Fortsetzung der Kooperation - über die im Sommer 1995 auslaufende Modellphase hinaus - geführt. Bereits im Vorfeld der Abschlußbilanzierung wurden seitens der Beteiligten fast übereinstimmend die dringende Notwendigkeit einer Fortsetzung und das große Interesse an einer Weiterführung des Kooperationskonzepts zumindest unter den bisherigen Bedingungen betont und an die Projektträger weitergeleitet. Da die Deputate für die Kooperationslehrer für das Kalenderjahr 1995 gesichert waren, konnte die Kooperation nach den Sommerferien 1995 weitergeführt werden.

Einen wesentlichen Schwerpunkt der im Frühjahr 1995 durchgeführten regionalen und überregionalen Abschlußbilanzen bildete die Evaluation des Kooperationskonzepts. Die Projektträger, die zuständigen Ministerien und Verbände sollten eine Entscheidung über die Fortsetzung oder Beendigung der Kooperation auf der Grundlage unserer fachlichen Analysen treffen können.

5.2   Planung und Durchführung der Evaluation

5.2.1   Interpretative Matrix der Evaluation

Der qualitativen Sozialforschung liegt ein interpretatives Paradigma als forschungsleitendes Denkmodell zugrunde. Im Hintergrund dieses Paradigmas steht der Grundgedanke, "*daß Menschen nicht starr nach kulturell etablierten Rollen, Normen, Symbolen, Bedeutungen handeln (normatives Paradigma), sondern jede soziale Interaktion selbst als interpretativer Prozeß aufzufassen ist: Der Mensch muß jede soziale Situation für sich deuten, muß sich klar werden, welche Rollen von ihm erwartet werden, ihm zugeschrieben werden und welche Perspektiven er selbst hat. Wenn soziales Handeln selbst schon Interpretation ist, dann muß der Wissenschaftler natürlich erst recht "Interpret" sein*" (Mayring, 1993, S.2).

---

[66]   Der Bedarf an solchen unterstützenden und qualifizierenden Veranstaltungen für die "Berater" ist unstrittig und kommt auch darin zum Ausdruck, daß viele der Kooperationslehrer im März 1995 bei der als sehr kompetent erlebten Referentin ein eigenfinanziertes Supervisionswochenende wahrgenommen haben.

128

Der Gegenstand der Analysen des Projekts "Lehrer/-innen beraten Lehrer/-innen" ist die Beschreibung und Evaluation der sozialen Situationen, in denen das kooperative Handeln stattfindet. Diese soziale Situationen sind beschreibbar auf der Ebene kooperativer Strukturen und Prozesse auch im Hinblick auf ihre hypothetisierten integrativen Wirkungen (im Sinne des Verbleibs verhaltensauffälliger Schüler in GHS).

Die Kooperation zwischen pädagogischen Fachkräften und Organisationen zur Erreichung dieses Ziels stellt nun ein komplexes Interaktions- und Beziehungsgeschehen dar. Da es weder für den Bereich kooperativer noch für den Bereich integrativer Prozesse, Strukturen und Wirkungen "harte" Kriterien ihrer Bestimmung gibt, sind diese auch nicht "objektiv" zu erfassen und zu bewerten. Dies bedeutet im Sinne von Mayring (1993), daß sowohl Aussagen der Interaktionspartner zum Kooperations- und Integrationsgeschehen als auch der Forscher (etwa durch Paraphrasierung dieser Aussagen im Rahmen einer qualitativen Inhaltsanalyse) subjektive Interpretationen der entsprechenden kooperativen (Einzelfall-)Wirklichkeit(en) darstellen, die über qualitative Verfahren erfaßbar und im Sinne einer Rekonstruktion interpretativ auswertbar sind[67].

Daher erfolgte die Planung und Durchführung der Evaluation des Modellprojekts "Lehrer/-innen beraten Lehrer/-innen" auf der Basis eines qualitativen, nichtexperimentellen Designs unter Verwendung qualitativer und quantitativer Verfahren der Datenerhebung und -auswertung.

5.2.2 Arbeitshypothesen

Die Evaluation des Kooperationskonzepts beruhte auf folgenden Annahmen:

1. Es gibt einen positiven Zusammenhang zwischen strukturellen und prozessualen Variablen der Kooperation der Organisationen SfE, GHS und Jugendhilfe sowie deren Fachkräften (Sonder-, GHS-und Sozialpädagogen) und der Integration verhaltensauffälliger Schüler in am Projekt beteiligten GHS.

2. Eine Integration verhaltensauffälliger Schüler in GHS läßt sich durch eine "passende" Ausschöpfung vorhandener und/oder durch eine Erschließung weiterer pädagogischer, organisatorischer und ökonomischer Ressourcen (als Interventionspotentiale) personaler und sozialer Unter-

---

[67] Daher sind die über induktive Interpretationsschritte gewonnenen Forschungsergebnisse auch in diesem Projekt nicht per se auf andere Kontexte verallgemeinerbar, es sei denn, eine solche Verallgemeinerung könnte und würde schrittweise argumentativ begründet werden (vgl. Mayring, 1993, S. 12).

stützungssysteme (GHS, SfE, Einrichtungen der Jugendhilfe, Staatliche Schulämter usw.) unterstützen.

3. Auf organisatorischer Ebene ist eine "Passung" durch den Auf- bzw. Ausbau von regionalen Kooperationssystemen zwischen SfE, GHS und Einrichtungen der Jugendhilfe und auf interpersonaler Ebene durch die Bildung von Kooperationsteams (zwischen GHS-, Kooperationslehrern und Sozialpädagogen) möglich.

4. Bestandteil der "Passung" ist, daß die regionalen Kooperationssysteme und -teams einem abgestuften Kooperationskonzept mit unterschiedlichem Komplexitätsgrad der Beteiligung und der Intervention folgen.

4.1 Komplexitätsstufen der Beteiligung:

- Stufe 1 auf interpersonaler Ebene: Kooperationsdyade GHS- und Kooperationslehrer, auf organisatorischer Ebene: Kooperation innerhalb des Gesamtsystems Schule, aber zwischen GHS und SfE.
  Ziel: Bereitstellung oder Erschließung von zum angefragten Problem der GHS-Lehrer "passenden" Ressourcen des Gesamtsystems Schule.

- Stufe 2 auf interpersonaler Ebene: Kooperationstriade GHS-, Kooperationslehrer und Sozialpädagoge, auf organisatorischer Ebene: Kooperation sowohl innerhalb des Gesamtsystems Schule (SfE und GHS) als auch zwischen Gesamtsystem Schule und Jugendhilfe.
  Ziel: Bereitstellung oder Erschließung zum angefragten Problem des GHS-Lehrers "passenden" Ressourcen des Gesamtsystems Schule und/oder der Jugendhilfe (wenn die Mittel des Schulsystems alleine nicht oder nicht ausreichend passen).

- Stufe 3: Kooperation zwischen den beteiligten Systemen auf regionaler und überregionaler Ebene zur Reflexion und Koordination der Kooperation der Stufen 1 und 2.

4.2 Komplexitätsstufen der Intervention (auf den Dimensionen einzelfallbezogene und -übergreifende Maßnahmen):

- Stufe 1 (Mikroebene): auf die Person des Schülers oder GHS-Lehrers bezogene Interventionen, z.B. individuelle Beratung und Qualifizierung des Lehrers oder Diagnose und Förderung des Schülers.

- Stufe 2 (Mesosystemebene): auf die Person-Umfeld-Beziehung bezogene Interventionen, z.B. Unterrichtsbeobachtungen, kollegiale Fallbesprechungen für GHS-Lehrer oder Familienberatungen.

- Stufe 3 (Mesosystemebene): auf die Organisationen Schule oder Jugendhilfe bezogene Interventionen, z.B. Integration sonderpädagogischer Förderkonzepte oder kooperativer Unterrichtsformen wie Team-teaching in GHS.

- Stufe 4: Kombinationen der Stufen 1-3

5. Die integrationsfördernde Wirkung der Interventionen wird vermittelt durch personale (Motivation, Verhalten, Befindlichkeit, Kompetenz usw.),

interpersonelle (Interaktion, Beziehung z.B. zwischen Lehrer-Schüler, Lehrer-Lehrer) und strukturelle Variablen (Unterrichts- oder Förderkonzept, Kooperationskultur usw.) der personalen (GHS-, Kooperationslehrer, Jugendhilfemitarbeiter) bzw. sozialen Unterstützungssysteme (GHS, SfE, Jugendhilfeeinrichtungen).

5.2.3 Planung und Durchführung der ersten Evaluationsphase: Zwischenbilanzierung[68]

Wie im Hinblick auf den Entwicklungsaspekt unserer Arbeit fanden auch unsere Vorstellungen in Bezug auf die Planung und Umsetzung des Evaluationsauftrags bei den unterschiedlichen Projektbeteiligten insgesamt breite Zustimmung und Akzeptanz. Diese bezogen sich vor allem auf die Differenzierung in fünf regionale und in ein überregionales Kooperationssystem, auf die Durchführung regionaler und überregionaler Zwischenbilanzen als Daten-Surveys und auf eine multimethodale Datenerhebung unter Verzicht auf die Instrumente der teilnehmenden Beobachtung und der Verhaltensmessung bei Schülern zugunsten offener Interviews.

Eine anfängliche Skepsis gegenüber statistischen Erhebungen bestand jedoch bei einigen Kooperationslehrern in Bezug auf die (quantitative) Abbildbarkeit des komplexen Kooperationsgeschehens. Darüber hinaus befürchteten sie hohen Arbeitsaufwand mit der Statistik und eine möglicherweise mißbräuchliche Verwendung veröffentlichter Daten durch Dritte.

1.   Gemeinsame Fragebogenkonstruktion

Diese Skepsis konnte dadurch weitgehend abgebaut werden, daß wir die Kooperationslehrer gewinnen konnten, an der Konstruktion der Fragebögen mitzuwirken, damit sie selbst möglichst umfassend und valide quantitative Aspekte ihrer komplexen Arbeit dokumentieren und Einfluß auf den Umfang des Fragebogens und somit auch auf ihren Arbeitsaufwand nehmen konnten. Die Frage der mißbräuchlichen Verwendbarkeit von Daten ist im Rahmen wissenschaftlicher Forschung ein grundsätzliches Problem, über das wir diskutiert haben. Zum Schutze "sensibler" Daten wurde vereinbart, nur die Daten der Gesamtgruppe der Kooperationslehrer im Abschlußbericht zu veröffentlichen und die statistischen Daten der einzelnen Kooperationslehrer nur ihnen selbst zugänglich zu machen.

---

[68]   Die Fragebögen und Interviewleitfäden sowohl der Zwischen- als auch der Abschlußbilanz sind im WI-JHW einsehbar.

Bei der Konstruktion der Statistikbögen haben wir zunächst einen ersten erweiterten Entwurf (in Anlehnung an die Struktur der Jugendhilfestatistik des Statistischen Landesamts Stuttgart) als Vorlage für die Kooperationslehrer konzipiert. Dieser Erstentwurf sollte hypothetisch zur konkreten Arbeit der Kooperationslehrer passen, wie diese sie bislang vorgestellt und berichtet hatten. Aufgrund dieser Berichte und aus methodischen Erwägungen haben wir uns entschieden, die einzelfallbezogene und die fallübergreifende Arbeit getrennt voneinander zu erheben. Die beiden Entwürfe der Bögen wurden daraufhin an die Kooperationslehrer für einen ersten Probelauf versandt. Wir bekamen daraufhin viele nützliche Hinweise und Verbesserungsvorschläge, die wir fast alle aufnehmen konnten, so daß wir Anfang 1993 die endgültige Fassung der Statistikbögen samt Kommentierung vorlegen konnten, in die die Daten des Erstentwurfs übertragen wurden. Eine spätere geringfügige Korrektur bzw. Ergänzung der Statistikbögen (für die Abschlußbilanz) gab es durch Rückmeldungen im Rahmen der Zwischenbilanz.

Dimensionen des einzelfallbezogenen Fragebogens
1. Daten zur SfE und zum Kooperationslehrer
2. Rahmendaten der Kooperation (z.B. Zeitraum)
3. Anlaß/Anlässe der Kooperation[69]
4. Personale Daten des Schülers
5. Kooperationsformen und Zeitaufwand
6. Unmittelbar Beteiligte der Kooperation
7. Jugendhilfe- und schulische Maßnahmen
8. Bemerkungen

Dimensionen des einzelfallübergreifenden Fragebogens
1. Daten zur SfE und zum Kooperationslehrer
2. Rahmendaten der Kooperation (z.B. Zeitpunkt, Teilnehmer)
3. Kooperationsformen bezogen auf die GHS[70]
4. Kooperationsformen bezogen auf die Projektorganisation[71]

---

[69] Mit Anlässen sind hier Gründe gemeint, weswegen die GHS-Lehrer aus der Sicht der Kooperationslehrer die Beratung in Anspruch genommen haben - Mehrfachnennungen waren möglich. Die Nennungen stehen jedoch nicht für Diagnosekategorien. Eine Statistik über die Einzelfalldiagnostik wurde u.a. aufgrund fehlender standardisierter Kriterien nicht geführt.

[70] Sie dokumentieren Art, Zeitumfang und Anzahl der Teilnehmer an Veranstaltungen in und mit GHS.

[71] Sie dokumentieren Zeitumfang und Teilnehmeranzahl der Kooperationsformen zur Organisation und Koordination des Projekts und zur Qualifikation der Kooperationslehrer.

2. Festlegung der Gesprächsprotokollierung

Auch die Protokolle der regionalen und überregionalen Koordinationstreffen sollten zur Dokumentation des Verlaufs und der Ergebnisse der gemeinsamen Gespräche der Beteiligten verwendet werden. Die (überwiegende Verlaufs-)Protokollierung dieser Gespräche erfolgte auf Vorschlag der Beteiligten aus arbeitsökonomischen Gründen durch die wissenschaftliche Begleitung.

3. Wahl des Interviewverfahrens und Konstruktion eines -leitfadens

In Vorbereitung auf die 1. Erhebungsphase der Zwischenevaluation haben wir uns auf der Grundlage der ersten Erfahrungen und Rückmeldungen zum Aufbau der Kooperationsstrukturen und zur Anwendung des Kooperationskonzepts für die Durchführung halbstandardisierter, problemzentrierter Interviews (vgl. Lamnek, 1989, S.74 ff; Witzel, 1985, S.227 ff.) entschieden. Problemzentrierte Interviews gehören zu den Verfahren qualitativer Sozialforschung, mittels derer soziale Wirklichkeiten explorativ erfaßt werden können, um überhaupt erst zu theoretischen Konzepten zu kommen. Sie dienen daher der "*Genese von Theorien unter wissenschaftlicher Kontrolle*" (Lamnek, 1989, S. 61).

Soziale Wirklichkeiten werden dadurch erfaßt, in dem nach den subjektiven Bedeutungsmustern und Wirklichkeitsdefinitionen der in dieser Wirklichkeit Handelnden gefragt wird. Diese werden durch Techniken der Interpretation in Form von typisierten Aussagen (Paraphrasen) rekonstruiert[72].

In problemzentrierten Interviews kommen daher die Befragten möglichst frei zu Wort, wobei die Fragen des Interviewers auf eine bestimmte, vorher analysierte Problemstellung zentriert ist, auf die vor dem Interview hingewiesen wird. Dieses Problemfeld soll durch eine schrittweise Gewinnung und Prüfung von sprachlich gewonnenen subjektiven Informationen erschlossen werden (vgl. Witzel, 1982, S.72). Dafür wird ein Leitfaden formuliert, mit dem der Interviewer auf bestimmte Fragestellungen zum Problembereich hinführt, ansonsten aber offen auf die Antworten der Befragten reagiert.

Da die soziale Wirklichkeit des Kooperationsgeschehens im Modellprojekt "Lehrer/-innen befragen Lehrer/-innen" erst im Entstehen und theoretisch kaum zu beschreiben war, schien uns das problemzentrierte Interviewverfahren besonders geeignet, die Komplexität, Subjektivität und

---

[72] Mit solchermaßen typisierten Aussagen der Befragten könnten theoretische Konzepte über Konstellationen der sozialen Wirklichkeit abgeleitet werden, was aber nicht Auftrag und Gegenstand dieser Arbeit ist.

regionale Spezifität des Kooperationsgeschehens zu erfassen. Als "Problemstellung" interessierten uns vor allem. die qualitativen Aspekte der subjektiven Erfahrungen und Einschätzungen der Projektbeteiligten im Hinblick auf

a) den Aufbau der Kooperationsstrukturen (Strukturaspekt),
b) die Umsetzung des Kooperationskonzepts (prozessualer Aspekt) und
c) erste Einschätzungen bzgl. der Integrationswirkungen (Ergebnisaspekt),
die wir explorativ ermitteln wollten.

In der Vorbereitung und Gestaltung der Befragungssituation sowie der Konstruktion des Interviewleitfadens orientierten wir uns an den für halbstandardisierte, qualitative Interviews vorgeschlagenen Dimensionen und Prinzipien (vgl. Lamnek, 1989, S.60 ff.). Es sollten mündliche Einzelinterviews im Alltagskontext der Befragten (also in der Schule oder in Jugendhilfeeinrichtungen) im konkreten Gegenüber (face-to-face) mit weitgehend offenen (aber in Richtung auf die Problemstellung führende) Fragestellungen und "weichem" Interviewverhalten durchgeführt werden. Damit sollten die Prinzipien der Offenheit (Verzicht auf die Bildung expliziter Hypothesen ex ante), des Erzählens (Konzentration auf die subjektive Problemsicht der Befragten) und der Gegenstandsorientierung (Erfahrungen und Einschätzungen der Befragten) Anwendung finden. In diesem Sinne sollte das von den Projektbeteiligten Erzählte sowohl der frühzeitigen Generierung bzw. Modifizierung des Kooperationskonzepts als auch der Kooperationsstrukturen dienen.

Im Interviewleitfaden wurde nun ein Grundgerüst von fünf offenen, auf die Gegenstandsbereiche bezogenen Fragen konstruiert und mit spezifischeren Fragen angereichert, die dazu dienen sollten, den Erzählfluß der Interviewpartner anzuregen bzw. aufrechtzuerhalten. Darüber hinaus wurden zur Dokumentation des Interviewkontextes (z.B. möglicher Störeffekte) ein Postskriptfragebogen und zur Erleichterung des Gesprächseinstiegs sowie zur Erhebung biographischer Daten der Befragten ein standardisierter Kurzfragebogen entworfen.

Nach der Stichprobenziehung wurde ein Interviewprobelauf mit zwei GHS-Lehrern und Sozialpädagogen durchgeführt, die befragungsbereit, aber nicht in die Stichprobe gekommen waren. Die Rückmeldungen bestätigten die Anlage des Leitfadens - es wurden jedoch geringfügige Umformulierungen vorgenommen. Es zeigte sich, daß mit einem Zeitaufwand von 45 - 60 Minuten pro Interviewdurchlauf zu rechnen war.

4.   Festlegung der Befragungsadressaten und der Stichproben

Es wurden drei Befragungsadressaten festgelegt: die Gruppe der Kooperationslehrer, GHS-Lehrer und der Mitarbeiter der Jugendhilfe (vor allem der Allgemeinen Sozialen Dienste). Überlegungen, die Schulräte, GHS-Rektoren, Jugendamtsleitungen sowie Eltern und betroffene Schüler zu befragen, wurden aus unterschiedlichen (ökonomischen, datenschutz-rechtlichen, methodischen und vertrauensschützenden) Gründen fallenge-lassen[73]. Die Stichprobenfestlegung erfolgte nach folgenden Kriterien:

- Gesamterhebung aller 16 Kooperationslehrer
- Teilerhebung bei 16 GHS-Lehrern und 11 Sozialpädagogen mög-lichst von unterschiedlichen GHS bzw. ASD/Jugendhilfeeinrich-tungen

Die Ziehung der (geschichteten) Stichprobe erfolgte nach folgendem Ver-fahren:

- Auflistung der Namen der kooperierenden GHS und Jugendhilfe-einrichtungen durch die Kooperationslehrer
- Schriftliche und telefonische Kontaktaufnahme der wissenschaftli-chen Begleitung mit den GHS-Rektoren und Leitung der Jugendhilfe-einrichtungen zur Vorstellung des Projekts sowie der Elemente der vorgesehenen Zwischenbilanzierung, zur Abklärung formaler Voraus-setzungen für eine Befragung und zur Abklärung der Befragungs-möglichkeit und -bereitschaft von Lehrern und Sozialpädagogen im Rahmen schulischer/behördlicher Abläufe
- Erstellung von regionalen Listen der Namen der rückgemeldeten, befragungsbereiten Lehrern und Mitarbeitern der Jugendhilfe und konkreter regionaler Kooperationssubsysteme (Dyaden und Triaden)
- Ziehung einer Zufallsstichprobe aus diesen regionalen Kooperations-dyaden bzw. -triaden per Los
- Schriftliche und telefonische Kontaktaufnahme zu den ausgewählten Lehrern und Sozialpädagogen, um sie nochmals über das Zwischen-bilanzierungsverfahren und die -ziele zu informieren, offene Fragen zu klären und ein Interviewtermin auszumachen.

5. Durchführung der Befragung

Die Interviews wurden vom Verfasser dieser Arbeit und von einer vorher geschulten wissenschaftlichen Hilfskraft durchgeführt, die bereits bei der Erstellung des Interviewleitfadens mitgewirkt hat. Die Befragung lief nach folgenden Schritten ab:

- Herstellen einer vertrauensvollen Atmosphäre über ein "Warming up"
- Nochmalige, standardisierte Vorstellung des Interviewvorspannes

---

[73] Eine direkte Berücksichtigung der Einschätzungen der Schulräte und der Ju-gendamtsleitungen war durch die Miteinbeziehung der Protokolle der Koor-dinationstreffen, an denen sie beteiligt waren, gewährleistet.

- Vorlage des standardisierten Kurzfragebogens zur Erleichterung des Gesprächseinstiegs und zur Erhebung biographischer Daten; parallel dazu Aufbau des Aufnahmegerätes
- Standardisierter Intervieweinstieg mit der ersten Frage und Ermutigung zum Erzählen
- Ad-hoc-Fragen zu relevanten Themenbereichen, die der Befragte noch nicht gestreift hat
- Nach Beendigung des Interviews Aushändigung eines Gutscheins für ein "kooperatives Segeln" am Schluchsee mit Segelbooten des JHW und
- Ausfüllen des Postskriptfragebogens zum Kontext des Interviews durch den Interviewer in Abwesenheit des Befragten

Somit folgte sowohl die Vorbereitung als auch die Durchführung der Befragung in Anlehnung an das Ablaufmodell des problemzentrierten Interviews (Problemanalyse, Leitfadenkonstruktion, Pilotphase, Interviewdurchführung, Aufzeichnung; vgl. Mayring, 1993, S.48).

6. Auswertung der Daten

Entsprechend dem multimethodalen Aufbau des Untersuchungsplanes dieser ersten (Zwischen-) Evaluationsphase wurden die Daten der Erhebungen zum Stichtag 30.4.1994 wie folgt aufbereitet und ausgewertet.

a) Statistikbögen
Zur Auswertung kamen alle statistisch dokumentierten Aktivitäten der Kooperationslehrer im Zeitraum 9/92 - 4/94 im Rahmen des Projekts. Die eingesandten Fragebögen wurden zunächst auf Vollständigkeit der Angaben gesichtet. Unvollständige oder unklare Angaben wurden nach telefonischer Rücksprache so weit als möglich von uns ergänzt bzw. richtiggestellt. Erfaßte Kooperationsaktivitäten außerhalb des Projektrahmens (z.B. mit Kindergärten oder mit Förderschulen) kamen nicht zur Auswertung. Über die unsererseits vorgenommenen Veränderungen und Selektionen wurde ein Protokoll erstellt, so daß diese nachprüfbar und nachvollziehbar sind. Die statistisch-deskriptive Auswertung erfolgte computergestützt.

b) Interviews
Alle 43 problemzentrierten Interviews wurden in Anlehnung an die von Mayring (1993) im Rahmen einer qualitativen Inhaltsanalyse vorgeschlagenen Schritte aufbereitet und ausgewertet. Als Analysetechnik wurde das von Mayring vorgeschlagene Verfahren der "Zusammenfassung" angewandt, weil uns die manifeste, inhaltlich-thematische Seite der Aussagen

136

der Befragten interessierte, die wir eher empirie- als theoriegeleitet im Sinne unserer Fragestellung zusammentragen wollten (vgl. a.a.O., S. 72). In einer der Auswertung vorausgegangenen Aufbereitungsphase wurden die Interviews aus ökonomischen Gründen selektiv transkripiert, d.h. es wurden alle Inhalte, die augenscheinlich nicht zum Gegenstandsbereich der Befragung gehörten sowie Wiederholungen, Pausenfüller oder Zwischenlaute ausgelassen (vgl. a.a.O., S. 73).

Im nächsten Schritt untersuchten wir eine Stichprobe des Materials auf Aussagen zu den drei Gegenstandsbereichen (Initiierung/Implementation 1, Routinisierung 1, erste Effekte der Kooperation) und konstruierten ein deskriptives Kategorienschema mit zunächst systemtheoretisch abgeleiteten Kategorien und Unterkategorien, die wir während der Sichtung der Aussagen im Stichprobenmaterial in der Weise modifizierten und ergänzten, daß die empirisch gefundenen Aussagen zu den Gegenstandsbereichen diesen Kategorien zugeordnet werden konnten. In einem weiteren Schritt paraphrasierten wir die entsprechenden Aussagen aller Interviews und veränderten und ergänzten, wenn notwendig, das Kategoriensystem (vgl. Ablaufmodell der Konstruktion deskriptiver Systeme - in Mayring, 1993, S. 75). Die Paraphrasierung wurde jedoch so vorgenommen, daß der Kontext bzw. der Bezugspunkt der Aussagen erhalten blieb, um möglichst wenig Informationen zu verlieren.

Insgesamt kamen wir zu einer grundsätzlichen Unterscheidung der Kategorien von Aussagen, die sich auf die anfängliche Initiierung 1 der Kooperation und Implementation 1 des Konzepts und die sich auf bereits routinisierte Kooperationsabläufe = Routinisierung 1 bezogen (vgl. zyklisches Prozeßmodell, Kap. 4.4.3). Desweiteren gliederten wir die Kategorie "Kooperationserfahrungen" in förderliche und erschwerende Erfahrungen auf den unterschiedlichen Subsystem-Ebenen der regionalen Kooperationssysteme (personale und interpersonale Ebene sowie Ebene des Gesamtsystems).

Schlußendlich bestand das deskriptive Kategoriensystem aus folgenden 15 Kategorien (und 119 Unterkategorien):

1. Initiierung 1 und Implementation 1:
- Kooperationserfahrungen und -bedingungen
- Kooperationsproblemlösungen, Lösungsversuche, -ideen
- Kooperationsziele
- Kooperationseffekte
- Vorhandene Ressourcen
- Fehlende Ressourcen
- Sonstiges

2. Routinisierung 1:
- Veränderte Kooperationserfahrungen und -bedingungen seit der Initiierung/Implementation 1
- Kooperationserfahrungen und -bedingungen der Routinisierung 1
- Kooperationsproblemlösungen, Lösungsversuche, -ideen
- Kooperationsziele
- Kooperationseffekte
- Vorhandene Ressourcen
- Fehlende Ressourcen
- Sonstiges

Auf der Grundlage dieses Kategoriensystems wurden die von uns exzerpierten Paraphrasen nach bestimmten Regeln kodiert, die sich bei der Konstruktion der Kategorien aufgrund von Zuordnungsproblemen ergeben haben und anschließend (mit dem Textverarbeitungsprogramm Word) im Interviewtext hervorgehoben sowie verborgen formatiert. Die Kodierung wurde vom Autor und einer wissenschaftlichen Hilfskraft unabhängig voneinander vorgenommen und miteinander verglichen. Abweichungen wurden gemeinsam besprochen und bereinigt.

Die Kodierung der Paraphrasen umfaßte die Verschlüsselung a) der Unterkategorie und b) des Verzeichnisses (von Word), dem die entsprechende Unterkategorie zugeordnet wurde. Mit dieser Verzeichnisangabe konnten die (verborgen formatierten) Paraphrasen aus dem Interviewtext extrahiert, im Anschluß an den Text zusammengefaßt und nach den einzelnen Unterkategorien gegliedert und weiterverarbeitet werden.

Insgesamt ergaben sich folgende Auswertungsschritte der qualitativen Inhaltsanalyse als Zusammenfassung (in Anlehnung an Mayring, 1993):

Regionale Auswertung:
1. Paraphrasierungsdurchlauf 1 der Aussagen (Propositionen) der Gruppe der Kooperationslehrer der Region A zum Gegenstandsbereich
2. Kodierung der Paraphrasen der einzelnen Interviews der Gruppe der Kooperationslehrer der Region A
3. Zuordnung der Paraphrasen aller Interviews der Gruppe der Kooperationslehrer der Region A zu den einzelnen Unterkategorien
4. Paraphrasierungsdurchlauf 2: innerhalb der Unterkategorien verdichtete Zusammenfassung der Paraphrasen im Sinne einer Reduktion von Redundanz durch Selektion, Integration, Generalisierung, Bündelung von Propositionen oder Konstruktion globaler Paraphrasen aus mehreren, inhaltlich zusammengehörenden spezifischeren Paraphrasen (vgl. Mayring, 1993, S. 68 f.)

5. Dokumentation aller solcherart verdichteten und extrahierten Paraphrasen als kategorisierte Perspektive der Kooperationslehrer der Region A

6. Durchführung der Schritte 1-5 für die Gruppe der GHS-Lehrer und der Sozialpädagogen der Region A

7. Bei inhaltlich gleichem Bezugspunkt der verdichteten Paraphrasen der jeweiligen Befragungsgruppen: mehrperspektivischer (regionaler) Vergleich auf inhaltliche Gemeinsamkeiten und Unterschiede

8. Durchführung der Schritte 1-7 für die anderen 4 Regionen

Überregionale Auswertung:

1. Zusammenstellung der in der regionalen Auswertung im 2. Durchlauf verdichteten Paraphrasen aller Interviews der Gruppe der Kooperationslehrer innerhalb der Unterkategorien

2. Paraphrasierungsdurchlauf 3: innerhalb der Unterkategorien nochmalige Verdichtung der bereits (im Kontext der regionalen Auswertung) verdichteten Paraphrasen aller Interviews der Kooperationslehrer (siehe regionale Auswertung, Schritt 4)

3. Dokumentation aller solcherart nochmals verdichteten und extrahierten Paraphrasen als kategorisierte überregionale Perspektive aller Kooperationslehrer

4. Durchführung der Schritte 1-3 für die Gruppe aller befragten GHS-Lehrer und für die Gruppe aller befragten Sozialpädagogen

5. Bei inhaltlich gleichem Bezugspunkt der verdichteten Paraphrasen der jeweiligen Befragungsgruppen: mehrperspektivischer (überregionaler) Vergleich auf inhaltliche Gemeinsamkeiten und Unterschiede

Die im Kontext der Interviews erfaßten Daten zu den Rahmenbedingungen der Interviews (Postskriptfragebogen) und zur Person der Befragten wurden aus ökonomischen und Gründen mangelnder Relevanz (es kam in keinem Interview zu nennenswerten beeinträchtigenden Störungen oder Vorfällen) nicht ausgewertet.

c) Protokolle

Alle Protokolle der 38 regionalen und überregionalen Koordinationstreffen, die bis zum Stichtag der Zwischenbilanzierung stattfanden, wurden ebenfalls inhaltsanalytisch im Sinne einer Analyse der Thematisierungen ausgewertet. Uns interessierten alle Themen, die in diesen Koordinationstreffen behandelt wurden und der Verlauf der weiteren Themenbehandlung in den folgenden Treffen bis zum Stichtag der Zwischenbilanzierung. Daher erstellten wir kein theoriebezogenes Kategoriensystem, sondern extrahierten die angesprochenen Thematisierungen direkt aus dem Textmaterial und ordneten sie bestimmten zusammengehörenden Themenbereichen zu.

Auswertungsschritte:

1. Paraphrasierung der in den Treffen behandelten Thematisierungen und regionale bzw. überregionale Auflistung in Themenbereichen
2. Dokumentation des Verlaufs und des Ergebnisses der Themenbehandlung (im Längsschnitt) und Auflistung der a) gelösten/geklärten und b) offengebliebenen/ungeklärten Themenbereiche für jede Region bzw. überregional

7. Zwischenbilanzierung als Daten-Feedback zur Weiterentwicklung der Kooperation

Die regionalen und überregionalen Auswertungsergebnisse der unterschiedlichen Datenquellen wurden von uns zusammengestellt und im Rahmen der entsprechenden Zwischenbilanztreffen im Zeitraum zwischen Juni und Juli 1994 als Daten-Feedback an die Beteiligten rückgemeldet. Dafür haben wir aus den umfangreichen qualitativen Ergebnissen der Auswertungen der Protokolle und Interviews jene selektiert, die unseres Erachtens sowohl für den Entwicklungs- als auch für den Evaluationsaspekt der Zwischenbilanz von größerer Bedeutung waren.

Für die Zwischenevaluation focussierten wir vor allem jene Aussagen, die sich auf kooperationsförderliche bzw. -erschwerende Faktoren bezogen. Solche Aussagen faßten wir aus der jeweiligen Perspektive der befragten Gruppen (Kooperations-, GHS-Lehrer und Sozialpädagogen) zusammen, so daß wir Gemeinsamkeiten und Unterschiede der Perspektiven dokumentieren konnten (vgl. Kap. 6.1.1, 6.1.2).

Für die (Weiter-)Entwicklung des Projekts gaben wir aus den Aussagen zu Problemlagen und Problemlösungsideen der Projektbeteiligten (vgl. entsprechende Kategorie im Auswertungsschema der Interviews und Protokolle) entsprechende Anregungen wieder (vgl. Kap. 6.1.3). Sie dienten als Impulse zur Modifikation unterschiedlicher Elemente der regionalen Kooperationsstrukturen und -konzepte in der Stabilisierungsphase.

Die Rückmeldungen in Bezug auf den Entwicklungs- und Evaluationsprozeß der wissenschaftlichen Begleitung waren insgesamt erfreulich positiv. Im Hinblick auf die Datenerhebung und -rückmeldung wurden von einigen wenigen Beteiligten folgende kritische Punkte angesprochen, die von anderen Beteiligten allerdings nicht geteilt wurden:

• Eine Offenlegung verdeckter Konflikte zwischen Beteiligten im Rahmen der relativ öffentlichen regionalen Zwischenbilanztreffen wurde als problematisch erlebt, da ein Teil der Betroffenen (trotz

Einladung) nicht anwesend und zu wenig Zeit vorhanden war, diese Konflikte im Rahmen der Zwischenbilanztreffen zu besprechen.

- Durch den relativ langen Zeitraum zwischen Interview und Zwischenbilanzierung haben einige der angesprochenen Konflikte an Aktualität verloren.
- Trotz oder gerade wegen der positiv bewerteten Stimmigkeit in der Wiedergabe der anonymisierten Aussagen konnten teilweise die Urheber einzelner Passagen, die sich auf unverwechselbare Einzelfälle bezogen, von den Beteiligten identifiziert werden.
- Teilweise mangelnde Repräsentativität aufgrund der relativ kleinen Stichprobenzahl vor allem in der Region mit hoher Kooperationsbeteiligung (Lörrach) und aufgrund der Einzelfallbezogenheit vieler Aussagen.
- Mangelnde Berücksichtigung der Perspektiven der Schulräte.

Trotz der Unterschiedlichkeit in den Bewertungen der Rückmeldungen der Projektbeteiligten fanden die genannten Kritikpunkte weitgehend Berücksichtigung bei unseren weiteren Entwicklungsaktivitäten und in der Planung der 2. Evaluationsphase.

Die wesentlichen Funktionen dieser Zwischenbilanzen bestanden somit in einer (induktiven) Generierung der Kooperationskonzepte und -strukturen (durch Kategorisierung) und deren (deduktiver) Modifizierung (durch Ableitung neuer Ideen für die weitere Praxis).

5.2.4 Planung und Durchführung der zweiten Evaluationsphase: Abschlußbilanzierung

Die Ziele der 2. Untersuchungseinheit bestanden wiederum in der Dokumentation der Ergebnisse der weiteren Projektentwicklungsschritte im Anschluß an die Zwischenbilanzierungen sowie in der Bewertung des Kooperationsmodells im Hinblick auf dessen hypothetisierte integrationsfördernde Wirkung bzw. hypothetisierten Wirkvariablen.

Die Planung und Durchführung dieser abschließenden Evaluation zur Erreichung der genannten Untersuchungsziele erfolgten, wie zur Zwischenbilanzierung, auf der Basis der drei Datenquellen: Statistik, Protokolle und Interviews. Als entsprechende Form der Befragung bot sich das focussierte Interview an, mit dem, noch stärker als mit problemzentrierten Interviews, auf den Befragungsgegenstand, also auf die subjektiven Einschätzungen von Projektbeteiligten im Hinblick auf Kooperationseffekte abgezielt (focussiert) werden kann (vgl. Lamnek, 1989, S. 78; Merton & Kendall, 1984, S. 171). Zur Erhebung einer Gesamteinschätzung der Befragten im Hinblick auf die hypothetisierte Integrativität und zur Frage einer möglichen Fortführung des Kooperationsmodells über den Modellzeitraum hinaus bauten wir am Ende der Interviews entsprechende geschlossene Fragen ein, die wir quantitativ auswerteten.

Mit den Interviews konnten wir somit eine zusammenfassende Darstellung der subjektiven Einschätzungen von Projektbeteiligten zu den Effekten der Kooperation erreichen, jedoch mit dem weiteren Unterschied, daß wir die Aussagen zu den einzelnen Effektbereichen zusätzlich zur qualitativen Auswertung auszählten. Mit dieser Auszählung standen uns quantitativ ermittelte Selektionskriterien zur Verfügung, mit denen wir eine tendenziell gewichtete Darstellung der Effektbereiche vornehmen und diese in einem strukturierten Überblick zusammenstellen konnten. Sie diente jedoch nicht einer qualitativen Bewertung im Sinne einer Auf- oder Abwertung der Effekte.

1. Modifikation des Evaluationskonzepts

Die Planung und Durchführung der 2. Untersuchungseinheit ähnelte der des Zwischenbilanzierungsverfahrens. Wie bereits erwähnt kam es aufgrund einiger kritischer Rückmeldungen zum Zwischenbilanzierungsverfahren und aufgrund der Verschiebung der Schwerpunktsetzung auf den Bereich der Evaluation der Integrationseffekte insgesamt zu folgenden Modifikationen des Untersuchungsplans:

Zum Interview:
- Beschränkung und Focussierung des Gegenstandsbereichs der Befragung auf die Frage der Einschätzung der Integrationswirkung und der Wirkvariablen des Kooperationskonzepts
- Verwendung dafür geeigneter "focussierter" Interviews
- Quantitativ- und qualitativ-inhaltsanalytische Auswertung der Interviews
- Verzicht auf die Erfassung weiterer biographischer Daten der Befragten und des Postskripts bzgl. Interviewkontextes
- Angebot der Alternative: face-to-face- oder Telefoninterview (aus ökonomischen Gründen)

Zu den Statistikbögen
- Aus Gründen der internen Logik: Umgruppierung der Unterkategorie "Gruppenförderung" der Kategorie "Kooperationsformen" im einzelfallbezogenen Statistikbogen der Zwischenbilanzierung in die Kategorie "Kooperationsformen in und mit GHS" im revidierten einzelfallübergreifenden Statistikbogen der Abschlußbilanzierung
- Zusätzliche Erhebung des Umfangs und Zeitraums der Projektbeteiligung der GHS mittels eines neukonstruierten Fragebogens für die beteiligten Jugendämter und SfE

Zu den Befragungsadressaten und Stichproben

- Erweiterung der Befragungsgruppen: zusätzliche Befragung von Schulräten, GHS-Rektoren und Jugendamtsleitern, damit Vergrößerung der Stichproben von 43 auf 49 Befragte

Zu den Stichtagen der Untersuchung

Da die Projektlaufzeit offiziell am 31.8.1995 endete und somit in die Schulsommerferien fiel, nahmen wir die Abschlußbilanzierungen noch vor den Ferien vor. Daher wurde die 2. Untersuchungseinheit in zwei Abschnitte unterteilt.

- Dokumentation der Ergebnisse der Interviews, Protokolle und der Statistik zum Stichtag 31.5.1995 in der Abschlußbilanz im Rahmen der regionalen und überregionalen Projektabschlußtreffens im Juni 1995 (also noch vor den Schulsommerferien).
- Nacherhebung der Statistik zur Kooperationsarbeit im Zeitraum zwischen 31.5.1995 und Ende des Schuljahrs (31.7.1995). Dokumentation der gesamten Ergebnisse der Interviews, Protokolle und der Statistik im Projektabschlußbericht[74].

2. Konstruktion der Interviewleitfäden

Der Interviewleitfaden für die jeweiligen Befragungsgruppen bestand aus zwei Teilen. In der standardisierten Einleitung wurden auf die Vorinformationen und Zielsetzung des Interviews Bezug genommen, noch offene Fragen geklärt und auf das Interviewthema hingeführt. Im 2. Teil wurde ein Grundgerüst an Fragen konstruiert, das aus Einstiegsfragen, Differenzierungsfragen sowie einer abschließenden Bewertung des Gesamtprojekts (durch die Befragten) bestand und mit spezifischeren Fragen angereichert wurde. Insgesamt unterschieden wir bei den spezifischeren Fragen, ob beim Befragten Erfahrungen mit nur einer oder mit mehreren Kooperationsformen vorlagen, so daß wir die Aussagen gegebenenfalls mit bestimmten Kooperationsformen in Verbindung bringen konnten. Diese Unterscheidung wurde nicht im Leitfaden für die Schulräte vorgenommen, da sie selbst über keine eigenen praktischen Erfahrungen mit konkreten Einzelfallkooperationen oder -formen vor Ort, jedoch über viele Informationen (aus zweiter Hand) zur Kooperation insgesamt verfügten.

Die Einstiegsfragen umfaßten Fragen nach den (allgemeinen) Effekten der Kooperationsform(en) für die (Zielgruppen der Kooperation) GHS-Lehrer, Schüler und Eltern sowie Fragen nach durchgeführten Umschu-

---

[74] Die in der vorliegenden Arbeit dokumentierten Ergebnisse der 2. Untersuchungsphase (vgl. Kap. 6.2) beziehen sich auf den Gesamtzeitraum, also auf den Stichtag 31.7.1995.

lungen von Schülern in eine Sonderschule und der Einschätzung ihrer Vermeidbarkeit.

Im Rahmen der Differenzierungsfragen interessierten uns mögliche Zusammenhänge zwischen den in der Einstiegsfrage geäußerten Kooperationseffekten und der Zielsetzung der Kooperation, der Verhinderung vermeidbarer Sonderbeschulungen.

In einer abschließenden Bewertung fragten wir nach einem Gesamturteil zur Eignung des Kooperationsmodells im Hinblick auf die Zielsetzung und danach, ob die Kooperation über den Modellzeitraum hinaus fortgeführt werden sollte.

Für die Durchführung des Interviews war ein Zeitaufwand von 20-30 Minuten vorgesehen.

3. Vorbereitung und Durchführung der Befragung

Für die Befragung wurden folgende Zielgruppen bestimmt:
- Gesamterhebung aller (mittlerweile) 15 Kooperationslehrer[75] und aller 3 Schulräte für Sonderschulen der Staatlichen Schulämter der am Projekt beteiligten Schulamtsbezirke
- Teilerhebung bei 21 GHS-Lehrern bzw. -Rektoren und 10 Sozialpädagogen bzw. Leitern möglichst unterschiedlicher GHS und ASD bzw. anderen Jugendhilfeeinrichtungen

Das Verfahren der (geschichteten) Stichprobenziehung entsprach dem der 1. Untersuchungseinheit (vgl. Kap. 5.2.3).

Die Interviews wurden vom Autor und von zwei vorher geschulten wissenschaftlichen Hilfskräften durchgeführt, die bereits bei der Erstellung der Interviewleitfäden mitwirkten. In einem telefonischen Abklärungs- und Terminierungsgespräch wurde eruiert, über welche Kooperationsformenerfahrungen die Befragten verfügten und ob sie ein face-to-face- oder Telefoninterview wünschten. Die Befragung selbst erfolgte auf der Grundlage der entsprechenden Leitfäden sowie der Entscheidung der Interviewpartner in Bezug auf das Verfahren (face-to-face- oder Telefoninterview) und glich ansonsten dem der 1. Untersuchungseinheit (vgl. Kap. 5.2.3).

4. Auswertung der Daten

Auch die Auswertungsverfahren der Statistikbögen und der Protokolle entsprachen denen der 1. Untersuchungseinheit (vgl. Kap. 5.2.3). Zur Auswertung kamen somit alle Kooperationsaktivitäten der Kooperations-

---

[75] Aus Kapazitätsgründen reduzierte die Klinikschule kurz vor der Zwischenbilanzierung ihr Kooperationslehrerteam von 3 auf 2 Lehrer.

lehrer im Zeitraum 9/92 - 7/95 im Rahmen des Projekts (Aufbau- und Stabilisierungsphase) und alle Protokolle der insgesamt weiteren 23 regionalen und überregionalen Koordinationstreffen seit der Zwischenbilanzierung (Stabilisierungsphase). Zusätzlich statistisch-deskriptiv ausgewertet wurden die Fragebögen zum Umfang und Zeitraum der Projektbeteiligung der GHS. Das Auswertungsverfahren der Interviews wurde um einen quantitativen Teil erweitert. Der qualitativ-inhaltsanalytische Teil hingegen entsprach weitgehend dem der 1. Untersuchungseinheit (vgl. Kap. 5.2.3).

a) Auswertungsmodell der Interviews

Den Ausgangspunkt unserer 2. Untersuchung bildete die Hypothese, daß durch eine systematische Kooperation zwischen GHS-, Kooperationslehrern und Fachkräften der Jugendhilfe die Integration verhaltensauffälliger Schüler in GHS unterstützt und damit vermeidbare Umschulungen in eine SfE verhindert werden konnten[76]. Darüber hinaus interessierte uns, über welche Variablen eine mögliche Integrationsförderung vermittelt wurde[77] sowie das Gesamturteil der Befragten zur Integrativität und Fortführung/Beendigung der Kooperation.

Nachdem wir die Interviews wiederum selektiv transkribiert und auf Effektaussagen hin gesichtet hatten, wurde uns klar, wie schwierig es werden würde, einzelne Effektkategorien voneinander abzugrenzen, da diese in vielfache Zusammenhänge eingebettet oder Teile ganzer Effektketten waren, die offensichtlich miteinander in Wechselwirkung standen.

Zur Verdeutlichung ein Beispiel, wie es häufig von GHS-Lehrern auf die Frage, was ihnen die Kooperation gebracht habe, geäußert wurde: " *(...) durch den Kooperationslehrer habe ich einen wichtigen und neutralen Ansprechpartner gefunden, der mir wichtige Tips gegeben hat, wie ich mein Verhalten den Schülern gegenüber verändern kann. Die Tips habe ich umgesetzt und der betroffene Schüler ist ruhiger geworden - seither geht es mir wesentlich besser".*

An diesem Beispiel ist ersichtlich, wie viele Einzeleffekte in einer solchen Aussagenkette miteinander verknüpft sein können:

- *Ansprechpartnerschaft mit neutraler Außenperspektive*
- *Wichtige Verhaltenstips gegenüber Schülern*
- *Verhaltensveränderung des Lehrers und Schülers*
- *Befindlichkeitsverbesserung des Lehrers*

---

[76] Summative Evaluation (vgl. u.a. Wittmann, 1985)
[77] Formative Evaluation (vgl. a.a.O.)

Zur systematischen Darstellung solcher Effekte haben wir nun das folgende Auswertungsmodell auf der Grundlage der effektbezogenen Aussagen der Befragten entwickelt:

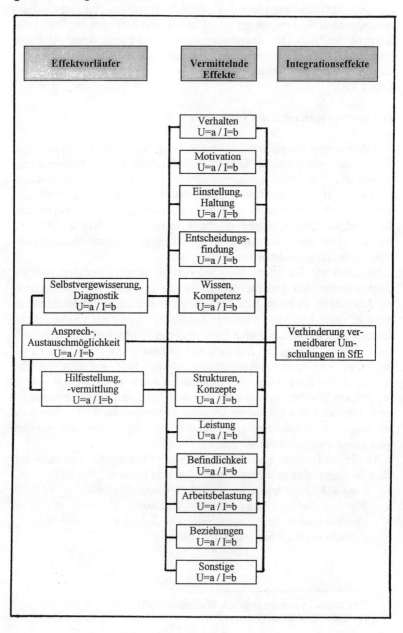

Die Kategorien: Ansprech-, Austauschmöglichkeit / Selbstvergewisserung, Diagnostik / Hilfestellung, -vermittlung der 1. Spalte können als **"Effektvorläufer"** verstanden werden, da sie bereits implizit im Kooperationsangebot enthalten sind und somit noch keine genuinen Effekte darstellen[78]. Die **vermittelnden Kooperationseffekte**, die wir bei Auswertung der Interviews fanden, sind in der 2. Spalte aufgeführt. Sie umfassen personale Effekte bei Lehrern, Schülern und Eltern (wie z.B. Befindlichkeit oder Verhalten), interpersonale und interinstitutionelle Effekte (wie z.B. Beziehungen zwischen Lehrern und Schülern oder GHS und Jugendamt) sowie intrainstitutionelle Effekte (wie etwa Veränderungen der Struktur oder Unterrichtskonzepte bei GHS). In der letzten Spalte sind die eigentlich **genuinen Integrationseffekte** aufgeführt, von denen wir eine Kategorie im Sinne der primären Zielsetzung des Projekts, also der Verhinderung vermeidbarer Umschulungen in eine SfE bestimmt und als "Verbleib des Schülers in einer GHS" operationalisierten.

Bei allen Kategorien wurden weitere Differenzierungen vorgenommen. Zum einen wurden allgemeine, **(integrations-)unspezifische** Effekte der Kooperation von **integrationsspezifischen** Effekten unterschieden, gemäß der in den Interviews gezielt gestellten Frage, welche der genannten Kooperationseffekte einen direkten Einfluß auf die Integration gehabt hätten. Letztere wurden als integrationsspezifisch (also entweder als integrationsförderlich bei positiver und als integrationserschwerend bei negativer Bewertung) kodiert. Die im obigen Auswertungsschema mit angegebenen Zahlen a und b entsprechen der Häufigkeit der Nennungen der jeweiligen Effektkategorie auf den Dimensionen: **U** = (Integrations-)Unspezifische Effekte und **I** = Integrationsspezifische Effekte.

Zum zweiten konnten selbstverständlich sowohl **positive** als auch **negative** Effekte benannt werden, die in der Auswertung dann entsprechend kodiert wurden. So können sich z.B. *GHS-Lehrer durch den Kooperationslehrer kontrolliert und bewertet* (negativer Effekt) *anstatt unterstützt und angeregt fühlen* (positiver Effekt). Wie die Auswertung aller Interviews jedoch gezeigt hat, berichteten fast alle Befragten überwiegend von positiven unspezifischen und positiven integrationsspezifischen (=integrationsförderlichen) Effekten, obwohl wir ungerichtet fragten.

Neben diesen effektbezogenen Kategorien bestand das Auswertungsschema aus weiteren Kategorien, die sich entweder aus der Fragestellung

---

[78] Z.B. beinhaltet eine Einzelfallberatung in der Regel eine *Ansprechmöglichkeit* und ist mit dem *Angebot einer Hilfestellung oder -vermittlung* verbunden. Wir haben uns aber trotzdem entschlossen, diese Effektvorläufer zusammen mit den vermittelnden Effektvariablen zu systematisieren, weil in vielen Interviews geäußert wurde, daß diese Effektvorläufer für das Projektziel der Integration bedeutsam i.S. von integrationsförderlich bzw. -erschwerend gewesen seien.

(z.B. Gesamturteil, Fortführung/Beendigung der Kooperation) oder aus Themen ergaben, die durch die relativ offene Anlage des Interviews auch ohne entsprechende Frage angesprochen wurden und unseres Erachtens vor allem für den Aspekt der Projektentwicklung so relevant erschienen, daß wir sie mit auswerten wollten (z.B. integrationsbeeinflussende Ausgangsbedingungen, Perspektivische Anregungen). Insgesamt kamen wir daher zu folgenden Kategorien/Unterkategorien:

1. für die qualitativ-inhaltsanalytische Auswertung:
- Positive/negative, unspezifische/integrationsspezifische **personale** Effekte/Effektvorläufer bei GHS-Lehrern bzw. -Rektoren, Schülern, Eltern, Kooperationslehrern und Jugendhilfemitarbeitern
- Positive/negative, unspezifische/integrationsspezifische **interpersonale** und **interinstitutionelle** Beziehungseffekte zwischen den beteiligten Personen bzw. Organisationen
- Positive/negative, unspezifische/integrationsspezifische **intrainstitutionelle** Effekte bei den beteiligten Organisationen
- **Sonstige** positive/negative, unspezifische/integrationsspezifische Effekte
- **Perspektivische Ideen, Anregungen** (zur Fortsetzung der Kooperation)
- **Integrationsbeeinflussende Ausgangsbedingungen** (vor Beginn der Kooperation)

2. für die quantitativ-inhaltsanalytische Auswertung:
- Durchgeführte, anstehende, verhinderte oder zu spät erfolgte **Sonderbeschulungen**
- **Gesamturteil** zur Integrationswirksamkeit der Kooperation
- **Fortführung** der Kooperation

Zur Vereinheitlichung der Kodierung der Aussagen wurde ein Leitfaden mit Ankerbeispielen für die einzelnen Kategorien entwickelt und die Kodierung durch 2 Personen unabhängig voneinander vorgenommen und abgeglichen.

Das regionale und überregionale qualitativ-inhaltsanalytische Auswertungsverfahren entsprach nun weitgehend dem der 1. Untersuchungseinheit (vgl. Kap. 5.2.3), so daß es an dieser Stelle nicht mehr wiederholt aufgeführt wird. Der quantitative Teil der Auswertung bestand darin, die Häufigkeitsbesetzung der Kategorien aus den einzelnen Interviews überregional auszuzählen. Inhalts- und kontextredundante Aussagen innerhalb eines Interviews wurden unabhängig davon, ob sie als integrationsspezifisch oder -unspezifisch kodiert wurden, vor der Auszählung zusammengefaßt und als eine Effektaussage gewertet, um Redundanzen zu eliminieren. Befand sich unter den zusammengefaßten redundanten Aussagen eine, die als integrationsspezifisch kodiert war, so wurden die zusammengefaßten Aussagen als eine integrationsspezifische Aussage gewertet (vgl. nachfolgendes Beispiel)[79].

b) Auswertungsbeispiel

Nachfolgend wird ein typisches Beispiel der qualitativ inhaltsanalytischen Auswertung von Aussagen dreier Kooperationslehrer aufgeführt, die der Kategorie: Positive Befindlichkeitsveränderung der GHS-Lehrer (Kodierung: U/1g = integrationsunspezifische Befindlichkeitsveränderung bzw. I/1g = positive integrationsspezifische oder integrationsförderliche Befindlichkeitsveränderung) zugeordnet wurden.

Für die quantitative Auszählung der Effektkategorien wurden beispielsweise die beiden Aussagen des Kooperationslehrers 2 nur einmal bewertet, weil in beiden Aussagen die Entlastung der GHS-Lehrer angesprochen wurde und dies für die Kategorie "positive Befindlichkeitsveränderung" maßgeblich ist, unabhängig von der Kooperationsform Einzelfallberatung oder Fallbesprechungsgruppe.

5. Abschlußbilanzierung als Daten-Feedback

Die Ergebnisse der regionalen und überregionalen Abschlußbilanzierung wurden in entsprechenden Projektabschlußtreffen im Sommer 1995 vorgestellt und diskutiert. Diese Diskussion mündete in die Thematisierung der Bereitschaft und Voraussetzungen einer Fortführung der Kooperation über die Modellphase hinaus. Desweiteren galt es für uns als wissenschaftlicher Begleitung, von den Projektbeteiligten Abschied zu nehmen und für die konstruktive und vertrauensvolle Zusammenarbeit zu danken.

---

[79] Der Grund hierfür besteht darin, daß in den Interviews durch die abschließende Frage, welche der genannten Effekte der Befragte als integrationsspezifisch einstuft, aus einigen der angeführten (und von uns als unspezifisch kodierten) Effekte integrationsspezifische Effekte wurden.

Beispiel: Auswertung von Aussagen von Kooperationslehrern zur Kategorie: "Positive Befindlichkeitsveränderung bei GHS-Lehrern"

	Interviewaussagen	Paraphrasierung 1 und Codierung	Paraphrasierung 2: Zusammenfassung
Koopera-tions-lehrer 1	*Aber ich denke so insgesamt so die Stärkung ja dieser (...) ja diese entlastende Wirkung einfach oder auch mal so diesen Grundtenor, den ich auch versucht habe, immer ein Stück reinzubringen, also, daß wir nicht die totalen Rezepte haben und ja "die Retter der Welt" sozusagen sind (lacht).	U/1g Für die GHS-Lehrer hatte es eine entlastende Wirkung, vom Kooperationslehrer zu hören, daß sie nicht die Retter der Welt sein müssen.	U/1g Fallbesprechungsgruppe und Einzelfallberatung hatten für GHS-Lehrer entlastende Funktion, z.B. zu hören, nicht der "Retter der Welt" sein zu müssen, oder ein Gespräch nicht nur zwischen Tür und Angel führen zu können.
Koopera-tions-lehrer 2	* Also, die Fallbesprechungsgruppe hat so in der Zeit, in der ich es jetzt gemacht habe, so nach meiner Einschätzung ein immer einen höheren Stellenwert bekommen (...). Am Anfang war sicherlich eine so gewisse Skepsis oder eine ganz natürliche Unkenntnis auch da, was soll da überhaupt passieren (...) und um so beachtlicher war es dann, daß sich dann doch letztendlich etwa das halbe Kollegium darauf einließ und ich denke mal im Laufe der Arbeit hat sich das zu seinem Ort entwickelt, wo dieser Teil des Kollegiums also zunächst mal durchatmen konnte, also das war mir immer ganz präsent, also das war immer so nach der Unterrichtssituation, so bis über Mittag rein. Also erstmal hinsitzen und einfach mal zu wissen, so hier habe ich jetzt mal einen Moment für mich in einer ruhigen Atmosphäre, wo ich mich jetzt außerhalb der schulischen Hektik zwischen Tür und Angel, Pause oder so mit anderen austauschen kann, über das, wie es mir im Moment geht in der Schule. Also diese entlastende Funktion, die situativ entlastende Funktion mal zunächst.	U/1g Nach anfänglicher Skepsis hatte die Fallbesprechungsgruppe für die GHS-Lehrer eine entlastende Funktion und bot die Möglichkeit zum Austausch in einer entspannten Atmosphäre.	

	Interviewaussagen	Paraphrasierung 1 und Codierung	Paraphrasierung 2: Zusammenfassung
Koopera-tions-lehrer 2	* Ich glaube, daß die Effekte bei den beratenen Lehrern insgesamt gut sind. Sowohl in ihrer subjektiven Wahrnehmung, das ist mir jedenfalls so rückgemeldet worden, daß es sie entlastet hat, überhaupt sprechen zu können. Nicht zwischen Tür und Angel nur ein Kind kurz anzusprechen, sondern sich auf ein Gespräch von einer Stunde oder über mehrere Wochen einzulassen. Das war vielen Lehrern neu, diese Erfahrung und wurde als angenehm von ihnen empfunden.	U/1g Die Einzelfallberatung hat die Lehrer entlastet, indem sie sich auf ein Gespräch nicht nur zwischen Tür und Angel einlassen konnten, was vielen Lehrern neu war und als angenehm empfunden wurde.	
Koopera-tions-lehrer 3	* Also, was ich positiv, sehr positiv einschätze sind diese Fallbe-sprechungsgruppen (...). Ich glaube da ist für die beteiligten Lehrer die Fragestellung eine ganz andere. Da bringt der Lehrer einen Fall, weil er ihn belastet und will da einfach von einem gewissen Druck entlastet werden. Wenn das gut läuft, dann stärkt das natürlich auch die Bereitschaft den Schüler, der oder die Ursache war oder an dem sich halt der Frust festgemacht hat, den auch zu behalten und mit dem auch weiter umzugehen.	I/1g Der Kooperationslehrer schätzt die Fallbesprechungs-gruppe als positiv ein, da sie die Lehrer von ihrem Druck oder Frust entlasten kann und in der Folge die Bereitschaft gestärkt wird, Schüler zu hal-ten.	I/1g Der Koopera-tionslehrer schätzt die Fallbesprechungs-gruppe als positiv ein, da sie die Lehrer von ihrem Druck oder Frust entlasten kann.

6 Ergebnisse der evaluativen Untersuchungen

Im folgenden dokumentieren wir die wesentlichen überregionalen Ergebnisse unserer evaluativen Untersuchungen im Rahmen der Zwischen- und Abschlußbilanzen.

6.1 Wesentliche Ergebnisse der überregionalen Zwischenbilanz (Aufbauphase)

Die nun folgenden Ausführungen sind Ausschnitte aus der überregionalen Zwischenbilanzierung vom Juni 1994 und repräsentieren vor allem die aus den Interviews und Protokollen extrahierten subjektiven Erfahrungen und Einschätzungen der Projektbeteiligten[80].

Aus der Fülle der im Detail vorliegenden qualitativen Ergebnisse geben wir im folgenden nur jene zusammengefaßt wieder, die sich auf zentrale Aussagen zu den kooperationsfördernden und -erschwerenden Erfahrungen in der Aufbauphase des Projekts bezogen oder die Hinweise bzw. Anregungen zu Entwicklungsperspektiven für die zweite Projekthälfte, also für die Stabilisierungsphase gaben.

6.1.1 Einstiegsdeterminierende Probleme und deren Bewältigung

Die Projekteinstiegsvoraussetzungen waren regional sehr unterschiedlich (vgl. Kap. 5.1.2). Aus den Protokollen und Interviews im Rahmen der Zwischenbilanz ließen sich jedoch bestimmte, den weiteren Entwicklungsprozeß des Projektes determinierende regionenunspezifische kooperationsfördernde und insbesondere -erschwerende Faktoren der Initiierungs- und Implementationsphase 1 erkennen:

1. Wechselseitige, persönliche und institutionelle Vorerfahrungen der Beteiligten vor Projektbeginn

---

80 Auf die explizite Darstellung der Ergebnisse der Zwischenbilanzstatistik wird in dieser Arbeit verzichtet, da sie in dieser Projektphase von nachrangiger Bedeutung waren. Die Zwischenbilanzergebnisse wurden jedoch in die Abschlußstatistik übernommen, die in Kap. 6.2.3 dokumentiert wird.

2. Inhaltliche Unbestimmtheit bzw. Offenheit des Kooperationskonzeptes seitens der Projektträger
3. Unklarheiten in bezug auf den offiziellen Status des Projektes bei allen Beteiligten
4. Unsicherheiten bezüglich der Halbdeputate bzw. Ergänzungsstunden für die Sonderschullehrer und bezüglich der Bestimmung des Umfangs ihres Kooperationsengagements
5. Erschwernisse bei der Organisation der Kooperation innerhalb und zwischen den Institutionen
6. Informationsdefizite bei GHS über Umfang, Inhalte und Abrufverfahren der Kooperation sowie über Jugendhilfe
7. Fehlende bzw. ungenügende Einbeziehung der GHS-Lehrer in die regionale Konzeptentwicklung
8. Unklarheiten über die Position der Jugendhilfe im Projekt und begrenzte Mitwirkungskapazitäten

Diese einstiegsdeterminierenden Probleme bedingten und verstärkten sich wechselseitig. Ihre Bewältigung stellte vor allem für die im Zentrum des Konzepts stehenden Kooperationslehrer eine große Anfangsherausforderung dar. In dieser Hinsicht formulierten die Beteiligten Anregungen bzw. Problemlösungsideen für die weitere Projektentwicklung, die im folgenden ebenfalls wiedergegeben werden.

Aufgrund der inhaltlichen Unbestimmtheit und Offenheit des Kooperationskonzepts mußten die Kooperationslehrer zunächst einmal für sich selbst klären, wer aus ihrem Kollegium der SfE für die Kooperation in Frage kam, mit welchen GHS sie überhaupt kooperieren und welche inhaltlichen Angebote sie machen wollten und sollten. Dabei spielte die Deputats- und Kapazitätsfrage auch gegenüber dem eigenen Schulträger eine wesentliche und einstiegserschwerende Rolle, konnten doch die kooperativen Außenaktivitäten der Kooperationslehrer nicht ohne weiteres durch ihre Kollegen der SfE kompensiert werden. In den Regionen Stadt Freiburg, Rickenbach und Lörrach standen mehr Kapazitäten an Sonderschullehrern für die Kooperation zur Verfügung als über die durch die Schulverwaltung zur Verfügung gestellten Halbdeputate bzw. Ergänzungsstunden abgedeckt wurden. Demgegenüber konnten die Halbdeputate in Bad Säckingen und in Oberrimsingen aus einem Mangel an Sonderschullehrern nur zu einem geringeren Teil in Anspruch genommen werden. Die ursprüngliche Vorstellung der Projektträger einer flächendeckenden Betreuung von GHS mußte in diesen Regionen fallengelassen werden. So lag im Thema: "Kapazitäts- und Deputatsfrage" die erste Anregung für einen entsprechenden Klärungsprozeß.

Die inhaltlich unbestimmten Rahmenvorgaben der Projektträger ermöglichten andererseits jedoch, daß die Kooperationslehrer ein Konzept entwickeln konnten, das zu den jeweiligen regionalen Voraussetzungen paßte. Die erste Fachtagung für Kooperationslehrer im WI-JHW in der Initiierungsphase 1 förderte entsprechende Klärungsprozesse und wurde als hilfreich und neben der inhaltlichen Offenheit der konzeptionellen Vorgaben der Projektträger als kooperationsförderlich bewertet.

Bereits zu diesem frühen Zeitpunkt meldeten die Kooperationslehrer den dringenden Bedarf an einer eigenen Fortbildung bzw. Qualifizierung für das komplexe Kooperationsgeschehen an. Zweifel an der eigenen Beratungsqualifikation und diesbezügliche Fragen zumindest bei einem Teil der Kooperationslehrer und die anfänglich noch bestehenden Unklarheiten im Hinblick auf Art und Umfang ihrer Angebote verstärkten bereits vorhandene Verunsicherungen. Zumindest zum Teil konnten diese Verunsicherungen in Besprechungen in den eigenen Kooperationslehrer-Teams abgebaut werden. Diese internen Teambesprechungen stellten einen wichtigen stabilisierenden und korrigierenden und in diesem Sinne kooperationserleichternden Faktor der komplexen Arbeit der Kooperationslehrer dar, die ja nicht durch externe Supervision fortlaufend begleitet wurden. Allerdings führten diese internen Klärungsprozesse in einigen Regionen auch zu zeitlichen Verzögerungen der Implementationsphase 1.

In der Phase des Projekteinstiegs knüpften viele Kooperationslehrer an bereits bestehende Kontakte zu und an Vorerfahrungen mit GHS und deren Rektoren an. Diese Vorkontakte wurden von beiden Seiten als kooperationserleichternder Einstiegsfaktor eingeschätzt. In diesem Zusammenhang wurde die persönliche Vorstellung der Kooperationslehrer und ihrer Angebote im Rahmen von Gesamtlehrer-Konferenzen in den GHS als hilfreich bewertet. In diesen Konferenzen stellte sich andererseits heraus, daß bei den GHS erhebliche Informationsdefizite darüber bestanden, welcher Status dem Projekt seitens der Schulverwaltung zugesprochen wurde. Eine offizielle Information der GHS über die Staatlichen Schulämter z.B. über die Ziele des Projekts oder über die Freiwilligkeit der Teilnahme fand offenbar nicht in allen Regionen statt bzw. wurde nicht in allen GHS an die Lehrer weitergeleitet, was vor allem für betroffene GHS-Lehrer als einstiegserschwerend erlebt wurde.

Als positiv seitens der GHS wurde die Freiwilligkeit der Projektteilnahme sowohl für die Schulen als auch für einzelne Lehrer bezeichnet. Bemängelt wurde allerdings, daß die GHS als eine der Zielgruppen der Kooperation in die inhaltliche Konzeptentwicklung seitens der Kooperationslehrer und der Sozialpädagogen der Jugendhilfe nicht oder zu wenig einbezogen worden waren. Anfänglich bestanden daher bei manchen Schulen Diskrepanzen in den Erwartungen und Zielsetzungen der Kooperationslehrer gegenüber denen der GHS-Lehrer in bezug auf das Projekt. Eine der kooperationserschwerenden Diskrepanzen bestand beispielsweise darin, daß die Kooperationslehrer entsprechend ihrem Projektauftrag

154

GHS-Lehrer integrativ beraten wollten, umgekehrt jedoch nicht wenige GHS-Lehrer anfänglich eine schnellere und unkompliziertere Abnahme verhaltensauffälliger Schüler erwarteten, zumindest aber eine Begutachtung bzw. Förderung dieser Schüler durch die Kooperationslehrer an den GHS. Diese Abnahme- und Entlastungserwartungen bestanden in abnehmendem Maße bis zum Zeitpunkt der Zwischenbilanzierung und darüber hinaus noch bei einigen GHS sowohl gegenüber den Kooperationslehrern als auch gegenüber den Mitarbeitern der Jugendhilfe, was von beiden Seiten als eindeutig kooperationserschwerend erlebt wurde. Eine diesbezügliche Anregung bezog sich daher auf eine aktive Miteinbeziehung der GHS in die Fortschreibung der regionalen Kooperationskonzepte.

Ein weiteres Kooperationserschwernis bestand in organisatorischen Schwierigkeiten, z.B. in der immer wieder als ungünstig erlebten Durchführung von Sprechstunden der Kooperationslehrer an den GHS während der Unterrichtszeit der Lehrer, oder in den nach wie vor bestehenden Schwierigkeiten der wechselseitigen telefonischen Kontaktaufnahmen während der Unterrichtspausenzeit, die die Austauschmöglichkeiten etwa zwischen den GHS-Lehrern und den Sozialpädagogen einschränkten. Angeregt wurde diesbezüglich, die Kooperation offiziell in den Stundentafeln zu verankern, um die Beratung in einem geschützten Rahmen durchführen zu können.

Die genannten Miteinbindungserschwernisse von GHS in die Kooperation trugen in der Folge mit dazu bei, daß die Kooperationsangebote in der Anfangsphase von einigen GHS bzw. GHS-Lehrern gar nicht oder nur in geringerem Maße abgerufen wurden, obwohl sie einen entsprechenden Bedarf formuliert hatten. Die Klärung solcher Erschwernisse bedingte zum Teil weitere Verzögerungen im Projekteinstieg.

Der Faktor "Informationsmangel in Grund- und Hauptschulen" bezog sich jedoch nicht nur auf das Projekt selbst, sondern auch auf die Arbeit des Jugendamtes, vor allem auf den Kenntnisstand von Lehrern über Möglichkeiten und Grenzen des ASD. Eine diesbezüglich breit angelegte Information aller beteiligten GHS war zum Zeitpunkt der Zwischenbilanzierung noch nicht erfolgt. Innerhalb der Jugendhilfe bestanden unterschiedliche Erfahrungen und Positionen, inwieweit ihre Arbeit z.B. über Lehrer-Konferenzen in ausreichendem Maße vermittelt werden kann. Einen unbestritten wichtigen kooperationsfördernden Faktor hingegen stellte die wechselseitige persönliche Kontaktaufnahme dar: Die Kooperationspartner kamen aus der telefonischen Anonymität der Behörde bzw. Schule heraus und bekamen sozusagen ein "menschliches Gesicht". Zur Überwindung von Informationsmängeln in GHS über die Arbeit der Jugendhilfe wurden daher weitere persönliche Begegnungen zwischen GHS-Lehrern und Jugendhilfemitarbeitern angeregt.

Eine flächendeckende Vorstellung der ASD-Mitarbeiter an GHS ihres Bezirks war allerdings auch deswegen noch nicht erfolgt, weil die anfängliche Befürchtung bestand, durch eine zu starke Präsenz an den Schulen mit einer enormen, nicht mehr zu bewältigenden Arbeitsmehrbelastung vor allem im ambulanten Bereich konfrontiert zu werden. Entsprechende Erfahrungen wurden in einem ähnlichen, aber bereits abgeschlossenen Projekt "Kooperation ASD - Schulen" (vgl. Kap. 2.4.3) gemacht. Aus diesem Grunde wurden auch in der Jugendhilfe Kapazitäts- und Belastungsgrenzen und Befürchtungen einer Arbeitsmehrbelastung der ASD-Mitarbeiter als Kooperationserschwernis bezeichnet. Allerdings stieß das 2-stufige Kooperationskonzept "Lehrer/-innen beraten Lehrer/-innen", das die Vorschaltung der Kooperationslehrer vor einer Einbeziehung der Jugendhilfe in den einzelfallbezogenen Beratungsprozeß vorsieht, auf breitere Zustimmung, weil mit dieser Vorschaltung im allgemeinen eine Arbeitsentlastung verbunden war.

Andererseits verunsicherte dieses Konzept jedoch auch einige Jugendamtsmitarbeiter: Zum einen war ihnen anfangs die Abgrenzung zum Modell "Kooperation ASD - Schule" unklar, zum anderen befürchteten sie eine zu späte oder ungenügende Einbeziehung in die Einzelfallkooperation vor Ort sowie in Koordinierungsfragen auf regionaler und überregionaler Ebene. Diese Befürchtungen spiegelten negative Erfahrungen mit GHS wider, bei denen die Jugendhilfe aus ihrer Sicht erst zu spät, d.h. im Kontext bereits bevorstehender Umschulungen einbezogen wurde, wenn es um eine stationäre oder teilstationäre Unterbringung der Schüler ging und der Zeitpunkt für ambulante Maßnahmen somit oftmals schon überschritten war. In dieser Hinsicht erlebten sich die betroffenen Jugendamtsmitarbeiter in einer weder gewollten noch akzeptierten "Feuerwehrrolle", die sie als kooperationserschwerend einschätzten. Daher regten sie eine möglichst frühzeitige Miteinbeziehung der Jugendhilfe vor allem in die Einzelfallkooperation an.

Die Aussicht, über das Kooperationsmodell durch die Vorschaltung der Kooperationslehrer entlastet, andererseits dennoch, wo nötig, frühzeitig und gleichrangig in das Kooperationsgeschehen einbezogen zu werden, stellte hingegen einen kooperationsfördernden Motivationsfaktor für die Jugendamtsmitarbeiter dar.

Einzelne Befürchtungen seitens der Jugendhilfe gingen auch in die Richtung einer möglichen Interessenskollision in der Kooperationslehrerrolle: Einerseits haben die Kooperationslehrer einen Integrationsauftrag, auf der anderen Seite stehen sie Abnahmeerwartungen von GHS und womöglich Aufnahmeerwartungen ihrer eigenen Träger, z.B. angesichts von Unterbelegungen der Heime, gegenüber. Bis auf sehr wenige Ausnahmen bestätigten sich jedoch diese Befürchtungen der Jugendhilfe nach deren eigenen Angaben nicht.

Mit der Forderung nach einer frühzeitigen Miteinbeziehung der Jugend-hilfe in das Kooperationsgeschehen entstand jedoch eine Zwickmühle vor allem für diejenigen ASD-Mitarbeiter, in deren Bezirk intensiv kooperiert wurde. Eine frühe Miteinbeziehung brachte in Einzelfällen tatsächlich zunächst eine Arbeitsmehrbelastung und setzte darüber hinaus genügend Angebote der Jugendhilfe im ambulanten bzw. prophylaktischen Bereich im Hinblick auf Alternativen zur Heimunterbringung (wie z.B. soziale Gruppenarbeit, intensive sozialpädagogische Einzelbetreuung oder erleb-nispädagogisch orientierte Angebote) voraus, die vor allem im ländlichen Raum und in sozialen Brennpunkten fehlten, so die übereinstimmende Einschätzung von Beteiligten aus der Jugendhilfe, aus den GHS und den Kooperationslehrern. Für einen flächendeckenden Auf- und Ausbau einer präventiven Infrastruktur konnten jedoch die dafür notwendigen finan-ziellen Mittel sowohl im Bereich der Jugendhilfe als auch im Bereich der Schulen nicht zur Verfügung gestellt werden. Die diesbezügliche Anre-gung vor allem seitens der Schulen bestand daher in der punktuellen Ein-richtung entsprechender Alternativen zur Heimunterbringung.

Während sich die wesentlichen (positiven und negativen) Erfahrungen und Einschätzungen der Beteiligten der Kooperation "Lehrer/-innen be-raten Lehrer/-innen" konstruktiv in die oben ausgeführten Anregungen einbringen ließen, wurden einige wenige grundsätzlich kritische Einzel-positionen geäußert, die der Kooperation aus unterschiedlichen Gründen skeptisch bis ablehnend gegenüberstanden. Die geäußerten Kritikpunkte am Konzept lassen sich wie folgt zusammenfassen:

1. Es besteht kein Kooperationsbedarf, da es an der betreffenden Schule (im ländlichen Raum) nach Aussage eines GHS-Lehrers keine Pro-bleme wie bei Schulen in Ballungsgebieten gibt.
2. GHS-Lehrer haben in der Regel genügend Kompetenz, "schwache" Schüler selbst fördern zu können; es fehlt aber an entsprechenden Förderkapazitäten vor allem bei wieder größer werdenden Grund-schulklassen.
3. Eine Kooperation zwischen Schulen auf dem Land ist wegen der langen Anfahrtszeiten unökonomisch. Hier wäre ein grund- und hauptschulinterner Stundenpool für die Förderung entsprechender Schüler in Verbindung mit Supervision für die Lehrer durch ausge-bildete Supervisoren angemessener.
4. Insgesamt bremst die aktuelle politische Gesamtsituation das Enga-gement der Lehrer eher.

Soweit zu den kritischen Einzelpositionen. Im nächsten Abschnitt wird nun erörtert, welche Rolle die einstiegserschwerenden Bedingungen im weiteren Verlauf der Aufbauphase (also in der Routinisierungsphase 1) spielten. Zur Darstellung der diesbezüglichen Erfahrungen werden die Sichtweisen der unterschiedlichen beteiligten Berufsgruppen, also der Kooperationslehrer, der Sozialarbeiter und der GHS-Lehrer gesondert wiedergegeben.

6.1.2 Der weitere Verlauf der Aufbauphase (Routinisierung 1)

1. Sichtweisen von GHS-Lehrern

GHS-Lehrer berichteten von der zentralen Bedeutung der Position des Rektors in bezug auf die Umsetzungsmöglichkeiten der Kooperation im Bereich der GHS. Als kooperationsförderlich wurden Rektoren erlebt mit einer Sensibilität im Umgang mit der Scheu mancher Lehrer, sich zu öffnen und womöglich beurteilt zu werden. Förderlich ist eine passiv-unterstützende Haltung der Rektoren im Kooperationsgeschehen und eine kollegiale Beziehung zur Lehrerschaft. Diese Einschätzungen in bezug auf die wichtige Position der Rektoren wurden auch von den Kooperationslehrern und den ASD-Mitarbeitern geteilt.

Gegenüber den Kooperationslehrern berichteten die meisten GHS-Lehrer von positiven Erfahrungen. Die Kooperation brachte trotz Mehrarbeit Entlastungseffekte durch die Kooperationslehrer. Wichtig war die Erfahrung, mit sehr schwierigen Schülern nicht alleine gelassen zu werden. Die sonderpädagogische Sicht der Kooperationslehrer erweiterte den Blickwinkel der GHS-Lehrer und eröffnete neue Perspektiven für die eigene Unterrichtsgestaltung, für einen angemesseneren Umgang mit verhaltensauffälligen Schülern, z.B. durch eine stärkere Betonung kommunikativsozialer Aspekte in der Schulklasse und im Kollegium sowie durch Perspektiven für eine Aktivierung unterschiedlicher Ressourcen sowohl innerhalb der Schule als auch im ambulanten Feld der Jugendhilfe.

Eine besondere Attraktivität genoß bei den betroffenen GHS-Lehrern das Angebot von Fallbesprechungsgruppen durch dafür qualifizierte Kooperationslehrer. In diesen ausgesprochen positiven Rückmeldungen könnte eine Perspektive auch für jene Regionen liegen, in denen ein solches Angebot bisher noch nicht gemacht wurde.

Durch die mittlerweile aktivere Einbeziehung und Vorstellung der Jugendhilfe in Lehrer-Konferenzen, aber auch über die konkrete Zusammenarbeit in Einzelfällen veränderte sich das Bild der GHS-Lehrer vom Jugendamt als einer schwer erreichbaren Eingriffsinstanz. Die Aufweichung der Vorstellung "Jugendhilfe = Eingriffsbehörde" verstärkte auf der anderen Seite die Erwartung an die Jugendhilfe, früher und möglichst schnell im familiären Bereich der Problemschüler tätig zu werden, da

Verhaltensveränderungen in der Schule in starker Abhängigkeit von familiären Bedingungen gesehen werden.

Die Möglichkeiten der Inanspruchnahme stationärer oder teilstationärer aber auch ambulanter Maßnahmen wurden jedoch insbesondere für schon ältere Hauptschüler durch die verschärfte finanzielle Situation der Jugendhilfe immer stärker begrenzt. Die zeitliche Dauer von diesbezüglichen Entscheidungsprozessen nahm darüber hinaus stark zu, was die GHS-Lehrer als enorme Belastung für sich selbst, für ihre Klassen und insbesondere für die betroffenen Schüler erlebten. Als weiterhin erschwerend bezeichneten GHS-Lehrer die mangelnde Transparenz und Flexibilität des Umschulungsverfahrens seitens einiger Staatlicher Schulämter. Insgesamt wurden Entscheidungsprozesse innerhalb der Jugend- und Schulämter im Kontext von Umschulungs- und Unterbringungsverfahren zumindest teilweise nicht mehr als nachvollziehbar und daher als frustrierend erlebt. In bezug auf die Staatlichen Schulämter wünschten sich GHS-Lehrer daher eine Flexibilisierung und Transparenz dieses Umschulungsverfahrens und einen Stundenpool für die Kooperation auch an den GHS.

Eine weitere perspektivische Anregung aus dem Grund- und Hauptschulbereich bestand in der Forderung nach verstärkter Fortbildung der GHS-Lehrer im Umgang mit verhaltensauffälligen Schülern und in einer verbesserten Ausbildung in Gesprächsführung bereits im Studium.

Zur Reformierung innerschulischer Bedingungen wurden gerade im Rahmen der Kooperation unterschiedliche Ideen entwickelt, die vor Ort diskutiert und deren Umsetzung angeregt, geplant bzw. bereits vollzogen wurden. Dies betraf punktuelle Projekte wie die Einrichtung eines Horts oder von Nachmittagsbetreuungsangeboten an der Schule oder die Weiterentwicklung einer Schule zur Ganztagesschule. Darüber hinaus regten einige GHS eine Ausweitung der Zielgruppe der Kooperation auch auf den Bereich von leistungsschwachen Schülern an, da aus Leistungs- nicht selten auch Verhaltensprobleme resultierten.

2. Sichtweisen von Jugendamtsmitarbeitern

Für Jugendamtsmitarbeiter standen zum Zeitpunkt der Zwischenbilanz vor allem zwei kooperationserschwerende Belastungsfaktoren, der Kosteneinspardruck und enge Kapazitätsgrenzen für präventive Arbeit im Vordergrund. Der Kosteneinspardruck beschränkte aus der Sicht von Jugendamtsmitarbeitern auch die Hilfemöglichkeiten im ambulanten Bereich. Es sollte gespart werden, obwohl die Probleme sowohl im Jugendhilfe- als auch im Sozialhilfebereich stark zunahmen, was eigentlich den Ausbau der ambulanten und prophylaktischen Infrastruktur vor allem in sozialen Brennpunkten erforderlich gemacht hätte. Im Rahmen des Kooperationsprojektes bestanden jedoch, zumindest punktuell, Möglichkeiten, Res-

sourcen zu erschließen, bzw. zur Verfügung zu stellen, wie z.B. sozialpädagogische Familienhilfen oder sozialpädagogische Einzel- und Gruppenförderungen von Schülern. Klärungsbedürftig war für einige Jugendämter in diesem Kontext die grundsätzliche Frage der Zuständigkeit, Verantwortlichkeit und der Kostenübernahme von Maßnahmen im Bereich
der Schulen. Jugendamtsmitarbeiter äußerten sich dahingehend, daß
Schulen in eigener Verantwortung bleiben müssen und es nicht hinge-
nommen werden kann, daß Jugendhilfe schulische Maßnahmen finanzieren soll[81].

Der zweite große Belastungsfaktor, vor allem für die Mitarbeiter im
ASD, bestand in deren begrenzten Kapazitäten für zusätzliche Arbeit vor
allem im prophylaktischen Bereich durch die starke Zunahme dringender
Eilfälle, deren Bearbeitung auch im Zusammenhang mit dem KJHG in
einer starken Abhängigkeit von der Mitwirkungsbereitschaft der Eltern
gesehen wird. Ein Mangel an Mitwirkungsbereitschaft seitens der Eltern
verzögerte und beschränkte Hilfeprozesse enorm. Als kooperationserschwerend gegenüber den GHS wurde bedauert, daß solchermaßen bedingte Verzögerungen immer wieder als Untätigkeit oder mangelnder
Wille des ASD interpretiert wurden. Hier bestanden nach wie vor, trotz
teilweise verbesserter Kommunikation zwischen ASD und GHS, Diskrepanzen zwischen Erwartungen der GHS an Jugendhilfe und deren tatsächlichen Hilfemöglichkeiten, vor allem bei schwierigen Einzelfällen.

Im Hinblick auf das Umschulungsverfahren wurde von seiten des ASD
die obligatorische Koppelung von Umschulung und teilstationärer bzw.
stationärer Unterbringung im Heim als strukturell erschwerender Faktor
bezeichnet. Zur Flexibilisierung des Umschulungsverfahrens wurde die
Entkoppelung von Umschulung und teil- bzw. stationären Aufnahmen
gefordert, da eine Öffnung der SfE für Externe den Spielraum für den
Einsatz ambulanter Hilfeangebote erhöhen würde. Ebenso wurden - wie
bei den GHS - eine Flexibilisierung und verstärkte Transparenz des Umschulungsverfahrens in den Staatlichen Schulämtern angeregt.

In bezug auf die Kooperationslehrer ergaben sich aus der Sicht von Jugendamtsmitarbeitern wesentliche kooperationserleichternde Veränderungen. Die Arbeit der Kooperationslehrer brachte in Einzelfällen eine Entlastung für die ASD-Mitarbeiter. Die Kontakte und Beziehungen zueinander
verbesserten sich bis auf wenige Ausnahmen. Die meisten Kooperationslehrer arbeiteten in Richtung auf die integrative Zielsetzung des Projektes.
Eine rechtzeitige Miteinbeziehung der Jugendhilfe in das Kooperationsgeschehen erfolgte in den meisten Fällen und eine stärkere Miteinbindung
in Entscheidungsprozesse im Umschulungsverfahren war gegeben, so daß
die Grundlagen zur gegenseitigen Verständigung und konstruktiven Zu-

---

[81] Vgl. Fallbeispiel im Kap. 7

sammenarbeit auch in schwierigen Situationen geschaffen waren. Die diesbezüglichen anfänglichen Befürchtungen bestätigten sich - bis auf ganz wenige Ausnahmen - nicht.

3. Sichtweisen von Kooperationslehrern

Die Kooperationslehrer fühlten sich durch ihre Erfahrungen vor Ort, durch die Besprechungsmöglichkeiten im eigenen Team, durch die Fortbildung und durch die Klärung der eigenen inhaltlichen und formalen Möglichkeiten und Grenzen der Kooperation in ihren Positionen und in ihrem Selbstverständnis gestärkt. Die meisten GHS nahmen ihr integratives Beratungsangebot mittlerweile an, so daß die Nachfrage nach Kooperation das bestehende Angebot in den meisten Regionen überstieg.

Als förderlich erlebten die Kooperationslehrer die Zusammenarbeit mit GHS-Lehrern auch im Hinblick auf gemeinsame Elternarbeit. Schwierig war hingegen die Kooperation mit Schulen, in denen wenig Austausch im Kollegium stattfand und immer noch Vorstellungen bestanden wie "ein Lehrer muß allwissend sein" oder "Probleme mit Schülern zu haben, bedeutet pädagogisches Versagen". Gerade in Lehrerkollegien mit hohem Durchschnittsalter wurden solche Vorstellungen noch des öfteren vorgefunden. So stellte die Bereitschaft der GHS-Lehrer, sich gegenüber den Kooperationslehrern zu öffnen, einen wesentlichen förderlichen Kooperationsfaktor dar. Diese Bereitschaft wurde von den Kooperationslehrern in direktem Zusammenhang mit der Atmosphäre an der Schule und vor allem mit den Beziehungen zwischen den Lehrern und dem Rektor gesehen. Die Angst von GHS-Lehrern, negativ beurteilt zu werden, wurde offen oder zumindest latent präsent erlebt. Auf der anderen Seite konnte Beratung nur dann gelingen, wenn sie unter absoluter Vertraulichkeit, auf einer Ebene von Gleichrangigkeit und Partnerschaftlichkeit und nicht auf der Ebene von Bewertungen stattfand. Gerade weil dies ein wesentlicher Faktor vor allem auch in größeren Runden mit mehreren beteiligten Institutionen war, bildete die kommunikative Kompetenz der Kooperationslehrer einen weiteren kooperationsfördernden Faktor, der durch supervisorische Begleitung unterstützt werden sollte. Als wichtig wurde in diesem Zusammenhang betont, daß die Kooperationslehrer eine vermittelnde und beratende Funktion behalten müßten und nicht Verantwortungen für GHS oder für die Jugendhilfe übernehmen dürften. Es bestätigten sich diesbezügliche Erfahrungen immer wieder: je mehr Beteiligte, desto unklarer die Kompetenzen bzw. Zuständigkeiten, desto größer die Gefahr wechselseitiger Delegationsversuche, desto langwieriger die Verfahren, desto notwendiger klare Absprachen, aber desto abgesicherter und qualifizierter die auf klaren Absprachen beruhenden Entscheidungen. Daher besteht nach wie vor die dringende Notwendigkeit von Fortbildung und Qualifizierung der Kooperationslehrer in Gesprächsführung und Moderation neben der Notwendigkeit eigener Supervision.

Auch die Kooperationslehrer kritisierten die allgemeine finanzielle Situation, die notwendige Maßnahmen in der Jugendhilfe und in Schulen - aus ihrer Sicht zumindest teilweise - verhinderten. Durch den nach wie vor bestehenden kooperationserschwerenden Mangel an Sonderschullehrern in einigen SfE und durch die teilweise verschärfte Belegungs- und Beschulungssituation in den eigenen Einrichtungen kamen die betroffenen Kooperationslehrer mehr und mehr unter internen Legitimationsdruck gegenüber ihren Kollegen und ihren Schulträgern, für die natürlich die eigene Bestandssicherung mehr denn je im Vordergrund stand. Daher wurde eine verstärkte Ausbildung und Zuweisung von Sonderschullehrern an kooperierende SfE angeregt.

Auf der anderen Seite brachte die Kooperation durch den Prozeß der Öffnung nach außen auch positive Effekte für die SfE und deren Einrichtungen. Es wurden Vorbehalte bei Eltern und Lehrern gegenüber den Sondereinrichtungen abgebaut und die Bereitschaft für eine Öffnung auch für ambulante Maßnahmen der Heime erreicht.

6.1.3 Zusammenfassung der Anregungen als Entwicklungsperspektiven für die Stabilisierungsphase

- Klärung der Deputats- und Kapazitätsfragen der Kooperationslehrer
- Aktivere Miteinbeziehung der GHS in die Konzeptfortschreibung
- Einrichtung eines Stundenpools an GHS für die Kooperation
- Verankerung der Kooperation in Stundentafeln der GHS
- Information der GHS über Jugendhilfe durch persönliche Begegnungen
- Frühzeitige Miteinbeziehung der Jugendhilfe in die Einzelfallkooperation
- Punktuelle Realisierung ambulanter Maßnahmen wie sozialer Gruppenarbeit, intensiver sozialpädagogischer Einzelbetreuung oder Erlebnispädagogik
- Öffnung der Zielgruppe der Kooperation für leistungsschwache Schüler
- Verstärkte Vermittlung der sonderpädagogischen Sichtweise z.B. in pädagogischen Fallbesprechungsgruppen für GHS-Lehrer
- Transparenz sowie Flexibilisierung und Beschleunigung des Umschulungsverfahrens
- Qualifizierung der GHS-Lehrer in Studium und Beruf im Umgang mit verhaltensauffälligen Schülern sowie in Gesprächsführung

- Punktuelle Realisierung von Projekten der Schulorganisations-entwicklung wie Ganztagesschule, Hort an der Schule, Nachmittagsbetreuung
- Entkoppelung der Verbindung "Umschulung in eine SfE" und "teil- bzw. stationäre Heimunterbringung"
- Fortbildung und Supervision für Kooperationslehrer
- Verstärkte Ausbildung und Zuweisung von Sonderschullehrern an kooperierende SfE

Im nächsten Abschnitt werden die wesentlichen Ergebnisse der überregionalen Abschlußbilanz vorgestellt. Zunächst wird der Frage nachgegangen, ob und wie die Anregungen der Zwischenbilanz im weiteren Projektverlauf umgesetzt wurden. Daran anschließend dokumentieren wir die quantitativen Ergebnisse der Statistik vor allem der Kooperationslehrer für den gesamten Projektzeitraum und die quantitativen und qualitativen Ergebnisse der Interview- und Protokollauswertungen im Rahmen unserer Abschlußuntersuchungen.

6.2 Wesentliche Ergebnisse der überregionalen Abschlußbilanz

6.2.1 Umsetzung der Anregungen der Zwischenbilanz in der zweiten Projekthälfte

In den Protokollen der regionalen und überregionalen Koordinationstreffen der Beteiligten sind die weiteren Schritte der Projektrealisierung der zweiten Projekthälfte beschrieben. Die Auswertung dieser Protokolle zeigt, daß ein Großteil der o.g. Anregungen im weiteren Projektverlauf aufgenommen und - regional verschieden - zumindest punktuell umgesetzt wurde. Dabei handelt es sich vor allem um Anregungen, die sich auf strukturelle und konzeptionelle Aspekte der Kooperation bezogen.

Im Mittelpunkt der Erörterungen struktureller Maßnahmen stand die Frage, mit welchen Mitteln sowohl Schule als auch Jugendhilfe auf den vielerorts dringend formulierten Bedarf an Nachmittagsbetreuungsangeboten für Kinder und Jugendliche reagieren sollten, die nach der Schule ohne elterliche Betreuung entweder vor dem Fernseher bzw. dem Videogerät verkümmerten oder gelangweilt auf der "Straße herumhingen", worin erhebliche Gefährdungspotentiale gesehen wurden. Von seiten der Schulen wurden beispielsweise Möglichkeiten einer Umstrukturierung in eine Ganztagesschule[82] oder der Einrichtung eines Hortes an einer GHS im Hotzenwald erwogen, was sich jedoch zunächst als recht schwierig erwies. Von seiten der Jugendhilfe wurden punktuell vor allem an Schulen in sozialen Brennpunkten, aber auch im ländlichen Raum die Einrichtung sozialpädagogischer Fördergruppen (an Nachmittagen) auf den Weg gebracht[83].

Eine weitere Diskussion struktureller Kooperationsaspekte bestand in der von der örtlichen Jugendhilfe gestellten Forderung nach Entkoppelung der Beschulung in einer SfE nur in Verbindung mit einer teilstationären bzw. stationären Heimunterbringung. In einer Projektregion führte diese durchaus kontrovers geführte Diskussion bereits zur Planung der Einrichtung einer Klasse für externe Schüler an der SfE mit flankierenden Betreuungs- und Fördermaßnahmen der Jugendhilfe.

Die Anregungen zur Einrichtung von Stundenpools in GHS für die Kooperation und zu einer verstärkten Zuweisung von Sonderschullehrern an kooperierende SfE mit entsprechendem Bedarf konnten in der 2. Projekthälfte nur punktuell umgesetzt werden. In einigen Regionen wurden GHS mit hohem Kooperationsbedarf und -engagement zusätzliche Stunden von den Staatlichen Schulämtern zur Verfügung gestellt und SfE weitere Sonderschullehrer zugewiesen.

Im Mittelpunkt der Klärung konzeptioneller Aspekte der Kooperation stand vor allem die Modifikation der regionalen Kooperationsangebote durch eine aktive Einbeziehung des Bedarfs der GHS, die eine stärkere Berücksichtigung sowohl bei den Angeboten der Kooperationslehrer als auch der Jugendhilfe fanden. Aufgrund der begrenzten Kapazitäten konnte jedoch nur ein Teil der Wünsche der GHS erfüllt werden, etwa die Einrichtung fester Sprechstunden des ASD in GHS oder die Öffnung der Zielgruppe des Projekts auch für leistungsschwache Schüler (ohne Verhaltensauffälligkeiten).

Neben diesen einzelfallübergreifenden, vorwiegend strukturellen und konzeptionellen Aktivitäten engagierten sich die Kooperationslehrer und die Sozialpädagogen auch weiterhin in der Einzelfallarbeit. Zur Unterstützung und weiteren Qualifizierung der beratenden Kooperationslehrer wurde, trotz erheblicher Finanzierungsprobleme, eine weitere zweitägige Fortbildungsveranstaltung durchgeführt, die wiederum von fast allen Kooperationslehrern in Anspruch genommen wurde.

Diejenigen Anregungen, die auch im Verlaufe der zweiten Projekthälfte im wesentlichen nicht umgesetzt werden konnten, bezogen sich vor allem auf strukturelle und finanzielle Aspekte der Rahmenbedingungen bzw. des

---

[82] Z.B. richtet die Vigelius Grundschule Freiburg mit dem Schuljahr 95/96 im ersten Schuljahr einzügig eine Ganztagesklassenbetreuung ein.

[83] Vgl. Fallbeispiel Kap. 7

Kontextes der Kooperation, auf die keine unmittelbare Einflußnahme möglich war. Dies betraf z.b. die Flexibilisierung und Beschleunigung des Umschulungsverfahrens, die Verankerung der Kooperation in den Stundentafeln der GHS oder die Qualifizierung der GHS-Lehrer bereits im Studium (z.B. im Umgang mit verhaltensauffälligen Schülern).

Konnten viele der Anregungen zumindest punktuell realisiert werden, begrenzten sich die Zusagen jedoch größtenteils nur auf die 2. Projekthälfte und noch nicht auf die Zeit nach Beendigung der Modellphase des Projektes, so daß eine mittelfristige Planungssicherheit für die Beteiligten noch nicht erreicht werden konnte. Daher überrascht es nicht, wenn sich viele der genannten strukturellen Anregungen in bezug auf die Rahmenbedingungen der Kooperation sowie die Frage ihrer Finanzierung wie ein roter Faden durch die Projektentwicklung hindurchzogen und sich auch in den Perspektiven der Weiterentwicklung des Kooperationskonzeptes über die Modellphase des Projekts hinaus wiederfinden (siehe Kap. 6.2.4).

In den folgenden beiden Kapiteln dokumentieren wir nun die statistischen Daten der Projektbeteiligung von GHS und der Arbeit der Kooperationslehrer, die sich auf die gesamten drei Jahre der Projektlaufzeit beziehen. Zunächst werden die jeweiligen Ergebnisse der Datenauswertungen beschrieben und gegebenenfalls anhand von Abbildungen veranschaulicht. Daran anschließend werden die Ergebnisse zusammengefaßt und interpretiert[84].

6.2.2 Umfang und Zeitraum der Projektbeteiligung von GHS

Am Projekt waren insgesamt 59 GHS beteiligt. 64% dieser GHS waren über den gesamten Zeitraum und 29% (17 GHS) waren nur in der ersten Hälfte der Modellphase vor allem einmalig aber auch sporadisch einbezogen[85]. In der zweiten Projekthälfte erfolgte ein Beteiligungszuwachs von 7%.

---

[84]   Die zusammenfassende Interpretation der Ergebnisse wird durch Kursivdruck hervorgehoben.

[85]   15 dieser 17 GHS kommen aus der Region Lörrach, so daß der Beteiligungsschwund vor allem auf die regionale Besonderheit der Verpflichtung der GHS, die Kooperationslehrer vor Einleitung eines Umschulungsverfahrens einzuschalten, zurückführbar ist. Dadurch kommen auch einmalige Kooperationen zustande.

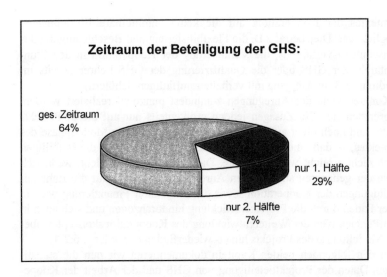

Zeitraum der Beteiligung der GHS:

ges. Zeitraum
64%

nur 1. Hälfte
29%

nur 2. Hälfte
7%

Aus dem Umfang der Beteiligung ist ersichtlich, daß die Mehrzahl (63%) der GHS sporadisch, 21% kontinuierlich und 16% einmalig in die Kooperation einbezogen waren. Eine kontinuierliche Beteiligung bedeutet, daß die Kooperationslehrer in regelmäßigen Abständen über einen längeren Zeitraum hinweg in den GHS präsent und tätig waren. Bei einer sporadischen Beteiligung dagegen erfolgte die Kooperation punktuell auf Nachfrage der GHS.

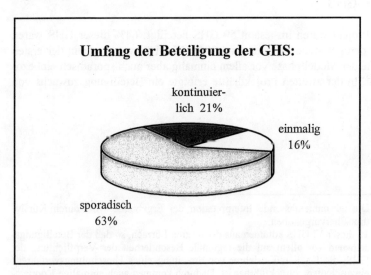

Umfang der Beteiligung der GHS:

kontinuier-
lich 21%

einmalig
16%

sporadisch
63%

Zusammenfassende Interpretation:
Mit 59 GHS ist ein beachtlicher Umfang an Projektbeteiligung von GHS erreicht worden. In Entsprechung des Beratungsbedarfs der GHS und der begrenzten Kapazitäten der Kooperationslehrer fanden vorwiegend sporadische (63%), aber auch kontinuierliche (21%) und einmalige (16%) Kooperationen statt.
17 dieser 59 GHS waren allerdings nur in der ersten Projekthälfte einbezogen. Dieser Beteiligungsschwund ist auf die Besonderheit einer Projektregion zurückzuführen, in der alle GHS verpflichtet sind, die Kooperationslehrer vor Einleitung eines Umschulungsverfahrens einzuschalten. Dadurch kamen vor allem einmalige Kooperationen zustande.
Eine kontinuierliche flächendeckende Kooperation mit Dauerpräsenz der Kooperationslehrer konnte entweder aufgrund fehlender Kooperationsdeputate oder Kooperationskapazitäten nicht erreicht werden.

6.2.3 Statistik über die Arbeit der Kooperationslehrer[86]

1. Gesamtzeitaufwand der Kooperationslehrer für die Kooperation

Die Aktivitäten der Kooperationslehrer lassen sich spezifizieren in einzelfallbezogene und präventiv ausgerichtete (einzelfall)übergreifende Kooperationsformen - letztere können noch einmal unterschieden werden in:
- Aktivitäten zur Organisation und Koordination der Kooperation sowie zur Qualifizierung der Kooperationslehrer und in
- Veranstaltungen in und mit GHS.

Der Zeitaufwand für die Einzelfallarbeit belief sich auf 51%, der Anteil für die Projektorganisation, -koordination und Qualifikation der Kooperationslehrer auf 36%. Für Veranstaltungen in und mit GHS wurden 13% der Zeit aufgewendet.

---

[86] Alle im folgenden aufgeführten statistischen Daten dokumentieren **ausschließlich** das Engagement der Kooperationslehrer. Aus Kapazitätsgründen konnte der Einsatz der GHS-Lehrer, der Sozialpädagogen und der Schulräte im Projekt nicht gesondert erhoben werden.

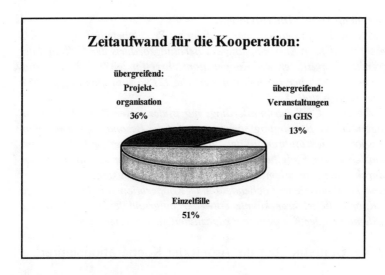

Zeitaufwand für die Kooperation:

übergreifend:
Projekt-
organisation
36%

übergreifend:
Veranstaltungen
in GHS
13%

Einzelfälle
51%

Zusammenfassende Interpretation:
Die Einzelfallarbeit der Kooperationslehrer bildete den Schwerpunkt der
Kooperation, gefolgt von einzelfallübergreifenden Organisations-, Koor-
dinations- und Qualifizierungsaktivitäten sowie präventiv ausgerichteten
Veranstaltungen in und mit GHS. Der große Zeitaufwand für die Projekt-
organisation, -koordination und Qualifizierung der Kooperationslehrer
spiegelt den Einsatz wider, die Kooperationssysteme aufzubauen und zu
stabilisieren als Voraussetzung dafür, daß überhaupt Einzelfallarbeit und
Veranstaltungen in und mit GHS durchgeführt werden konnten.

2. Einzelfallübergreifende Arbeit der Kooperationslehrer

Es wurden insgesamt 431 einzelfallübergreifende Kooperationen durchgeführt. Davon bezogen sich 303, dies entspricht 70%, auf Veranstaltungen
der Kooperationslehrer mit oder in GHS, die jedoch nicht so zeitintensiv
waren wie die Organisations-, Koordinations- und Qualifizierungsaktivitäten. Letztere erforderten einen größeren Zeitaufwand aufgrund der für
das Projekt besonders wichtigen Fortbildungen für Kooperationslehrer,
die allein 31% des Zeitaufwands für die einzelfallübergreifende Kooperation in Anspruch nahmen.
An erster und zweiter Stelle der Rangreihe der Kooperationsformen bzgl.
Organisation, Koordination und Qualifikation stehen die Besprechungen
der Kooperationslehrer im eigenen Team und mit dem WI-JHW als wissenschaftlicher Begleitung. Darüber hinaus wurden 36 regionale, 9 über-

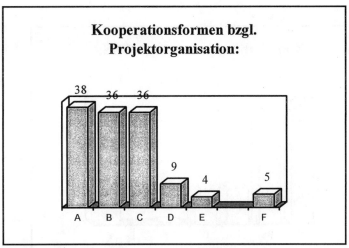

Kooperationsformen bzgl. Projektorganisation:

A: Besprechungen im eigenen
    Kooperationslehrerteam
B: Besprechungen mit dem WI-JHW
C: Regionale Koordinationstreffen

D: Überregionale
    Koordinationstreffen
E: Fachveranstaltungen
F: Sonstiges

regionale Koordinationstreffen sowie 4 qualifizierende Fachveranstaltungen durchgeführt (eine Fachtagung im WI-JHW, zwei Kooperationslehrer-Fortbildungen in Flehingen und ein von den Kooperationslehrern eigenfinanziertes Supervisionswochenende).

Im nachfolgenden Schaubild sind die Kooperationsformen in und mit GHS aufgeführt. An erster Stelle der Rangreihe stehen 102 Treffen von insgesamt 3 Schülerfördergruppen, die 2 Kooperationslehrer in GHS selbst abhielten. An zweiter Stelle rangieren Institutionsberatungen, die auf strukturelle Veränderungen vor allem im Hinblick auf veränderte Unterrichtsgestaltung zielen. Desweiteren wurden 3 Lehrerfallbesprechungsgruppen in zusammen 36 Sitzungen, 16 Konferenzen und 2 Pädagogische Tage durchgeführt.

Unter Sonstiges sind u.a. jene Sprechstunden der Kooperationslehrer an GHS subsumiert, die von GHS-Lehrern nicht in Anspruch genommen wurden. Nicht in Anspruch genommene Sprechstunden waren vorwiegend zu Beginn des Projekts zu verzeichnen.

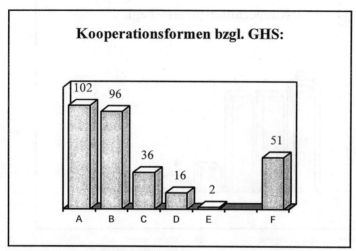

Kooperationsformen bzgl. GHS:

A: Treffen der Schülerfördergruppen
B: Institutionsberatungen
C: Treffen der Lehrer-
   fallbesprechungsgruppen

D: Lehrer-/Schul-/Schulleiter-
   konferenzen
E: Pädagogische Tage
F: Sonstiges

Zusammenfassende Interpretation:

Mit 303 präventiv ausgerichteten einzelfallübergreifenden Veranstaltungen in und mit GHS wurde eine beachtliche Zahl von Kooperationsveranstaltungen für Lehrer und Schüler durchgeführt, so daß von einer lehrer- und - zumindest zum Teil - auch schülerzentrierten Ausprägung der einzelfallübergreifenden Kooperation gesprochen werden kann.

In den vorwiegend zu Beginn des Projekts vereinzelt von GHS-Lehrern nicht in Anspruch genommenen Sprechstunden einiger Kooperationslehrer spiegelt sich möglicherweise die Freiwilligkeit der Projektteilnahme sowie der Angebotscharakter der Kooperation, aber auch die Scheu eines Teils der GHS-Lehrer wider, Kooperationsangebote in Anspruch zu nehmen - vorausgesetzt, daß in den betreffenden GHS zu Projektbeginn überhaupt ein Beratungsbedarf bestand.

3. Einzelfallbezogene Arbeit der Kooperationslehrer[87]

Insgesamt begleiteten die Kooperationslehrer 271 Einzelfälle über einen durchschnittlichen Zeitraum von 5 Monaten. Pro Einzelfall fanden durch-

---

[87] Die Einzelfallstatistik umfaßt alle von den Kooperationslehrern zum Stichtag 31.7.1995 begleiteten (abgeschlossenen und noch laufenden) Einzelfälle.

schnittlich ca. 8 Kooperationskontakte mit einem Gesamtzeitaufwand von durchschnittlich 8 Stunden statt.

a) Dauer und Inhalte der Einzelfallarbeit und Art der Kontakte

127 der 271 Einzelfälle (47%) wurden innerhalb von 3 Monaten und weitere 59 innerhalb eines halben Jahres (zusammen 69%) abgeschlossen. 16 Einzelfälle (6%) erforderten eine längere Begleitung als ein Jahr.

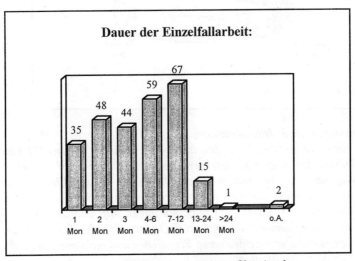

o.A.: Ohne Angabe

Die Kooperationskontakte bezogen sich in der Mehrzahl auf Beratungen (mit GHS-Lehrern, -Rektoren, Schülern, Eltern und Mitarbeitern der Jugendhilfe) und auf die Moderation von Gesprächen mit mehreren Beteiligten. Desweiteren umfaßten sie die Einzelförderung von Schülern, Unterrichts- und Verhaltensbeobachtungen, Koordination von Maßnahmen und eine Reihe sonstiger Aktivitäten, z.B. im Zusammenhang mit diagnostischen Abklärungen, Tests oder Begutachtungen (siehe nachfolgendes Schaubild).

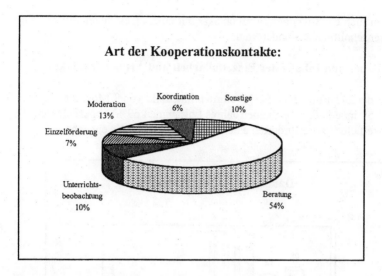

Art der Kooperationskontakte:

Moderation
13%

Koordination
6%

Sonstige
10%

Einzelförderung
7%

Unterrichts-
beobachtung
10%

Beratung
54%

Zusammenfassende Interpretation:
Über einen durchschnittlichen Zeitraum von 5 Monaten wurden 271 Einzelfälle von den Kooperationslehrern begleitet. Daher kann von einer überwiegend kurz- bis mittelfristigen Dauer der Einzelfallberatungen gesprochen werden, die vor allem Beratungsgespräche mit Lehrern, Rektoren, Schülern, Eltern aber auch mit Jugendhilfemitarbeitern beinhalteten. Damit kommt die kooperative Orientierung des Konzepts zum Ausdruck, das die unterschiedlichen Betroffenen und nicht nur alleine die GHS-Lehrer in den Beratungsprozeß miteinbezieht.

b) Anlässe der Einzelfallkooperation[88]

An erster Stelle der Rangreihe der Kooperationsanlässe stehen mit einigem Abstand (geschlechtsunabhängig) Leistungsprobleme von Schülern, gefolgt von aggressivem Verhalten, familiären Problemen, Motivationsproblemen und an fünfter Stelle provokantem, disziplinlosem Verhalten. Unter Sonstiges sind eine Fülle von Anlässen subsumiert, die weniger als 15-mal genannt wurden. Fast alle Leistungsprobleme wurden in Kombination mit anderen Anlässen verschiedenster Verhaltensschwierigkeiten genannt.

---

[88]   Mit Anlässen sind hier Gründe gemeint, weswegen die GHS-Lehrer aus der Sicht der Kooperationslehrer die Beratung in Anspruch genommen haben - Mehrfachnennungen waren möglich. Die Nennungen stehen jedoch nicht für Diagnosekategorien. Eine Statistik über die Einzelfalldiagnostik wurde u.a. aufgrund fehlender Vergleichbarkeit nicht geführt.

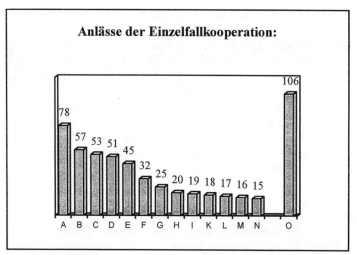

Anlässe der Einzelfallkooperation:

A: Leistungsprobleme
B: Aggressives Verhalten
C: Familiäre Probleme
D: Motivationsprobleme
E: Provokantes Verhalten
F: Allg. Verhaltensauffälligkeiten
G: Ängstliches, gehemmtes Verhalten

H: Hypermotorisches Verhalten
I: Konzentrations-, Wahrnehmungsprobleme
K: Sprach-, Verständigungsprobleme
L: Teilleistungsstörungen
M: Diagnostische Abklärungen
N: Delinquentes Verhalten
O: Sonstiges

Unterscheidet man die Rangreihe der Anlässe in bezug auf das Geschlecht, so finden wir aggressives Verhalten bei Jungen an zweiter und bei Mädchen an fünfter Stelle - bei den Mädchen stehen dafür Motivationsprobleme an zweiter Stelle der Rangreihe.

Zusammenfassende Interpretation:
Die Einzelfallkooperation wurde aus der Sicht der Kooperationslehrer vor allem aus Anlaß von Leistungs-, Motivations- und familiären Problemen sowie wegen aggressiver und provokanter Verhaltensweisen von Schülern in Anspruch genommen. In Entsprechung allgemeiner Trends der geschlechtsspezifischen Ausprägung von Verhaltensauffälligkeiten steht aggressives Verhalten bei Jungen an zweiter und bei Mädchen an fünfter Stelle der Kooperationsanlässe - bei den Mädchen stehen dafür Motivationsprobleme an zweiter Stelle. Der Anlaß "Leistungsprobleme" wurde fast immer in Kombination mit Verhaltensproblemen unterschiedlichster Art genannt, wodurch eine enge Verbindung von Leistungs- und Verhaltensauffälligkeiten bei den Kooperationsanlässen zum Ausdruck kommt.

c) Wichtige demographische Daten der Schüler

Zu Beginn der Beratung befanden sich 66% der Schüler in der Grundschule und waren überwiegend zwischen 5 und 8 Jahre (37%) und zwischen 9 und 12 Jahre (42%) alt. Der Anteil der von der Einzelfallberatung betroffenen Kinder mit deutscher Staatsangehörigkeit liegt bei 76%. Bei ihren Eltern wohnten 67% der Schüler, 30% bei einem alleinerziehenden Elternteil und 2% in einer Pflegefamilie. 25% der in der Statistik erfaßten Schüler waren Einzelkinder, 31% hatten ein Geschwister, 26% zwei, 13% drei und 5% mehr als drei Geschwister. Darüber hinaus waren die Jungen mit 79% der Einzelfälle besonders stark vertreten.

Zusammenfassende Interpretation:
Die Einzelfallkooperation konzentrierte sich vor allem auf den Bereich der Grundschulen, wobei die Jungen mit mehr als drei Viertel aller Einzelfälle besonders stark vertreten waren. Auch dies entspricht allgemeinen Erfahrungen zumindest im Bereich der Jugendhilfe, daß auffälliges Verhalten bei Jungen häufiger auftritt und/oder wahrgenommen wird.

d) Unmittelbare Beteiligung an der Einzelfallkooperation

In 245 von 271 Einzelfällen waren GHS-Lehrer unmittelbar beteiligt, gefolgt von Schülern, Rektoren und Eltern.

Aus der Statistik ist des weiteren ersichtlich, daß die Jugendhilfe nicht bei allen Einzelfallkooperationen unmittelbar miteinbezogen war. Nach Angaben der Kooperationslehrer waren GHS-Vertreter an 59% und GHS und Jugendhilfe gemeinsam an 41% der Einzelfallkooperationen unmittelbar beteiligt. Die regionale Spezifizierung dieser letztgenannten durchschnittlichen Kooperationsquote zwischen Jugendhilfe und GHS in Höhe von 41% ergibt darüber hinaus eine große Variationsbreite von 15% bis 61% (als niedrigstem und höchstem Wert). In den Regionen mit punktueller Projektbeteiligung (Stadt Freiburg und Breisach/Oberrimsingen) ist die Einbeziehung der Jugendhilfe in 15% bzw. 32% der Einzelfälle erfolgt. In der Region mit der umfassendsten Projektbeteiligung (Lörrach) ist die einzelfallbezogene Kooperationsquote zwischen Jugendhilfe und Schulen mit 61% am höchsten.

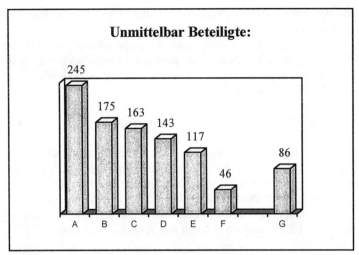

Unmittelbar Beteiligte:

A: GHS-Lehrer   E: Jugendamt/Beratungsstelle
B: Schüler   F: Staatliches Schulamt
C: GHS-Rektoren   G: Sonstige
D: Eltern

Zusammenfassende Interpretation:
In 41% der von den Kooperationslehrern dokumentierten Einzelfälle waren sowohl Jugendhilfe als auch GHS unmittelbar beteiligt. 59% aller Einzelfallkooperationen fanden somit schul(system-)intern, d.h. ohne unmittelbare Beteiligung der Jugendhilfe statt, was der Grundidee des Projekts entspricht, daß die Kooperation in erster Linie zwischen GHS- und Kooperationslehrern stattfinden und die Jugendhilfe erst nach Bedarf miteinbezogen werden soll. Ob nun diese einzelfallbezogene Kooperationsquote zwischen Jugendhilfe und Schulen in Höhe von 41% der dokumentierten Einzelfälle als hoch oder niedrig einzuschätzen ist und welche Gründe ihr Zustandekommen im einzelnen erklären, läßt sich aus der Statistik nicht herleiten[89].

Wie aber aus den Protokollen der regionalen Koordinationstreffen zu entnehmen ist, konnte der schulische Bedarf nach Beteiligung der Jugendhilfe in den beiden Regionen mit niedrigen Kooperationsquoten (zwischen Jugendhilfe und Schulen) aus Kapazitätsgründen nur zum Teil erfüllt werden.

Eine systematische Einbeziehung der Jugendhilfe auf der Grundlage eines gemeinsam ausgehandelten formalen Verfahrens führte in der Re-

---

[89] Dafür würden einheitliche Kriterien des Bedarfs der Miteinbeziehung der Jugendhilfe (bereits im Vorfeld juristisch festgelegter Verpflichtungen <etwa nach § 1666 BGB>) benötigt.

175

gion mit der umfassendsten Projektbeteiligung (Lörrach) zur höchsten Beteiligungsquote der Jugendhilfe von 61%.

Die insgesamt recht hohen Quoten der Miteinbeziehung von Schülern und Eltern belegt darüber hinaus, daß auch die Einzelfallkooperation im Projekt nicht nur experten-, sondern ebenso betroffenenorientiert verstanden und eingesetzt wurde.

e) Durchgeführte Maßnahmen der Einzelfallkooperation

Der Einsatz der Jugendhilfe spiegelt sich auch in der Statistik der durchgeführten Maßnahmen wider, bei der die Quote von Jugendhilfemaßnahmen bei 35% und die der schulischen Maßnahmen bei 56% (neben Sonstigen: 9%) liegt. Allerdings sind in den schulischen Maßnahmen auch Umschulungen und entsprechende Förderaktivitäten der Kooperationslehrer subsumiert. Aufgeschlüsselt ergeben sich folgende Maßnahmen:

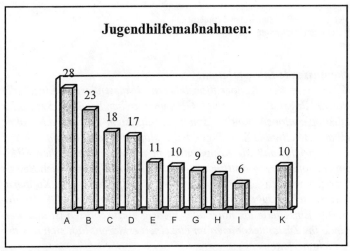

A: Teilstationäre Heimunterbringung F: Erziehungsbeistandschaft
B: Stationäre Heimunterbringung G: Nachhilfe
C: Einzel-, Familien-, Paartherapie H: Erziehungsberatung
D: Sozialpädagogische Familienhilfe I: Sozialpädagogische Fördergruppe
E: Unterbringung in Hort, Tagesgruppe K: Sonstige

In 28 Fällen kam es zu einer teilstationären, in 23 Fällen zu einer vollstationären Heimunterbringung vor allem der von einer Umschulung betroffenen Schüler. Im ambulanten Bereich wurden vor allem Einzel-, Familien- und Paartherapien sowie sozialpädagogische Familienhilfen durchgeführt, gefolgt von Unterbringungen in Horten/Tagesgruppen und Erziehungsbeistandschaften. In der Einrichtung sozialpädagogischer Förder-gruppen kommt der Beitrag der Jugendhilfe zur Erschließung neuer Res-sourcen zum Ausdruck. Unter Sonstige ist die Vielzahl einzelner, insbe-sondere ambulanter Maßnahmen wie z.B. Elterngespräche subsumiert.

Bei den schulischen Maßnahmen stehen Fördermaßnahmen und Stütz-unterricht neben den Umschulungen in eine SfE und in Förderschulen sowie GHS-Wechsel im Vordergrund.

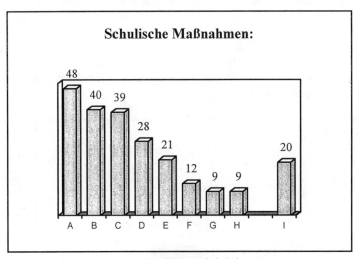

Schulische Maßnahmen:

A   Fördermaßnahme
B: Umschulung in eine SfE
C: Stützunterricht
D: GHS-Wechsel
E: Umschulung in eine
    Förderschule

F: Klassenwiederholung
G: Klassenwechsel
H: Überprüfung auf Sonderschulbedürftigkeit
I: Sonstige

Zusammenfassende Interpretation:

In den Einzelfallkooperationen wurden von der Jugendhilfe sowohl be-stehende ambulante Ressourcen eingesetzt (z.B. Therapien, sozialpäda-gogische Familienhilfen) als auch neue erschlossen (z.B. sozialpädagogi-sche Fördergruppen). Es wird deutlich, daß diese ambulanten Jugend-hilfemaßnahmen auf das familiäre Beziehungsnetz der Schüler zielen, was schulische Angebote in der Regel nicht leisten können. Die Durchführung stationärer und teilstationärer Maßnahmen bezog sich vor allem auf Schüler, die im Zuge der Kooperation in eine SfE oder in eine Förder-schule umgeschult wurden. Von den GHS wurden neben solchen Um-schulungen vor allem Förder- und Stützmaßnahmen mit teilweiser Beteiligung der Kooperationslehrer durchgeführt, wodurch der Einsatz dieser "Bordmittel" als Beitrag zur schul(system-)internen Lösung der Probleme zum Ausdruck kommt.

f) Integrationsbezogene Ergebnisse der Einzelfallkooperation

210 (77%) der 271 von der Einzelfallkooperation betroffenen Schüler sind in einer GHS verblieben, 40 (15%) wurden in eine SfE und 21 (8%) in eine Förderschule umgeschult. Darüber hinaus wurden 2 Schüler aus der GHS ausgeschlossen. Von den 9 Schülern, die auf das Vorliegen eines sonderpädagogischen Förderbedarfs im Sinne der SfE überprüft worden sind, verblieben 6 in der GHS.

Der regionale Vergleich ergibt ein differenzierteres Bild. In der Region Lörrach liegt die Quote der Umschulungen in eine SfE bei 25%, in allen anderen Regionen zwischen 3% und 6%.

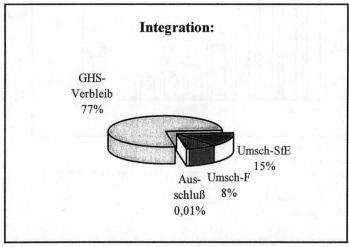

Umsch-F: Umschulung in eine Förderschule
Umsch-SfE: Umschulung in eine Schule für Erziehungshilfe

Weil diese Umschulungen in eine SfE für die Zielsetzung des Projekts bedeutsam sind, verglichen wir die Daten der Einzelfallberatungen, die zu einer Umschulung in eine SfE geführt haben mit denjenigen, bei denen die Schüler in einer GHS verblieben sind. Wir kamen zu folgenden bedeutsamen Unterschieden:

178

	Umschulung in eine SfE (n=40)	Verbleib in einer GHS (n=210)
Zur Person der Schüler:		
*Wohnort: alleinerziehender Elternteil	18 (45%)[1]	56 (27%)[2]
Eltern	19 (48%)	147 (70%)
* Geschwister: keine	12 (30%)	36 (17%)
* Geschlecht: männlich	34 (85%)	162 (77%)
Zur Einzelfallkooperation:		
* (Rangreihe der) Anlässe	1. aggressives Verhalten 2. Leistungsprobleme 3. provokantes Verhalten 4. familiäre Probleme	1. Leistungsprobleme 2. Motivationsprobleme 3. familiäre Probleme, aggressives Verhalten
* Durchschnittlicher Zeitraum / Fall	8 Monate	5 Monate
* Durchschnittliche Anzahl der Kontakte / Fall	12	7
* Durchschnittlicher Zeitaufwand / Fall	13,5 Std.	7 Std.
Unmittelbare Beteiligung:		
* Schulen und Jugendhilfe gemeinsam	36 (90%)	67 (32%)
Maßnahmen:		
* Schulische Maßnahmen: Förder-, Stütz-, Beratungs- maßnahmen oder veränderter Unterricht:	3 (8%)	87 (41%)
* Jugendhilfemaßnahmen: ambulant:	7 (18%)	73 (35%)
teilstationär:	23 (58%)	5 (2%)
stationär:	11 (28%)	14 (7%)

1:    Prozentangaben bezogen auf alle 40 Fälle
2:    Prozentangaben bezogen auf alle 210 Fälle

18 (45%) der 40 Schüler, die in eine SfE umgeschult wurden, kamen aus einem alleinerziehenden Elternhaus, 12 (30%) sind Einzelkinder und 34 (85%) sind männlich. Diese drei Quoten liegen deutlich höher als bei der Gruppe der Schüler, die in einer GHS verblieben sind.

Entsprechend der sehr hohen Quote der Jungen bei den Umschulungen in eine SfE steht hier aggressives Verhalten an erster Stelle der Rangreihe der Kooperationsanlässe, gefolgt von Leistungsproblemen, von provokantem, disziplinlosem Verhalten sowie von familiären Problemen.

Die Kooperation in Umschulungsfällen (in eine SfE) war wesentlich kontakt- und zeitintensiver für die Kooperationslehrer und erforderte auch mit durchschnittlich 8 Monaten eine längere Begleitung. Mit 90% ist die diesbezüglich einzelfallbezogene Kooperationsquote zwischen Jugendhilfe und Schulen sehr viel höher, der Einsatz schulischer Förder-, Stütz- oder Beratungsmaßnahmen in 8% und der Einsatz ambulanter Jugendhilfemaßnahmen in 18% der Umschulungsfälle (in eine SfE) jedoch sehr viel niedriger als bei der Gruppe der Schüler, die in einer GHS verblieben sind.

Es läßt sich somit eine Diskrepanz zwischen dem hohen Beratungsaufwand der Kooperationslehrer und den vergleichbar geringen Förderbeiträgen der GHS und ambulanten Beiträgen der Jugendhilfe in jenen Fällen feststellen, die zu einer Umschulung in eine SfE geführt haben. Demgegenüber wurden ambulante Jugendhilfe- und schulische Fördermaßnahmen verstärkt in Einzelfallberatungen eingesetzt, die zu einem Verbleib der betroffenen Schüler in einer GHS führten.

Zusammenfassende Interpretation:

Die überregionale Quote der Umschulungen in eine SfE im Rahmen der Einzelfallkooperationen liegt bei 15% (in eine Förderschule bei 8%), wobei die regionalen Quoten zwischen 3% und 25% variieren. Nach Aussagen der Kooperationslehrer der Region mit der höchsten Umschulungsquote (Lörrach) ist dies vor allem auf das spezielle Umschulungsverfahren (der Überprüfung des Vorliegens eines sonderpädagogischen Förderbedarfs im Sinne der SfE) der Region zurückzuführen, das die grundsätzliche Einbeziehung der Kooperationslehrer zwingend vorsieht.

Insgesamt führte die Einzelfallkooperation bei Kindern aus alleinerziehendem Elternhaus (Anteil: 45%), bei Einzelkindern (Anteil: 30%) und männlichen Schülern (Anteil: 85%) überdurchschnittlich häufig zu einer Umschulung in eine SfE.

Kooperationen mit dem Ergebnis einer Umschulung in eine SfE erstreckten sich über einen längeren Zeitraum und bedeuteten einen höheren Zeitaufwand für Kooperationslehrer als Kooperationen, bei denen die Schüler in einer GHS verblieben. Dies spiegelt möglicherweise die Bemühungen der Kooperationslehrer wider, im Vorfeld einer Umschulung in eine SfE Zeit und Energie zu investieren, um diese vielleicht doch noch zu verhindern.

Die einzelfallbezogene Kooperationsquote zwischen Jugendhilfe und Schulen war mit 90% in diesen Fällen entsprechend hoch; stationäre und teilstationäre Angebote der Jugendhilfe kamen häufiger zum Tragen, während ambulante Jugendhilfeangebote und Fördermaßnahmen der GHS im Hintergrund standen.

Diese Ergebnisse sprechen dafür, daß es sich bei den einzelfallbezogenen Kooperationen, die letztlich doch zu einer Umschulung in eine SfE führten, eher noch um "krisenhafte oder klar indizierte Fälle" gehandelt haben dürfte, bei denen ambulante oder Fördermaßnahmen nicht mehr als erfolgversprechend angesehen und daher nicht mehr eingesetzt wurden.

Die Frage, ob nun durch die Kooperation vermeidbare Umschulungen in eine SfE verhindert werden konnten, läßt sich aus mehreren Gründen weder mit der vorgestellten Statistik der Kooperationslehrer, noch mit der Statistik des Oberschulamts Freiburg und des Statistischen Landesamts Stuttgart ausreichend beantworten. Zum einen ist die im Rahmen der Kooperation festgestellte Quote der Umschulungen in eine SfE nicht vergleichbar mit den entsprechenden Umschulungsquoten, die das Oberschulamt Freiburg oder das Statistische Landesamt Stuttgart ermittelten, da sich diese Quoten auf völlig unterschiedliche Grundgesamtheiten beziehen[90]. Zum anderen müßten diese Quoten vor einem Vergleich gewichtet, d.h. in Abhängigkeit weiterer Faktoren wie etwa der Gesamtschüler-Zahlen in Beziehung gesetzt werden. Aber auch dann könnte kein direkter, kausaler Zusammenhang zwischen den (gewichteten) Umschulungsquoten und der Kooperation hergestellt werden, da eine Vielzahl sonstiger Einflüsse (z.B. infra- oder soziostrukturelle Unterschiede zwischen den städtischen und ländlichen Projektgebieten oder sich verändernde politische Rahmenbedingungen wie etwa die Klassengröße) nicht erfaßbar oder über den Projektzeitraum hinweg konstant zu halten ist. Darüber hinaus würde eine "Messung" komplexer und teilweise präventiv angelegter Kooperations- und Beratungseffekte einen entsprechend langen Untersuchungszeitraum voraussetzen, der ebenfalls nicht gegeben war[91].

Aus diesen Gründen können ausschließlich auf der Grundlage der Statistik keine verläßlichen Aussagen über Integrationseffekte aufgrund der Kooperation gemacht werden, so daß zur Beantwortung der Frage, ob im Kontext der Kooperation vermeidbare Umschulungen in SfE verhindert werden konnten, weitere Datenquellen hinzugezogen werden müssen. In diesem Sinne befragten wir zum Projektende hin 49 Lehrer, Sozialpäd-

---

[90] Grundgesamtheit der Umschulungsquote im Rahmen der Kooperation: 271 Schüler aus 59 GHS, die der Quote des Statistischen Landesamts: alle Schüler aus allen GHS des Regierungsbezirks Freiburg.

[91] Aus diesen Gründen hatten wir uns für ein nichtexperimentelles Forschungsdesign entschieden, vgl. Kap. 3.2, 5.2.1.

agogen und Schulräte per Interview[92], was - ausgehend von ihren Erfahrungen und subjektiven Urteilen - die Kooperation den Zielgruppen des Projekts, also den GHS-Lehrern, Schülern und Eltern gebracht hat, und welche dieser Effekte sie als integrationsspezifisch einschätzen würden. Darüber hinaus fragten wir, ob ihrer Einschätzung nach vermeidbare Umschulungen in eine SfE verhindert werden konnten.

Die in den nächsten Kapiteln dokumentierten Antworten auf diese Fragen geben somit subjektive Eigen- und Fremdeinschätzungen der Befragten aus den Interviews wieder.

6.2.4 Ergebnisse der Interviews zu den Effekten der Kooperation

In Kap. 5.2.4 wurde das qualitativ-interpretative und das quantitative Auswertungsverfahren der Interviews vorgestellt und erläutert. Da viele der insgesamt 166 Effekt-Unterkategorien nur wenige Male oder in seltenen Fällen gar nicht besetzt waren, werden im folgenden zur komprimierten Veranschaulichung nur die am häufigsten genannten positiven und negativen Effektvorläufer bzw. vermittelnde Effekte im Schaubild und anhand von Beispielen aufgeführt. Die Beispiele geben vor allem Aussagen wieder, die von den Befragten als integrationsspezifisch eingestuft wurden und daher für die Evaluation besonders relevant sind. Sie entsprechen den verdichteten Paraphrasen des 2. Paraphrasierungsdurchlaufs und sind durch Kursivdruck hervorgehoben.

Die in den Schaubildern zusätzlich angegebenen Zahlen entsprechen der Häufigkeit der Nennungen der Kategorien auf den Dimensionen: U = (Integrations-)Unspezifische Effekte und I = Integrationsspezifische Effekte. Die positiven bzw. negativen integrationsspezifischen Effekte werden als "integrationsförderliche" bzw. "integrationserschwerende" Effekte bezeichnet.

Der folgende Ausschnitt (aus dem auf S. 184 abgebildeten Schaubild der Effekte bei GHS-Lehrern) soll die Auswertungssystematik verdeutlichen. Es ist wie folgt zu interpretieren:

Verhalten U=3 / I=3		Verhalten U=33 / I=21
negative Effekte		**positive Effekte**

---

[92] Aus methodischen und ökonomischen Erwägungen sowie aus Gründen des Datenschutzes haben wir bewußt auf die Befragung betroffener Schüler und Eltern verzichtet.

Über alle Interviews hinweg kam es zu insgesamt 6 Aussagen, die sich auf negative Verhaltensveränderungen bei GHS-Lehrern im Rahmen der Kooperation bezogen. 3 davon wurden jedoch nicht explizit als integrationserschwerend bezeichnet und daher als (integrations-)unspezifisch eingestuft (U=3). Die anderen 3 Aussagen schätzten hingegen erlebte negative Verhaltensveränderungen bei GHS-Lehrern explizit als integrationserschwerend im Sinne der Projektzielsetzung ein (I=3). Auf der Seite der positiven Effekte bezogen sich 33 Aussagen auf positive integrationsunspezifische (U=33) und weitere 21 Aussagen auf integrationsförderliche Verhaltensveränderungen bei GHS-Lehrern (I=21). Soweit zu diesem Beispiel.

Insgesamt bezogen sich viele der qualitativen (und redundanzbereinigten) effektbezogenen Aussagen in den 49 Interviews (U=619 / I=331) auf personale Effekte bei GHS-Lehrern (U=287 / I=135), die auch die eigentliche Zielgruppe im Kooperationsprojekt "Lehrer/-innen beraten Lehrer/-innen" darstellen. Zu personalen Effekten bei Schülern (U= 91 / I=66) und Eltern (U=87 / I=25) konnten in den Interviews mangels direktem Bezug bzw. Kontakt von einzelnen Befragten insgesamt weniger Aussagen gemacht werden als zu den Effekten bei GHS-Lehrern. Darüber hinaus liegen uns zu den Effekten bei Schülern und Eltern auch keine Eigeneinschätzungen (wie bei den GHS-Lehrern) vor, weswegen die Häufigkeiten der Aussagen zu personalen Effekten bei Schülern und Eltern insgesamt niedriger ausfielen.

Die restlichen effektbezogenen Aussagen bezogen sich auf interpersonale und interinstitutionelle Beziehungseffekte, intrainstitutionelle Effekte sowie auf Integrationseffekte (Verhinderung vermeidbarer Umschulungen in eine SfE).

1. Personale und interpersonale Effekte bei GHS-Lehrern

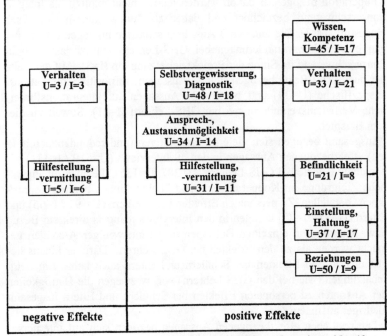

Anzahl der durchgeführten Interviews: N = 49
U: Unspezifischer Kooperationseffekt
I: Integrationsspezifischer Kooperationseffekt

Die Kategorien negativer Kooperationseffekte bei den GHS-Lehrern sind vergleichsweise nur sehr schwach besetzt: 5-mal wurden integrations-unspezifische negative Effekte im Bereich der (lehrerbezogenen) Hilfe-stellung/-vermittlung, z.B.

- *Der Kooperationslehrer brachte nichts Neues*

und weitere 6-mal als (spezifisch) integrationserschwerend genannt, z.B.

- *Ungenügende zeitliche Kontinuität der Beratung aufgrund der zeit-lich begrenzten Ressourcen der Kooperationslehrer begrenzen die Hilfemöglichkeiten, kontinuierlich an der Integration zu arbeiten*
- *Enttäuschung der Abnahmeerwartungen von GHS-Lehrern*

Negative Verhaltensveränderungen bei GHS-Lehrern wurden 3-mal als (integrations-)unspezifisch und 3-mal als (spezifisch) integrationserschwe-rend genannt, z.B.

- *Rückzug von GHS-Lehrern aus Beratung wegen enttäuschter Ab-nahmeerwartungen*

184

Die Kategorien: Ansprech-, Austauschmöglichkeit / Selbstvergewisserung, Diagnostik / Hilfestellung, -vermittlung / Einstellung, Haltung / Wissen, Kompetenz / Befindlichkeit / Verhalten als positive personale sowie Beziehungen als positive interpersonale unspezifische Effekte bei GHS-Lehrern wurden hingegen häufig besetzt (U>20). Als besonders spezifisch für das Ziel der Integration wurden positive Veränderungen in den Kategorien: Verhalten / Selbstvergewisserung, Diagnostik / Wissen, Kompetenz sowie Einstellung, Haltung genannt (I>15).

Im folgenden Schaubild werden einige dieser Effektkategorien aufgeschlüsselt und in Beziehung zu den unterschiedlichen Beteiligten gesetzt, wobei wiederum nur die meistgenannten Effekte dargestellt werden. So beziehen sich beispielsweise die positiven Verhaltensveränderungen der GHS-Lehrer vorwiegend auf Schüler und auf Mitarbeiter des Jugendamts. Anschließend werden Beispiele aus den Interviews zu diesen Effekten mit besonderer Berücksichtigung der integrationsspezifischen Effekte aufgeführt.

a) Beispiele zum Verhältnis: GHS-Lehrer - Schüler

Insgesamt wurde 15-mal geäußert, daß sich im Zusammenhang mit der Kooperation die Beziehungen zwischen Schülern und Lehrern verbessert hätten, z.B.

- *Durch bestimmte Interventionen entspannte sich die Beziehung Lehrer - Schüler*

Dies wurde aber bei nur 2 Aussagen als (spezifisch) integrationsförderlich eingestuft, z.B.:

- *Verbesserung der Klassensituation bzw. -gemeinschaft*

Im Zusammenhang mit solchen Beziehungsverbesserungen stehen positive Verhaltens- und Einstellungs- bzw. Haltungsveränderungen von GHS-Lehrern gegenüber Schülern. Zu den positiven Verhaltensveränderungen gegenüber Schülern, denen ein hoher integrationsförderlicher Einfluß zugesprochen (I=13) wird, gehören beispielsweise:

- *Sorgfältig überlegte Reaktionen auf Provokationen*
- *Lehrer kümmern sich intensiver um Kinder*

In bezug auf (spezifisch) integrationsförderliche Einstellungs/Haltungsveränderungen von GHS-Lehrern gegenüber Schülern (I=8) wurde u.a. geäußert:

- *Durch die Beratung mit den Kooperationslehrern haben sich die Lehrer auf das Kind umgestellt*

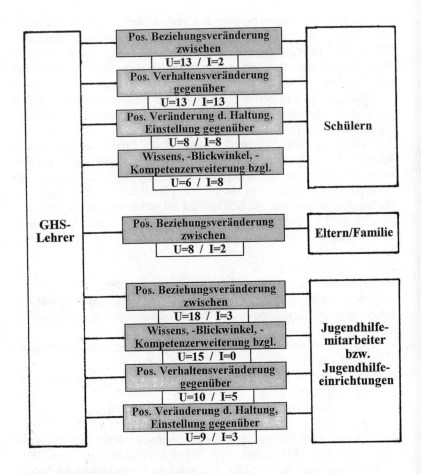

Solche Haltungs-/Einstellungsveränderungen von GHS-Lehrern gegenüber Schülern hängen insbesondere mit entsprechenden integrationsförderlichen Wissens-, Blickwinkel- bzw. Kompetenzerweiterungen (I=8) zusammen, z.B.

- *Die Hinweise des Kooperationslehrers erweiterten den Blickwinkel der Lehrerin von den "vermeintlich schwereren" Schülern auf die ganze Klasse*
- *GHS-Lehrer erhielt durch die Kooperation einen differenzierteren und weiteren Blickwinkel für die Probleme des Kindes, z.B. Informationen über familiäre Hintergründe*

186

- *Größere Offenheit, Sensibilisierung für pädagogische und sonderpäd-agogische Fragestellungen und Einsicht der Übertragbarkeit sonder-pädagogischer Elemente in GHS*

b) Beispiele zum Verhältnis: GHS-Lehrer - Eltern bzw. Familie
In Elterngesprächen nahmen die Kooperationslehrer insbesondere dann eine vermittelnde Rolle ein, wenn Konflikte zwischen Eltern und Schule eskaliert waren und eine Verständigung nicht mehr möglich schien. Durch die Vermittlung der Kooperationslehrer sind Beziehungen zwischen GHS-Lehrern und Eltern zunehmend verbessert worden, was aber nur in Einzel-fällen als integrationsförderlich eingestuft wurde (I=2). Beispielsweise sind
- *Dialoge wieder in Gang gekommen* und
- *Verhärtete Fronten aufgeweicht worden*

c) Beispiele zum Verhältnis: GHS-Lehrer - Jugendhilfemitarbeiter bzw. Jugendhilfeeinrichtungen
Aus den Interviews wird deutlich, daß sich das Wissen und der Blickwin-kel von GHS-Lehrern in bezug auf das Jugendamt positiv verändert haben (U=15), was aber nicht als integrationsspezifisch eingestuft wurde. Bei-spiel:
- *Lehrern sind Struktur, Aufgaben, aber auch Grenzen des Jugendamtes und deren Mitarbeiter bewußter geworden, beispielsweise deren be-grenzte Handlungsmöglichkeiten bei nicht mitarbeitsbereiten Eltern*

In diesem Zusammenhang wurden positive, aber nur zum Teil integra-tionsförderliche Haltungs- bzw. Einstellungsveränderungen gegenüber dem Jugendamt gesehen (I=3). Ein Beispiel für positive unspezifische Haltungs- bzw. Einstellungsveränderung:
- *Jugendamt wird immer seltener als Eingriffs- und immer häufiger als Hilfeinstanz wahrgenommen*
Ein Beispiel für (spezifisch) integrationsförderliche Haltungs- bzw. Ein-stellungsveränderung:
- *Einstellungsveränderung von Lehrern gegenüber dem ASD im Rah-men eines durch die Kooperation veränderten Umschulungsverfah-rens*

Solche Einstellungsveränderungen von GHS-Lehrern wurden wiederum im Zusammenhang mit positiven, teilweise integrationsförderlichen Ver-haltens- und Beziehungsveränderungen gegenüber dem Jugendamt gese-hen. Beispiele für integrationsförderliche Verhaltensveränderungen (I=5):
- *GHS-Lehrer unternehmen frühzeitiger etwas und warten nicht, bis eine Umschulung unvermeidlich ist*

- *Durch Vernetzung mit Jugendhilfe wurden Probleme abgeschwächt oder eine Umschulung vermieden*

Ein Beispiel für integrationsförderliche Beziehungsveränderung (I=3):

- *Das persönliche Kennenlernen von ASD-Mitarbeitern und GHS-Lehrern verringerte die Hemmschwelle, mit Jugendamt frühzeitig Kontakt aufzunehmen, verbesserte den Zugang des ASD zu den GHS und zur Schulleitung, wodurch die Zusammenarbeit vertrauensvoller und integrativer wurde*

Zusammenfassende Interpretation:

Auf die Frage nach Kooperationseffekten bei GHS-Lehrern wurden besonders viele Antworten gegeben. Dies hängt vor allem damit zusammen, daß wir zu dieser Frage nicht nur Fremd-, sondern vor allem viele Eigeneinschätzungen der 21 befragten GHS-Lehrer erhielten, auf die das Kooperationskonzept vorwiegend zielte.

Nach Aussagen der Befragten kam es im Rahmen der Kooperation häufig zu folgenden positiven und vorwiegend als (integrations-) unspezifisch eingestuften Effekten bei GHS-Lehrern:

- *Befindlichkeitsverbesserungen*
- *Beziehungsverbesserungen zwischen GHS-Lehrern und Schülern, Eltern bzw. Familien und Fachkräften des Jugendamts*
- *Wissens-, Blickwinkel-, Kompetenzerweiterungen sowie Haltungs- bzw. Einstellungsveränderungen bei GHS-Lehrern vor allem gegenüber Jugendamtsmitarbeitern und Jugendamt als Institution*

Die für die Einschätzung der Effektivität des Kooperationskonzepts im Sinne des Integrationsanliegens bedeutsamen integrationsförderlichen Effekte bezogen sich vor allem auf folgende Bereiche:

- *Ansprech-, Austauschmöglichkeit der Kooperationslehrer für GHS-Lehrer*
- *Möglichkeit der Selbstvergewisserung und Diagnostik für GHS-Lehrer in der Einzelfallberatung der Kooperationslehrer*
- *Hilfestellung bzw. vermittlung für GHS-Lehrer*
- *Verhaltensveränderungen von GHS-Lehrern vor allem gegenüber Schülern, aber teilweise auch gegenüber Sozialpädagogen der Jugendhilfe*
- *Wissens-, Blickwinkel-, Kompetenzerweiterungen bei GHS-Lehrern vor allem gegenüber Schülern, aber auch in bezug auf eigene pädagogische, insbesondere sonderpädagogische Handlungsmöglichkeiten*
- *Haltungs- bzw. Einstellungsveränderungen von GHS-Lehrern vor allem gegenüber Schülern*

Insgesamt wurde nur vereinzelt von integrationserschwerenden Effekten im Kontext der Kooperation berichtet - und zwar von

- *negativen Verhaltensveränderungen bei GHS-Lehrern z.B. gegenüber den Kooperationslehrern und*
- *negativ bewerteten Hilfestellungen, -vermittlungen für GHS-Lehrer*

Auffallend ist, daß die von uns als Effektvorläufer definierten Kategorien: Ansprechpartnerschaft, Diagnostik und Hilfestellung häufig als spezifisch integrationsförderlich eingestuft wurden. Dies könnte vor allem mit der positiven Erfahrung der GHS-Lehrer zusammenhängen, daß ihnen mit der Implementation des Kooperationskonzepts die personalen Ressourcen der beratenden Kooperationslehrer, etwa deren Außenperspektive und diagnostische Kompetenzen aber auch die personalen und institutionellen Ressourcen der Jugendhilfe, etwa deren Hilfsangebote, zugänglich gemacht wurden.

Die weiteren genannten integrationsförderlichen Effekte bei GHS-Lehrer können als Folgen der Nutzung dieser Ressourcen interpretiert werden und beziehen sich vor allem auf positive Veränderungen des Verhaltens, der Einstellung bzw. Haltung und des Wissens der GHS-Lehrer in bezug auf ihre Schüler. In Verbindung mit der Kompetenzerweiterung bei GHS-Lehrern in bezug auf das eigene pädagogische Konzept lassen sich diese Effekte als Ausdruck subjektiv erlebter positiver Veränderungen in der Person der GHS-Lehrer verstehen. Diese subjektiven Veränderungen können, müssen jedoch nicht zwangsläufig zu Beziehungsverbesserungen führen, die in den Einschätzungen der Befragten noch eher als unspezifisch für das Integrationsziel eingestuft wurden.

Auffallend ist darüber hinaus, daß auch die positiven Effekte bei GHS-Lehrern gegenüber den Jugendamtsmitarbeitern und dem Jugendamt als Institution offenbar nur wenig in direktem Zusammenhang mit dem integrationsspezifischen Projektziel gesehen wurden.

Zusammenfassend wurde aus der Sicht der Befragten somit eine Integrationsförderung vor allem durch positive Veränderungen in der Person der GHS-Lehrer durch die Bereitstellung und Nutzung personeller und institutioneller Ressourcen im Kontext der Kooperation vermittelt.

2. Intrainstitutionelle Effekte bei GHS

In den Interviews wurde neben einzelnen negativen (U=1 / I=2) vor allem von positiven intrainstitutionellen Veränderungen (U= 29 / I=7) berichtet, die im Verlauf der Kooperation bei einigen GHS stattfanden. Hierzu wurden vor allem positive konzeptionelle und positive strukturelle Veränderungen genannt. Beispiele für integrationsförderliche konzeptionelle Veränderungen:

- *In einer GHS wird auf der Grundlage eines ganzheitlichen Konzepts versucht, mit verhaltensauffälligen Schülern zu arbeiten und sie in ihrer Umgebung zu halten*
- *Verbesserte Elternarbeit*
- *Verstärkter Einsatz eigener Bordmittel vor der Meldung eines Schülers in das Umschulungsverfahren*

Durch die Kooperation wurden desweiteren zunehmend sozial- und sonderpädagogische Sichtweisen und Methoden in das Konzept einiger GHS integriert. Dies wurde aber im allgemeinen noch nicht als integrationsspezifisch eingestuft wurde, z.B.

- *Die Bereitschaft von GHS, zeitweise Sonderregelungen für einzelne Schüler zuzulassen*
- *Verstärkte außerunterrichtliche Aktivitäten*

Auch die positiven strukturellen Veränderungen in GHS wurden meist nicht explizit als integrationsförderlich eingestuft, z.B.

- *Kooperationslehrer ist zum festen Bestandteil des GHS-Kollegiums geworden und in die Struktur der Schulen integriert worden*
- *Durch das persönliche Kennenlernen in den Fallbesprechungsgruppen bildete sich ein gewisses Netzwerk im Kollegium*
- *Verbesserung der Zusammenarbeit zwischen Lehrer und Schulleitung*

Zusammenfassende Interpretation:

Die Kooperation wirkte sich ebenso auf positiv bewertete konzeptionelle und strukturelle Veränderungen in GHS aus. Hier sind etwa mit der Modifizierung von Unterrichtskonzepten oder der Entstehung von Netzwerken zwischen GHS-Lehrern Prozesse der Organisationsentwicklung zutage getreten, die die institutionellen Voraussetzungen für eine integrativ ausgerichtete GHS schaffen oder optimieren können. Trotz der häufigen Nennung solcher Prozesse als Kooperationseffekte wurde noch eher selten ein direkter integrationsförderlicher Bezug hergestellt, was vor allem mit den schwierigen Rahmenbedingungen und mit der relativ kurzen Laufzeit des Projekts in Zusammenhang stehen könnte; denn institutionelle und konzeptionelle Veränderungen brauchen erfahrungsgemäß längere Zeiträume, um wirksam werden zu können.

3. Personale Effekte bei Schülern

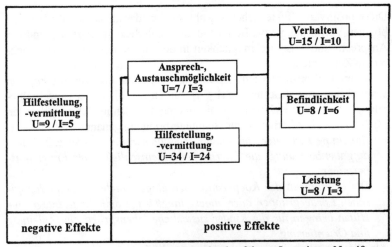

Anzahl der durchgeführten Interviews: N = 49
U: Unspezifischer Kooperationseffekt
I: Integrationsspezifischer Kooperationseffekt

Personale Effekte bei Schülern zeigten sich nach Einschätzungen der Befragten vor allem in bezug auf positive Verhaltens- und Befindlichkeitsveränderungen und im Sinne von Leistungsverbesserungen (sowohl im kognitiven, als auch im sprachlichen Bereich). Allgemeine Verhaltensveränderungen bei Schülern wurden häufiger als integrationsförderlich genannt (I=10), z.B.:

- *Ruhigeres, konzentrierteres Arbeitsverhaltens eines Schülers,*

auf bestimmte Bereiche bezogene Verhaltensveränderungen hingegen eher als (integrations-) unspezifische Effekte eingestuft (U=15), z.B.:

- *Kontrollierterer Umgang mit Aggressionen durch Gruppentherapie*
- *Durch Einzelberatung willigere Mitarbeit eines Schülers, der die Schule schwänzt*
- *In der Spielgruppe lernen die Kinder, einander zuzuhören und miteinander über ein Problem zu sprechen*

Als Beispiele der integrationsförderlichen Verbesserung der Befindlichkeit von Schülern (I=6) wurden u.a. genannt:

- *Kind fühlt sich in der Klasse wohler durch verändertes Verhalten des Lehrers und der Mitschüler*
- *Durch die Fördermaßnahme ist das Kind entspannter und selbstbewußter geworden*

191

- *Entlastung hochaggressiver Jugendlicher über Zuwendung oder Elterngespräche im Rahmen der Kooperation*

Diese positiven Effekte stehen sowohl miteinander als auch mit der ange-
botenen Vermittlung bzw. Bereitstellung schülerbezogener Hilfen und der
Ansprech- und Austauschmöglichkeit in der Person des Kooperationslehrers in Zusammenhang.

Als integrationsförderliche Effekte in bezug auf die Vermittlung von
schülerbezogener Hilfestellung (I=24) wurden z.B. die in der Einzelfallberatung oder in den Helferrunden diskutierten und schließlich eingeleiteten
Maßnahmen als Alternative zur Heimunterbringung genannt:

- *Einleitung konkreter ambulanter Maßnahmen für Schüler z.B. Haus-
aufgabenbetreuung, die Elternarbeit miteinschließt oder Erziehungsberatung*
- *Die im Rahmen der Kooperation neu eingerichteten sozialpädagogischen Fördergruppen oder andere langfristige ambulante integrative
Hilfen bringen für die Kinder zusätzliche lebenspraktische Anleitung
und Orientierung*

Als diesbezüglich integrationserschwerende Effekte (I=5) wurden z.B.
genannt:

- *Durch die begrenzte zeitliche Kooperationskapazität kommen nur die
schwierigsten Fälle in die Kooperation*
- *Einer schülergerechten teilstationären Unterbringung steht das Problem der Finanzierung blockierend im Wege*

Beispiele von integrationsförderlichen Effekten in bezug auf die An-
sprech- und Austauschmöglichkeit des Kooperationslehrers für Schüler
(I=3) sind u.a.:

- *Durch intensive Arbeit des Kooperationslehrers bekam der Schüler
das Gefühl, daß sich jemand um ihn kümmert*
- *Bei Rückschulungen von Kindern aus der SfE in die GHS war der
Kooperationslehrer ein vertrauter Ansprechpartner*

Zusammenfassende Interpretation:
*Die Kooperation brachte in der Person der Kooperationslehrer auch für
Schüler eine Ansprech- und Austauschmöglichkeit, die sie auch teilweise
in Anspruch nahmen. Diese Ansprechmöglichkeit wurde aber ebenso wie
Leistungsverbesserungen eher selten als für die Integration spezifisch
eingeschätzt. Als integrationsförderlich wurden demgegenüber vor allem
Effekte in den Bereichen von Verhaltens- und Befindlichkeitsverbesserungen der Schüler und der Bereitstellung entsprechender Hilfen für Schüler
genannt, wobei es bei diesen Hilfen vereinzelt zu integrationserschwerenden Prozessen kam.*

Abgesehen von solchen einzelnen Erschwernissen hat die schülerbezoge-
ne Hilfestellung/-vermittlung einen hohen integrationsförderlichen Anteil,
was deren Bedeutsamkeit im Kooperationskonzept im Blick auf die
Bereitstellung vor allem ambulanter Ressourcen der Schulen als auch der
Jugendhilfe (als Alternative zu Heimunterbringungen) unterstreicht. Da-
bei können die genannten positiven Verhaltens- und Befindlichkeitsver-
änderungen durchaus als Folge solcher Ressourcennutzungen interpre-
tiert werden, die schwerpunktmäßig nicht auf Leistungsverbesserungen,
sondern auf den sozial-emotionalen Bereich der Schüler zielten.

4.   Personale Effekte bei Eltern bzw. Familien

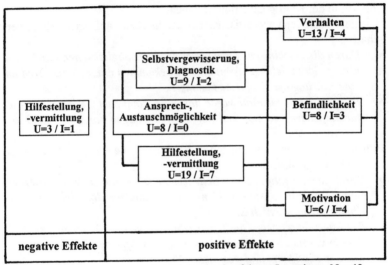

Anzahl der durchgeführten Interviews: N = 49
U: Unspezifischer Kooperationseffekt
I: Integrationsspezifischer Kooperationseffekt

Ähnlich wie bei den Schülern bildet die Kategorie der eltern-/fami-
lienbezogenen Hilfestellung/ -vermittlung den quantitativen Schwerpunkt
der Aussagen auch im Hinblick auf deren Bezug zur Integration. Als
diesbezüglich förderlich (I=7) wurde vor allem die Bereitstellung
präventiver und ambulanter Maßnahmen seitens der Jugendhilfe genannt,
z.B.:

• *Die Einleitung ausreichender ambulanter Maßnahmen der Jugend-*
  hilfe für Eltern

- *Elternarbeit kommt gut an, weil Eltern sehen, daß ihnen geholfen werden kann*

Als integrationserschwerend wurde in einem Falle (I=1) die Anwesenheit der Kooperationslehrerin erlebt:

- *Eltern sind am Anfang sehr skeptisch, weil sie durch die Präsenz einer Sonderschullehrerin immer gleich eine "Überführung" ihres Kindes in die SfE befürchten*

Ein anderer, jedoch nach Einschätzung der Fachkräfte weniger integrationsspezifischer Effekt bestand in der Möglichkeit der Inanspruchnahme der Kooperationslehrer oder Sozialpädagogen als Ansprechpartner und als Diagnostiker, um einen Bezugspunkt außerhalb der Schule sowohl für die eigenen Bedürfnisse als auch für die Klärung des eigenen Standorts bzw. Position in der Konfliktsituation zu haben.

Beispiele positiver unspezifischer Effekte in bezug auf Ansprechpartnerschaft:

- *Durch die gemeinsame Suche nach Lösungsmöglichkeiten werden die Eltern nicht alleinegelassen und sie bekommen mit, daß man sich um eine Klärung der Probleme kümmert*
- *Durch die Kooperation wurde das Jugendamt zum Gesprächspartner für die Eltern, wo man mal hingehen und sagen kann, was läuft und was nicht läuft*

Beispiele positiver unspezifischer Effekte in bezug auf Diagnostik, Selbstvergewisserung:

- *Durch die Bestätigung der Schwierigkeiten von mehreren Seiten erkennen die Eltern, daß nicht nur die Schule für die Probleme ihres Kindes verantwortlich ist*
- *Die Eltern akzeptieren die Testergebnisse, weil sie durch eine neutrale Person vermittelt werden und merken, daß differenziert erörtert wird, was das Kind kann und was nicht*

Darüber hinaus wurde berichtet, daß neben solchen Effekten vereinzelt positive Verhaltens-, Befindlichkeits- und Motivationsveränderungen bei Eltern erreicht werden konnten.

Integrationsförderliche Verhaltensveränderungen von Eltern (I=4) beziehen sich vor allem auf ihre Kinder, z.B.

- *Eltern kümmern sich mehr um ihre Kinder*
- *Eltern setzten die Ratschläge des Kooperationslehrers um und schickten z.B. ihr Kind in einen Verein*

Ein Beispiel für integrationsförderliche Befindlichkeitsveränderungen bei Eltern (I=3):

- *Im Elterngespräch konnten Ängste bei Eltern abgebaut werden, daß sie Vorwürfe oder Drohungen bekommen, ihr Kind in eine Sonderschule umzuschulen*

Beispiele für integrationsförderliche Motivationsveränderungen (I=4):

- *Bei Eltern, die oft nach längerer Zeit bereit waren mitzuziehen, hat es immer dazu geführt, daß die Kinder in der GHS besser zurechtkamen und sich integrieren konnten*
- *Motivation der Eltern, sich mehr für ihr Kind zu interessieren und eine Beratungsstelle aufzusuchen*

Zusammenfassende Interpretation:

Auch für die Eltern brachte die Kooperation in der Person der Kooperationslehrer oder Sozialpädagogen vor allem eine positive, aber eher noch (integrations-)unspezifische Ansprech-, Austauschmöglichkeit sowie die Möglichkeit einer (inoffiziellen) Diagnostik ihrer Kinder, die ihnen für die eigene Standortbestimmung und Selbstvergewisserung nützlich war.

Fast in Übereinstimmung mit den Aussagen zu integrationsförderlichen Effekten bei Schülern wurden auch bei den Eltern Verhaltens-, Befindlichkeits- und darüber hinaus Motivationsveränderungen neben der elternbezogenen Hilfestellung bzw. -vermittlung als integrationsförderlich eingestuft. Die Motivationsveränderungen bei Eltern beziehen sich vor allem auf deren gestiegene Bereitschaft zur Mitarbeit oder Hilfe für sich selbst in Anspruch zu nehmen.

Zusammenfassend kann auch hier von der großen Bedeutung elternbezogener Hilfestellungen gesprochen werden, die sich auf motivationale und sozial-emotionale Bereiche der Eltern und somit der familiären Lebenswelt der Kinder bezogen.

5.   Integrationseffekte: Aussagen zu Umschulungen in eine SfE

Eine Interviewfrage bezog sich darauf, ob die im Projektzeitraum im Rahmen der Kooperation durchgeführten Umschulungen in eine SfE aus der subjektiven Sicht der Befragten indiziert waren oder möglicherweise vermeidbar gewesen wären. Wir zählten dazu die Aussagen aus den 49 Interviews aus - die Anzahl der diesbezüglich gemachten und im folgenden aufgeführten Aussagen entsprechen jedoch nicht den tatsächlichen Zahlen verhinderter, indizierter oder vermeidbarer Umschulungen, da sich die Aussagen auf dieselben Einzelfälle, aber aus unterschiedlichen Perspektiven (z.B. der GHS- und Kooperationslehrer) beziehen können. **Interpretierbar sind daher die folgenden Zahlen nur als Einschätzungstrends!**

In 10 Aussagen wurde darauf hingewiesen, daß eine Umschulung möglicherweise hätte vermieden werden können (davon kamen 4 Aussagen von GHS-, 5 von Kooperationslehrern und 1 Aussage von einem Jugendamtsmitarbeiter). In 32 Aussagen wurde angegeben, daß die durchgeführten Umschulungen indiziert waren und weitere 29 Aussagen kamen zu dem Ergebnis, daß es zu keiner Umschulung kam bzw. ins Auge gefaßte Umschulungen in eine SfE verhindert werden konnten (davon kamen 11 Aussagen von Kooperations-, 13 von GHS-Lehrern, 4 von Jugendamtsmitarbeitern und 1 Aussage von einem Schulrat). 3 Angaben bezogen sich allerdings auch darauf, daß indizierte Umschulungen zu spät erfolgt seien.

Im Kontext der Aussagen zu den Umschulungen hat die Perspektive der Sonderschulräte eine besondere Bedeutung, da diese einen Gesamtüberblick über entsprechende Entwicklungen in ihrem Schulamtsbezirk haben. Alle drei befragten Sonderschulräte äußerten sich dahingehend, daß alle im Kontext der Kooperation durchgeführten Umschulungen in eine SfE indiziert gewesen seien, was deshalb nicht überrascht, weil diese Umschulungen von ihnen selbst entschieden wurden. Die Sonderschulräte aus den Regionen mit hoher Projektbeteiligung (Lörrach und Waldshut/ Tiengen) gaben darüber hinaus an, daß durch die Kooperation die Quote der Anmeldungen zur Überprüfung auf das Vorliegen eines sonderpädagogischen Förderbedarfs im Sinne der SfE zurückgegangen oder - trotz steigender Zahl der Verhaltensprobleme - gleichgeblieben sei.

Zusammenfassende Interpretation:
Im Kontext der Kooperation konnten nach Aussagen vieler Befragter vermeidbare Umschulungen verhaltensauffälliger Schüler in eine SfE verhindert werden.

Keinen Konsens gab es zur Frage, ob einige der durchgeführten Umschulungen in eine SfE möglicherweise hätten verhindert werden können. Nach Aussagen der meisten Befragten, darunter aller Sonderschulräte, waren die im Kontext der Kooperation durchgeführten Umschulungen in eine SfE indiziert, wenige Angaben kamen zu dem Ergebnis, daß ein geringer Teil der durchgeführten Umschulungen in eine SfE möglicherweise hätten verhindert werden können, bzw. daß indizierte Umschulungen zu spät erfolgt seien. Für die Interpretation dieser Aussagen besteht jedoch das Problem, daß es keine einheitlichen Kriterien zur Bestimmung der Vermeidbarkeit von Umschulungen gibt, womit ungeklärt bleibt, ob einige Umschulungen tatsächlich vermeidbar gewesen wären.

Der Rückgang bzw. die Stagnation der Quote der Anmeldungen zur Überprüfung auf das Vorliegen eines sonderpädagogischen Förderbedarfs im Sinne der SfE in den beiden Regionen mit hoher Projektbeteiligung - trotz steigender Zahl der Verhaltensprobleme - spricht eher dafür, daß im Kontext der Kooperation die Einleitung von vermeidbaren Umschulungen bereits im Vorfeld verhindert werden konnte.

6.   Gesamturteil zur Projektanlage

Auf der Grundlage der vielen Einschätzungen zu den Kooperationseffekten und der ihnen zugrundeliegenden Erfahrungen haben wir die Interviewteilnehmer um ihr Gesamturteil zum Projekt "Lehrer/-innen beraten Lehrer/-innen" und insbesondere zur Eignung dieses Konzeptes für eine Unterstützung der Integration verhaltensauffälliger Schüler in GHS gebeten.

77% der Befragten beurteilten dieses Konzept in dieser Hinsicht als uneingeschränkt sehr gut geeignet, gut geeignet oder als geeignet. Weitere 13% knüpften an ihr Urteil (von sehr gut geeignet bis geeignet) bestimmte Bedingungen (z.B.: sehr gut geeignet, wenn ausreichend Deputate zur Verfügung stehen). Nur 4% hielten dieses Konzept für ungeeignet und 6% wollten sich in ihrem Urteil nicht festlegen.

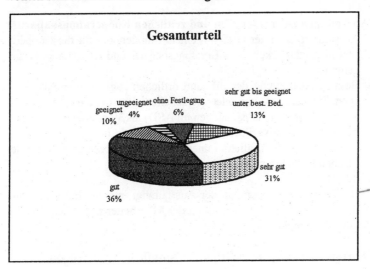

Gesamturteil

Entsprechend hoch (96%) ist auch der Prozentsatz der Befragten, die sich für eine Fortführung des Konzepts über die Modellphase hinaus aussprachen und hierfür viele Anregungen gaben, die im nächsten Abschnitt als Perspektiven für die Weiterentwicklung des Kooperationskonzeptes über die Modellphase hinaus aufgeführt werden.

Zusammenfassende Interpretation:
Das Kooperationskonzept wird von über Dreiviertel der Befragten im Hinblick auf dessen Eignung zur Unterstützung der Integration verhaltensauffälliger Schüler in GHS uneingeschränkt als sehr gut geeignet (31%), gut geeignet (36%) und geeignet (10%) eingeschätzt. Weitere 13%

knüpfen an ihr Urteil (von sehr gut geeignet bis geeignet) bestimmte Bedingungen (z.B.: sehr gut geeignet, wenn ausreichend Deputate zur Verfügung stehen). Nur 4% halten dieses Konzept für ungeeignet und 6% wollten sich in ihrem Urteil nicht festlegen.
96% der Befragten sprachen sich für eine Fortführung des Konzepts über die Modellphase hinaus aus.

Diese hohe Zustimmungsquote bedeutet, daß insgesamt von einer guten Eignung des Konzepts im Hinblick auf dessen Zielsetzung der Unterstützung der Integration verhaltensauffälliger Schüler und von einer hohen Projektakzeptanz der an der Kooperation beteiligten Lehrer und Fachkräfte gesprochen werden kann.

7.   Perspektiven der weiteren Konzeptentwicklung über die Modellphase hinaus

a) Anregungen zur personellen und zeitlichen Kooperationskapazität
- Ausstattung auch der GHS mit einem Stundenpool für die Kooperation in Abhängigkeit ihres Beratungsbedarfs und Kooperationsengagements
- Bessere Ausstattung der SfE und örtlichen Jugendämter mit zeitlichen (Deputaten) und/oder personellen Ressourcen (Sonderpädagogen in SfE, Sozialpädagogen im ASD) als Voraussetzung für notwendige integrative Präventionsarbeit - gerade bei steigendem Problemdruck von "Eilfällen" - unerläßlich bei Aufrechterhaltung eines Flächendeckungsanspruchs
  oder
- Bei Erhalt des Status Quo der Ausstattung: interne Umorganisation der ASD und SfE zur Entlastung der Mitarbeiter mit hohem Beteiligungsgrad an der Kooperation

b) Anregungen zur personellen und institutionellen Beteiligung an der Kooperation
- Aufgrund der begrenzten Kapazitäten: Konstante Präsenz an GHS durch Kooperationslehrer und/oder Sozialpädagogen (z.B. über Sprechstunden) nur in ausgesuchten GHS[93] mit hohem und konstantem Beratungsbedarf. Für GHS mit gelegentlichem Beratungsbedarf: Möglichkeit der Kooperationsinanspruchnahme nach Bedarf (z.B. mit vorheriger telefonischer Terminvereinbarung)
- Systematische Miteinbeziehung der Kompetenzen und Ressourcen der Beratungslehrer der GHS in das Kooperationskonzept

---

[93]   Etwa durch eine Ausschreibung der Staatlichen Schulämter auf der Grundlage einer freiwilligen Projektteilnahme.

- Stundenweise Betreuung schwieriger Schüler in den GHS durch andere Personengruppen, z.B. durch Sozialpsychologen oder Schulsozialarbeiter auf Abruf bei den Staatlichen Schulämtern - oder - Integration von sehr schwierigen Kindern durch eine an den Grundschulen angegliederte, kleinere (Integrations-)Klasse (jedoch nicht im Sinne einer angegliederten SfE)
- Förderung der Integration verhaltensschwieriger Kinder durch Kooperation bereits im Kindergarten, die auch eine Qualifizierung der Einschulungsentscheidung beinhaltet[94]

c) Anregungen zu Inhalten und Formen des Kooperationskonzepts

- Integration der Kooperation in den alltäglichen Schulablauf der GHS (z.B. über eine Verortung in den Stundentafeln)
- Ausbau präventiver (z.B. gemeinwesenorientierter) und ambulanter Maßnahmen der Jugendhilfe (z.B. sozialpädagogische Fördergruppen, erlebnispädagogische Unternehmungen usw.)
- Stärkere Integration des erzieherischen Auftrags und entsprechender Unterrichtsansätze in GHS (z.B. temporäre Sonderregelungen für verhaltensauffällige Schüler, Stärkung außerunterrichtlicher Aktivitäten, Durchführung von Schülerfördermaßnahmen in GHS)
- Angebot von pädagogischen Fallbesprechungsgruppen für Lehrer durch qualifizierte Fachkräfte - vor allem auch in ländlichen Gebieten
- Gemeinsame Entscheidungen über Umschulungen im Rahmen von "Runden Tischen" oder Förderausschüssen unter Einbeziehung verschiedener Perspektiven (Schüler, Eltern, GHS-Lehrer, Kooperationslehrer, Jugendhilfevertreter usw.)
- Re-integrative Perspektive: Rückschulung von Schülern aus SfE in Allgemeinschulen mit zeitweiliger Weiterbetreuung durch den Kooperationslehrer der rückschulenden SfE

d) Anregungen zum institutionellen Kontext der Kooperation

- Verbesserung der Rahmenbedingungen der GHS (z.B. der Klassengröße, da mit steigenden Schülerzahlen sich vor allem Verhaltensprobleme potenzieren) und der Jugendhilfe (z.B. Gemeinwesen- statt Krisenorientierung)
- Strukturelle Veränderungen in GHS zur Unterstützung kooperativer und erzieherischer Aspekte der Lebenswelt Schule (z.B. Enthierarchisierung des Schulsystems, Einführung einer 6-klassigen Grund-

---

[94] Die meisten der am Projekt beteiligten SfE, insbesondere die SfE der Tüllinger Höhe, kooperieren seit Jahren mit Kindergärten - diese Kooperationsleistungen wurden im Rahmen des Modellprojekts nicht untersucht.

schule, Aufweichung der zu starken Leistungsbezogenheit usw.) und mittelfristige Schulstrukturentwicklung in Richtung auf mehr Ganztages- und/oder Gesamtschulen

- Fortbildung, Supervision für Kooperationslehrer (z.B. in Moderation von Helferrunden)
- Fortbildung von GHS-Lehrern (z.B. in Gesprächsführung, oder thematische Fortbildungen wie: Pädagogisch-integrativer Umgang mit verhaltensauffälligen Schülern)
- Berücksichtigung kooperativer Elemente in der Ausbildung von Lehrern und Sozialpädagogen

Zusammenfassende Interpretation:
Die Befragung ergab viele konstruktive Anregungen und Forderungen für eine Weiterentwicklung und Fortsetzung des Kooperationskonzepts im Anschluß an die Modellphase, die sich vorwiegend auf die Rahmenbedingungen der Kooperation bezogen:

- *Personelle und zeitliche Kooperationskapazität (z.B. Deputatsaufstockung oder interne Umorganisation in GHS und ASD)*
- *Personelle und institutionelle Beteiligung an der Kooperation (z.B. Schwerpunktbildung der Kooperation an GHS mit hohem, konstantem Beratungsbedarf und Grundversorgung von GHS mit gelegentlichem Beratungsbedarf)*
- *Inhalte und Formen des Kooperationskonzepts (z.B. Ausbau der pädagogischen Fallbesprechungsgruppen sowie präventiver und ambulanter Maßnahmen der Jugendhilfe, stärkere Berücksichtigung des Erziehungsauftrags im Schulalltag)*
- *Institutioneller Kontext der Kooperation (z.B. Verbesserung der Rahmenbedingungen in der Jugendhilfe und bei GHS: Einrichtung von Ganztages- und Gesamtschulen, Einführung einer 6-klassigen Grundschule, Fortbildung von GHS- und Kooperationslehrern)*

6.2.5 Die wesentlichen Ergebnisse der Abschlußbilanz im Überblick

Im folgenden haben wir noch einmal die zentralen Elemente der zusammenfassenden Interpretationen der wesentlichen Ergebnisse der Statistik und der Interviews der Abschlußbilanz aus den vorangegangenen Kapiteln zusammengestellt.

1.   Ergebnisse der Statistik der Beteiligung von GHS

In das Kooperationsprojekt waren 59 GHS vorwiegend sporadisch (63%), aber auch kontinuierlich (21%) und einmalig (16%) einbezogen. Eine kontinuierliche flächendeckende Kooperation mit Dauerpräsenz der Kooperationslehrer konnte entweder aufgrund fehlender Kooperationsdeputate oder Kooperationskapazitäten der SfE nicht erreicht werden.

2. Ergebnisse der Statistik der Kooperationslehrer

a) Gesamtzeitaufwand der Kooperationslehrer
Die Einzelfallarbeit der Kooperationslehrer bildete den Schwerpunkt der Kooperation neben den einzelfallübergreifenden Organisations-, Koordinations- und Qualifizierungsaktivitäten sowie präventiv ausgerichteten Veranstaltungen in und mit GHS.

b) Einzelfallübergreifende Kooperation
Mit 303 präventiv ausgerichteten einzelfallübergreifenden Veranstaltungen in und mit GHS wurde eine beachtliche Zahl von Kooperationsveranstaltungen für Lehrer und Schüler durchgeführt, so daß von einer lehrer- und - zumindest zum Teil - auch schülerzentrierten Ausprägung der einzelfallübergreifenden Kooperation gesprochen werden kann.

c) Einzelfallbezogene Kooperation
Von den Kooperationslehrern wurden über einen durchschnittlichen Zeitraum von 5 Monaten 271 Einzelfälle begleitet. Daher kann von einer überwiegend kurz- bis mittelfristigen Dauer der Einzelfallberatungen gesprochen werden, die vor allem Beratungsgespräche mit Lehrern, Rektoren, Schülern, Eltern aber auch mit Jugendhilfemitarbeitern beinhalteten. Damit kommt die kooperative Orientierung des Konzepts zum Ausdruck, das die unterschiedlichen Betroffenen und nicht nur alleine die GHS-Lehrer in den Beratungsprozeß miteinbezieht.

Die Einzelfallkooperation wurde aus der Sicht der Kooperationslehrer vor allem aus Anlaß von Leistungs-, Motivations- und familiären Problemen sowie wegen aggressiver und provokanter Verhaltensweisen von Schülern in Anspruch genommen. In Entsprechung allgemeiner Trends der geschlechtsspezifischen Ausprägung von Verhaltensauffälligkeiten steht aggressives Verhalten bei Jungen an zweiter und bei Mädchen an fünfter Stelle der Kooperationsanlässe - bei den Mädchen stehen dafür Motivationsprobleme an zweiter Stelle. Der Anlaß "Leistungsprobleme" wurde fast immer in Kombination mit Verhaltensproblemen unterschiedlichster Art genannt, wodurch eine enge Verbindung von Leistungs- und Verhaltensauffälligkeiten bei den Kooperationsanlässen zum Ausdruck kommt.

Die Einzelfallkooperation konzentrierte sich vor allem auf den Bereich der Grundschulen. Die Jungen waren mit mehr als drei Viertel aller Einzelfälle besonders stark vertreten.

Die einzelfallbezogene Kooperationsquote zwischen Jugendhilfe und Schulen lag bei 41% der dokumentierten Einzelfälle. 59% aller Einzelfallkooperationen fanden somit schul(system-)intern, d.h. ohne unmittelbare Beteiligung der Jugendhilfe statt, was der Grundidee des Projekts entspricht, daß die Kooperation in erster Linie zwischen GHS- und Kooperationslehrern stattfinden und die Jugendhilfe erst nach Bedarf miteinbezogen werden soll. Allerdings scheint dieser Bedarf bei einigen GHS nach wie vor größer zu sein, als die entsprechende Kapazität der Mitarbeiter der Jugendhilfe.

Die insgesamt recht hohen Quoten der Miteinbeziehung von Schülern und Eltern belegt darüber hinaus, daß auch die Einzelfallkooperation im Projekt nicht nur experten-, sondern ebenso betroffenenorientiert verstanden und eingesetzt wurde.

In den Einzelfallkooperationen wurden von der Jugendhilfe sowohl bestehende ambulante Ressourcen eingesetzt (z.B. Therapien, sozialpädagogische Familienhilfen) als auch neue erschlossen (z.B. sozialpädagogische Fördergruppen). Es wird deutlich, daß diese ambulanten Jugendhilfemaßnahmen auf das familiäre Beziehungsnetz der Schüler zielen, was schulische Angebote in der Regel nicht leisten können. Die Durchführung stationärer und teilstationärer Maßnahmen bezog sich vor allem auf Schüler, die im Zuge der Kooperation in eine SfE oder in eine Förderschule umgeschult wurden. Von den GHS wurden neben solchen Umschulungen vor allem Förder- und Stützmaßnahmen mit teilweiser Beteiligung der Kooperationslehrer durchgeführt.

Die überregionale Quote der Umschulungen verhaltensauffälliger Schüler in eine SfE im Rahmen der Einzelfallkooperationen liegt bei 15%, wobei die regionalen Quoten zwischen 3% und 25% variieren. Insgesamt führte die Einzelfallkooperation bei Kindern aus alleinerziehendem Elternhaus (Anteil: 45%), bei Einzelkindern (Anteil: 30%) und männlichen Schülern (Anteil: 85%) überdurchschnittlich häufig zu einer Umschulung in eine SfE. Kooperationen mit dem Ergebnis einer Umschulung in eine SfE erstreckten sich über einen längeren Zeitraum und bedeuteten einen höheren Zeitaufwand für Kooperationslehrer als Kooperationen, bei denen die Schüler in einer GHS verblieben. Die einzelfallbezogene Kooperationsquote zwischen Jugendhilfe und Schulen war mit 90% in diesen Fällen entsprechend hoch; stationäre und teilstationäre Angebote der Jugendhilfe kamen häufiger zum Tragen, während ambulante Jugendhilfeangebote und Fördermaßnahmen der GHS im Hintergrund standen.

Diese Ergebnisse sprechen dafür, daß es sich bei den einzelfallbezogenen Kooperationen, die letztlich doch zu einer Umschulung in eine SfE führten, eher noch um "krisenhafte oder klar indizierte Fälle" gehandelt haben dürfte, bei denen ambulante oder Fördermaßnahmen nicht mehr *als erfolgversprechend angesehen und daher nicht mehr eingesetzt wurden.*

3. Ergebnisse der Interviews

a) Personale und interpersonale Effekte bei GHS-Lehrern

Nach Aussagen der Befragten kam es im Rahmen der Kooperation häufig zu folgenden positiven und vorwiegend als (integrations-)unspezifisch eingestuften Effekten bei GHS-Lehrern:

- *Befindlichkeitsverbesserungen*
- *Beziehungsverbesserungen zwischen GHS-Lehrern und Schülern, Eltern bzw. Familien und Sozialpädagogen des Jugendamts*
- *Wissens-, Blickwinkel-, Kompetenzerweiterungen sowie Haltungs- bzw. Einstellungsveränderungen bei GHS-Lehrern vor allem gegenüber Sozialpädagogen und Jugendamt als Institution*

Die für die Einschätzung der Effektivität des Kooperationskonzepts im Sinne des Integrationsanliegens bedeutsamen integrationsförderlichen Effekte bezogen sich vor allem auf folgende Bereiche:

- *Ansprech-, Austauschmöglichkeit der Kooperationslehrer für GHS-Lehrer*
- *Möglichkeit der Selbstvergewisserung und Diagnostik für GHS-Lehrer in der Einzelfallberatung der Kooperationslehrer*
- *Hilfestellung bzw. -vermittlung für GHS-Lehrer*
- *Verhaltensveränderungen von GHS-Lehrern vor allem gegenüber Schülern, aber teilweise auch gegenüber Sozialpädagogen der Jugendhilfe*
- *Wissens-, Blickwinkel-, Kompetenzerweiterungen bei GHS-Lehrern vor allem gegenüber Schülern, aber auch in bezug auf eigene pädagogische, insbesondere sonderpädagogische Handlungsmöglichkeiten*
- *Haltungs- und Einstellungsveränderungen von GHS-Lehrern vor allem gegenüber Schülern*

Insgesamt wurde nur vereinzelt von integrationserschwerenden Effekten im Kontext der Kooperation berichtet - und zwar von

- *negativen Verhaltensveränderungen bei GHS-Lehrern z.B. gegenüber den Kooperationslehrern und*
- *negativ bewerteten Hilfestellungen, -vermittlungen für GHS-Lehrer*

Auffallend ist, daß die von uns als Effektvorläufer definierten Kategorien: Ansprechpartnerschaft, Diagnostik und Hilfestellung häufig als spezifisch integrationsförderlich eingestuft wurden. Dies könnte vor allem mit der positiven Erfahrung der GHS-Lehrer zusammenhängen, daß ihnen mit der Implementation des Kooperationskonzepts die personalen Ressourcen der beratenden Kooperationslehrer, etwa deren Außenperspektive und diagnostischen Kompetenzen aber auch die personalen und institutionellen Ressourcen der Jugendhilfe, etwa deren Hilfsangebote, zugänglich gemacht wurden.

Die weiteren genannten integrationsförderlichen personalen Effekte bei GHS-Lehrern können als Folgen der Nutzung dieser Ressourcen interpretiert werden. Diese personalen Effekte können, müssen jedoch nicht zwangsläufig zu Beziehungsverbesserungen führen, die in den Einschätzungen der Befragten noch eher als unspezifisch für das Integrationsziel eingestuft wurden.

Auffallend ist darüber hinaus, daß auch die positiven Effekte bei GHS-Lehrern gegenüber den Sozialpädagogen und dem Jugendamt offenbar nur wenig in direktem Zusammenhang mit dem Projektziel gesehen wurden.

Zusammenfassend wurde aus der Sicht der Befragten somit eine Integrationsförderung vor allem durch positive Veränderungen in der Person der GHS-Lehrer durch die Bereitstellung und Nutzung personeller und institutioneller Ressourcen im Kontext der Kooperation vermittelt.

b) Intrainstitutionelle Effekte bei GHS

Die Kooperation wirkte sich ebenso auf positiv bewertete konzeptionelle und strukturelle Veränderungen in GHS aus. Hier traten etwa mit der Modifizierung von Unterrichtskonzepten oder der Entstehung von Netzwerken zwischen GHS-Lehrern Prozesse der Organisationsentwicklung zutage, die die institutionellen Voraussetzungen für eine integrativ ausgerichtete GHS schaffen oder optimieren können. Trotz der häufigen Nennung solcher Prozesse als Kooperationseffekte wurde noch eher selten ein direkter integrationsförderlicher Bezug hergestellt, was vor allem mit den schwierigen Rahmenbedingungen und mit der relativ kurzen Laufzeit des Projekts in Zusammenhang stehen könnte; denn institutionelle und konzeptionelle Veränderungen brauchen erfahrungsgemäß längere Zeiträume, um wirksam werden zu können.

c) Personale Effekte bei Schülern

Die Kooperation brachte in der Person der Kooperationslehrer auch für Schüler eine Ansprech- und Austauschmöglichkeit, die sie auch teilweise in Anspruch nahmen. Diese Ansprechmöglichkeit wurde jedoch ebenso wie Leistungsverbesserungen eher selten als für die Integration spezifisch eingeschätzt. Als integrationsförderlich wurden demgegenüber vor allem Effekte in den Bereichen von Verhaltens- und Befindlichkeitsverbesserungen der Schüler und der Bereitstellung entsprechender Hilfen für Schüler

*genannt, wobei es bei diesen Hilfen vereinzelt zu integrationserschweren-
den Prozessen kam.*

*Abgesehen von solchen einzelnen Erschwernissen hat die schülerbezo-
gene Hilfestellung/ -vermittlung einen hohen integrationsförderlichen
Anteil, was deren Bedeutsamkeit im Kooperationskonzept im Blick auf die
Bereitstellung vor allem ambulanter Ressourcen der Schulen als auch der
Jugendhilfe (als Alternative zu Heimunterbringungen) unterstreicht. Dabei können die genannten positiven Verhaltens- und Befindlichkeitsveränderungen durchaus als Folge solcher Ressourcennutzungen interpretiert werden, die schwerpunktmäßig nicht auf Leistungsverbesserungen,
sondern auf den sozial-emotionalen Bereich der Schüler zielten.*

d) Personale Effekte bei Eltern bzw. Familien

*Auch für die Eltern brachte die Kooperation in der Person der Koopera-
tionslehrer oder Sozialpädagogen vor allem eine positive, aber eher noch
(integrations-)unspezifische Ansprech-, Austauschmöglichkeit sowie die
Möglichkeit einer (inoffiziellen) Diagnostik ihrer Kinder, die ihnen für die
eigene Standortbestimmung und Selbstvergewisserung nützlich war.*

*Fast in Übereinstimmung mit den Aussagen zu integrationsförderlichen
Effekten bei Schülern wurden auch bei den Eltern Verhaltens-, Befind-
lichkeits- und darüber hinaus Motivationsveränderungen neben der
elternbezogenen Hilfestellung bzw. -vermittlung als integrationsförderlich
eingestuft. Die Motivationsveränderungen bei Eltern beziehen sich vor
allem auf deren gestiegene Bereitschaft zur Mitarbeit oder darauf, Hilfe
für sich selbst in Anspruch zu nehmen.*

*Zusammenfassend kann auch hier von der großen Bedeutung elternbe-
zogener Hilfestellungen gesprochen werden, die sich auf motivationale
und sozial-emotionale Bereiche der Eltern und somit der familiären Lebenswelt der Kinder bezogen.*

e) Integrationseffekte:

*Im Kontext der Kooperation konnten nach Aussagen vieler Befragter
vermeidbare Umschulungen verhaltensauffälliger Schüler in eine SfE
verhindert werden.*

*Keinen Konsens gab es zur Frage, ob einige der durchgeführten Um-
schulungen in eine SfE möglicherweise hätten verhindert werden können.
Nach Aussagen der meisten Befragten, darunter aller Sonderschulräte,
waren die im Kontext der Kooperation durchgeführten Umschulungen in
eine SfE indiziert, wenige Angaben kamen zu dem Ergebnis, daß ein geringer Teil der durchgeführten Umschulungen in eine SfE möglicherweise
hätten verhindert werden können, bzw. daß indizierte Umschulungen
sogar zu spät erfolgt seien. Für die Interpretation dieser Aussagen besteht
jedoch das Problem, daß es keine einheitlichen Kriterien zur Bestimmung*

der Vermeidbarkeit von Umschulungen gibt, womit ungeklärt bleibt, ob der geringe Teil der Umschulungen, die möglicherweise hätten verhindert werden können, tatsächlich vermeidbar gewesen wären.

Der Rückgang bzw. die Stagnation der Quote der Anmeldungen zur Überprüfung auf das Vorliegen eines sonderpädagogischen Förderbedarfs im Sinne der SfE in den beiden Regionen mit hoher Projektbeteiligung - trotz steigender Zahl der Verhaltensprobleme - spricht eher dafür, daß im Kontext der Kooperation die Einleitung von vermeidbaren Umschulungen bereits im Vorfeld verhindert werden konnte.

f) Gesamturteil zur Projektanlage

Das Kooperationskonzept wird von über Dreiviertel der Befragten im Hinblick auf dessen Eignung zur Unterstützung der Integration verhaltensauffälliger Schüler in GHS uneingeschränkt als sehr gut geeignet (31%), gut geeignet (36%) und geeignet (10%) eingeschätzt. Weitere 13% knüpfen an ihr Urteil (von sehr gut geeignet bis geeignet) bestimmte Bedingungen (z.B.: sehr gut geeignet, wenn ausreichend Deputate zur Verfügung stehen). Nur 4% halten dieses Konzept für ungeeignet und 6% wollten sich in ihrem Urteil nicht festlegen.

96% der Befragten sprachen sich für eine Fortführung des Konzepts über die Modellphase hinaus aus.

Diese hohe Zustimmungsquote bedeutet, daß insgesamt von einer guten Eignung des Konzepts im Hinblick auf dessen Zielsetzung der Unterstützung der Integration verhaltensauffälliger Schüler und von einer hohen Projektakzeptanz der an der Kooperation beteiligten Lehrer und Fachkräfte gesprochen werden kann.

g) Perspektiven für eine Weiterentwicklung des Projekts über die Modellphase hinaus

Die Befragung ergab viele konstruktive Anregungen und Forderungen für eine Weiterentwicklung und Fortsetzung des Kooperationskonzepts im Anschluß an die Modellphase, die sich vorwiegend auf die Rahmenbedingungen der Kooperation bezogen:

- *Personelle und zeitliche Kooperationskapazität (z.B. Deputatsaufstockung oder interne Umorganisation in GHS und ASD)*
- *Personelle und institutionelle Beteiligung an der Kooperation (z.B. Schwerpunktbildung der Kooperation an GHS mit hohem, konstantem Beratungsbedarf und Grundversorgung von GHS mit gelegentlichem Beratungsbedarf)*
- *Inhalte und Formen des Kooperationskonzepts (z.B. Ausbau der pädagogischen Fallbesprechungsgruppen sowie präventiver und ambulanter Maßnahmen der Jugendhilfe, stärkere Berücksichtigung des Erziehungsauftrags im Schulalltag)*

- *Institutioneller Kontext der Kooperation (z.B. Verbesserung der Rahmenbedingungen in der Jugendhilfe und bei GHS: Einrichtung von Ganztages- und Gesamtschulen, Einführung einer 6-klassigen Grundschule, Fortbildung von GHS- und Kooperationslehrern)*

7 Fallbeispiel einer einzelfallbezogenen Kooperation

Nachdem wir in den vorangegangenen Kapiteln dieser Arbeit übergreifende Aspekte der Ausgangslage sowie der Entwicklung und Evaluation des Kooperationsprojektes dokumentierten, möchten wir im folgenden die Praxis der Einzelfallkooperation anhand eines authentischen Fallbeispiels veranschaulichen. Dieses Fallbeispiel scheint uns aus mehreren Gründen repräsentativ für viele andere Einzelfälle zu sein, die im Rahmen der Kooperation begleitet wurden. Zum einen handelt es sich um die häufig vorkommende und auch in unseren Untersuchungen statistisch untermauerte Kombination von Leistungs- und Verhaltensproblemen von Schülern als Anlaß für Lehrer, Beratung in Anspruch zu nehmen. Daß es bei den Verhaltensauffälligkeiten um aggressives bzw. ängstlich-zurückgezogenes Verhalten von Kindern im Grundschulalter und um Anzeichen körperlicher Mißhandlung geht, entspricht den Erfahrungen, die Lehrer zunehmend machen auch aufgrund der allgemein in der Gesellschaft erhöhten Sensibilität für diese Themen. Darüber hinaus weisen solche Auffälligkeiten über den Kontext der Schule hinaus zur immer stärker problembelasteten familiären und sozialen Situation von Kindern nicht nur in städtischen Brennpunkten, sondern auch im bislang wenig ins Blickfeld geratenen ländlichen Raum.

Zum anderen dokumentiert dieses Fallbeispiel eindrücklich die Grenzen der Bemühungen der Lehrer, alleine mit schulischen Mitteln weiterzukommen. Aus dieser Ausgangslage heraus erhält das Kooperationskonzept "Lehrer/-innen beraten Lehrer/-innen" seine Legitimation. Es wird deutlich aufgezeigt, welche zusätzlichen Ressourcen und neuen Perspektiven sowohl die Miteinbeziehung des Kooperationslehrers als auch der Jugendhilfemitarbeiterin für die betroffenen Lehrer, Kinder und deren Familie brachte. Daß dabei jedoch auch Schwierigkeiten im Grenzbereich der (formalen) Zuständigkeiten zwischen den Systemen der Schule und der Jugendhilfe auftraten, verdeutlicht noch einmal die Notwendigkeit einer systematischen "grenzüberschreitenden" Zusammenarbeit zum Wohle der Kinder und deren Eltern.

Ein weiteres für die Kooperation in diesem Projekt typisches Merkmal bestand in der unsicheren Frage, ob die modellhaft aktivierten personellen und strukturellen Ressourcen auch über die Modellphase des Projekts hinaus erhalten bleiben. Diese grundsätzliche Problemstellung trifft den

Kern aller zeitlich begrenzten Modellprojekte und weist auf die Frage nach ihren politischen Funktionen hin, die in Zeiten größter Finanzknappheit eine zusätzliche Brisanz erhalten. Für die Betroffenen, wie im folgenden Fallbeispiel Gerd und Lisa, kann die Beantwortung der Frage nach Kontinuität und Verläßlichkeit von Hilfe von entscheidender Bedeutung sein[95].

Fallbeispiel

Gerd ist 6 Jahre alt und besucht die 1. Klasse einer Grundschule in einem ländlichen Gebiet. Seine Schwester Lisa geht bereits in die 3. Klasse derselben Schule. Die Lehrerin von Gerd, Frau Groß und der Rektor der Schule, Herr Kraft berichteten, daß beide bereits zu Beginn ihrer Einschulung durch ihr Verhalten aufgefallen waren: Gerd habe sich gegenüber anderen Kindern sehr aggressiv verhalten und hätte viele Geschichten erzählt, die um das Thema "Gewalt" kreisten. Darüber hinaus habe er Konzentrationsprobleme gehabt und habe nicht ruhig an seinem Platz sitzenbleiben können. Im Gegensatz dazu hätte sich Lisa immer mehr zurückgezogen und ängstlich und verunsichert, ansonsten jedoch unauffällig, gewirkt. Allerdings hätten ihre Leistungen im letzten Schulhalbjahr merklich nachgelassen, so daß ihre Versetzung gefährdet gewesen sei.

Da bei Gerd vor einiger Zeit kleinere Hämatome bemerkt wurden, vermuteten Frau Groß und Herr Kraft, daß Gerd Zuhause geschlagen wird. Zu einem Elterngespräch kam jedoch nur die Mutter, Frau Steinle, die einen überforderten, ängstlichen Eindruck machte, allen Fragen nach der familiären Situation auswich und abwehrend auf das Stichwort Jugendamt reagierte, das auf keinen Fall eingeschaltet werden durfte. Frau Groß fühlte sich nach diesem für sie frustrierenden Gespräch ziemlich ratlos und entschloß sich, mit Herrn Bader Kontakt aufzunehmen.

Herr Bader ist ein erfahrener Sonderschullehrer, der erst seit einem Jahr in der hiesigen Grundschule im Rahmen der Kooperation "Lehrer/-innen beraten Lehrer/-innen" Sprechstunden abhält. Herr Bader hatte sich und das Projekt im Rahmen einer Lehrerkonferenz vorgestellt, nachdem Herr Kraft von der Kooperation erfahren und mit der Schule für Erziehungshilfe im benachbarten Ort Kontakt aufgenommen hatte.

Frau Groß berichtete nun Herrn Bader von ihren Erfahrungen und den Vermutungen, daß die Kinder Zuhause mißhandelt würden. Sie sprach auch über ihren Ärger Gerd gegenüber, weil er die Klassensituation zunehmend störe und sie ihn so nicht mehr mittragen könne. Sie fühle sich ziemlich am Ende und überlege sich, Gerd zur Überprüfung auf Förderbe-

---

[95] Die Namen und Daten der betroffenen Familie sowie der Kooperationspartner wurden verändert.

dürftigkeit im Sinne der SfE anzumelden. Herr Bader schlug ihr zunächst einmal vor, mit in den Unterricht zu gehen und Gerd sowie die Klasse zu beobachten. Zunächst war Frau Groß von diesem Vorschlag gar nicht begeistert. Bisher kannte sie Unterrichtsbesuche nur, wenn sie selbst beurteilt und benotet wurde, was ihr immer sehr unangenehm war. Nachdem sie ihre Bedenken angesprochen hatte und diese von Herrn Bader ernstgenommen wurden, willigte sie doch ein und war sogar gespannt darauf.

Im Auswertungsgespräch tauschten beide ihre Wahrnehmungen und Interpretationen aus. Neu für Frau Groß war die Wahrnehmung von Herrn Bader, daß Gerd sich bei persönlicher Zuwendung erheblich besser konzentrieren könne und ruhiger würde. Sie nahm sich vor, Gerd öfter persönlich anzusprechen und zwar nicht nur in Situationen, in denen sie ihn ermahnen oder sanktionieren mußte. Herr Bader schlug vor, selbst mit Gerd Kontakt aufzunehmen und mit ihm ins Gespräch zu kommen. Gerd fand das ganz toll, daß sich ein Lehrer persönlich um ihn kümmerte und prahlte sogar damit bei den Klassenkameraden. Bereits zum zweiten Gespräch brachte er seine Schwester Lisa mit. In diesem Gespräch erzählte er Herrn Bader, daß er Zuhause der Prügelknabe sei und seine Schwester beschützen müsse. Der Vater wäre manchmal ziemlich grob und betrunken, was auch Lisa bestätigte.

Nach diesem Gespräch entschlossen sich Frau Groß und Herr Bader, mit der zuständigen Sozialarbeiterin beim Allgemeinen Sozialen Dienst des hiesigen Jugendamts, Frau Hinderer, Kontakt aufzunehmen und berichteten ihr über die Situation, ohne Namen zu nennen. Frau Hinderer schlug vor, die Mutter noch einmal zu einem Gespräch in die Schule im Beisein von Herrn Bader einzuladen, um sie über Hilfemöglichkeiten des Jugendamtes zu informieren, vor allem über sozialpädagogische Familienhilfe und Erziehungsbeistandschaft und Frau Steinle für ein weiteres Gespräch auch mit ihr als Sozialarbeiterin zu gewinnen.

Frau Steinle hatte mittlerweile von ihren Kindern schon viel Positives über Herrn Bader gehört und war selbst gespannt darauf, ihn kennenzulernen. Im Verlauf des Gesprächs erzählte Frau Steinle dann doch sichtlich gefühlsbewegt über ihre schwierige Situation Zuhause: Sie wohne in einer kleinen Gemeindewohnung in beengten Verhältnissen. Es gäbe erhebliche Geldsorgen, weil ihr Mann arbeitslos wäre und häufig mehr trinke, als er vertrage. Dann würde ihm gelegentlich auch die Hand ausrutschen. Sie selbst fühle sich überfordert, wisse nicht, was sie tun solle, auch weil Gerd immer öfter abhaue. Sie könne die Kinder auch nicht genügend bei ihren Hausaufgaben unterstützen, weil sie selbst keine Schulbildung habe und nichts von Mathematik verstehe. Sie brauche dringend Hilfe, ihr Mann würde aber diesbezüglich alles ablehnen und mit Prügel drohen, falls sie jemand von ihrer Situation erzähle. Daher dürfe er auf keinen Fall etwas von diesem Gespräch erfahren. Ob man nicht wenigstens den Kindern in der Schule helfen könne?

Frau Groß und Herr Bader mußten diese Frage zunächst verneinen, da in der Grundschule keine dafür notwendigen Deputate zur Verfügung standen. Auch Herr Bader als Kooperationslehrer wollte eine schulische Förderung aus Kapazitätsgründen, aber auch aus seinem Selbstverständnis heraus, nicht übernehmen. Zudem wären aus seiner Sicht für eine umfassendere Förderung der persönlichen Entwicklung von Gerd und Lisa entsprechende Fachkräfte nötig. Lehrer seien dafür nicht ausgebildet. Er äußerte Frau Steinle gegenüber die Idee, beim Jugendamt um eine entsprechende Hilfestellung nachzufragen und stellte Frau Hinderer als eine sehr kompetente und sympathische Frau dar, die wirklich helfen wolle. Da Frau Steinle nicht sofort abwehrte, bot Herr Bader die Vermittlung eines solchen Gesprächs mit Frau Hinderer in der Schule an und nach einigem Hin und Her stimmte Frau Steinle zu unter der Bedingung, daß ihr Mann von seiten der Schule und des Jugendamts von diesem Gespräch nichts erfahre.

Zwei Wochen später fand das Gespräch unter Beisein der Lehrerin, des Rektors, der Sozialarbeiterin und unter Moderation des Kooperationslehrers statt. Zunächst war Frau Steinle ziemlich erschrocken über die Präsenz so vieler "Studierter" - als sie aber merkte, daß es nicht darum ging, ihr Vorwürfe zu machen, daß sie sich zu wenig um die Kinder kümmere, sondern darum, ihr und den Kindern zu helfen, wurde sie immer kooperativer. Allerdings lehnte sie nach wie vor Hilfen innerhalb der Familie oder durch eine Erziehungsberatungsstelle mit Verweis auf ihren Mann ab.

Die zündende Idee kam dann vom Rektor mit der Frage, ob es nicht möglich wäre, durch das Jugendamt für solche Kinder wie Gerd und Lisa in der Schule eine Nachmittagsbetreuungsgruppe einzurichten. In seiner Schule gäbe es seit geraumer Zeit ähnlich gelagerte Problemfälle, bei denen - und das wäre typisch für den ländlichen Bereich - die Eltern sich weigerten, Hilfen vom Jugendamt in Anspruch zu nehmen. Sie hätten immer noch ein Bild vom Jugendamt, das mit der Polizei Kinder ins Heim brächte. Darüber hinaus bestünden Ängste, bei den Nachbarn im Dorf ins Gerede zu kommen. Frau Steinle fand diese Idee der Nachmittagsbetreuung gut: das wäre genau das Richtige für ihre Kinder!

Man trennte sich mit der Vereinbarung, daß Frau Hinderer eine solche Möglichkeit mit der Jugendamtsleitung abklärt. Bis dahin sollten Gerd und Lisa von Herrn Bader getestet werden, um festzustellen, in welchen Bereichen ein spezifischer Förderbedarf bestehen könnte. Die Testergebnisse waren eindeutig. Bei beiden Kindern wurde eine durchschnittliche Begabung - aber ein erheblicher Förderbedarf vor allem im Wahrnehmungs-, Konzentrations- und sozial-emotionalen Bereich festgestellt, wobei der Förderbedarf bei der eher unauffälligen Lisa sogar noch größer war.

Mittlerweile hatte sich Frau Hinderer mit ihrer Amtsleitung besprochen, die zu folgender Position kam: Eine generelle Förderung einer Gruppenaktivität innerhalb einer Nachmittagsbetreuung in der Schule sei im Rahmen der Jugendhilfe nicht möglich, sondern läge in der Verantwortung der Schule aufgrund ihres Erziehungs- und Bildungsauftrages. Wenn jedoch bei einem einzelnen Kind eine individuelle Nachmittagsförderung erforderlich sei, um in seinem sozialen Verhalten oder seinem persönlichen Entwicklungsstand ein Defizit aufzuarbeiten, so könne das Jugendamt die dafür anfallenden Kosten für einen zeitlich begrenzten Umfang übernehmen. Voraussetzung dafür sei jedoch ein formeller Antrag der Eltern auf Leistungen nach dem KJHG. Hierzu sei eine Kontaktaufnahme zu den in Frage kommenden Familien notwendig.

Nach einigen Gesprächen sowohl mit Frau Steinle, als auch mit zwei anderen Familien waren die Voraussetzungen für die Einrichtung einer sozialpädagogischen Nachmittagsbetreuung im Rahmen der Erziehungshilfe nach § 30 KJHG in den Räumen der Schule für vier Kinder, darunter Gerd und Lisa, erfüllt. Frau Steinle konnte sogar ihren Mann für diese Hilfe gewinnen, die sie ihm gegenüber als "Hausaufgabenhilfe" in der Schule anpries.

Für die Betreuung der vier Kinder an drei Nachmittagen in der Woche konnte die erfahrene Sozialpädagogin Frau Krämer gewonnen werden, die am Schulort wohnte und die ihre Berufstätigkeit wegen Familiengründung aufgegeben hatte. Als Zielsetzung der Betreuung von Gerd und Lisa wurden vor allem der Aufbau stabilisierender Beziehungen genannt. Lisa sollte dadurch in ihrem Selbstvertrauen gestärkt werden und freudvolle Lebenserfahrungen z.B. über Spiele und gemeinsame erlebnisaktivierende Unternehmungen vermittelt bekommen. Gerd sollte durch stabile Beziehungen in der Kleingruppe lernen, sich anderen gegenüber angemessener zu verhalten.

Zu welchen Ergebnissen führte nun diese Maßnahme?

Frau Krämer berichtete von ihren ersten Erfahrungen mit Gerd und Lisa seit April 1995: Lisa sei in der Gruppe richtig "aufgeblüht", was auch ihr Klassenlehrer bestätige. Ihre Leistungen hätten sich sukzessive stabilisiert, in Mathematik sogar verbessert. Leider gäbe es jedoch immer noch Phasen, in denen sie sehr ängstlich und depressiv wirke. Gerds Fortschritte zeigten sich vor allem im Wahrnehmungs- und Konzentrationsbereich. Er hätte seine Fertigkeiten im Schnitzen entdeckt und darüber einige Ausdauer entwickelt. Auch würde er andere Kinder gerne unterstützen und genieße die Anerkennung dafür. Nach wie vor verhalte er sich gelegentlich noch impulsiv aggressiv, wenn ihm andere zu nahe kämen.

Sie sei sich von Anfang an bewußt gewesen, daß sie mit ihrer Arbeit an jene Grenzen stoße, die durch die Eltern und die familiären Verhältnisse gesetzt würden und hätte daher in Absprache mit Frau Hinderer vom ASD den Kontakt zu den Eltern gesucht, um sie in ihre Aktivitäten miteinzubeziehen. Diese Versuche gestalteten sich jedoch als schwierig, weil die Eltern noch immer abgeblockt hätten, wenn es ans "Eingemachte" ging. Sie hoffe jedoch, daß sie über die positiven Veränderungen bei den Kindern Vertrauen zu den Eltern aufbauen und diese dafür gewinnen könnte, für sich selbst Hilfen in Anspruch zu nehmen - aber dieser Motivationsprozeß brauche Zeit und Geduld. Jedenfalls habe sich die schulische Situation von Gerd und Lisa stabilisiert, ihre Versetzungen seien gewährleistet und ihre Verhaltensweisen vor allem den Klassenkameraden und Lehrern gegenüber hätten sich ganz erfreulich verändert, was auch die Klassenlehrerin von Gerd bestätige. Die Idee einer Umschulung von Gerd in eine Schule für Erziehungshilfe sei seither vom Tisch.

Soweit zu diesem Fallbeispiel. Es zeigt auf, daß Veränderungen über kleine Schritte möglich sind. Solche Veränderungen bedürfen aber eines hohen und ausdauernden Engagements der Pädagogen und kreativer Lösungen, wenn die Ängste von Eltern so groß sind, daß sie Hilfen, die sich auf die innerfamiliäre Situation beziehen, ablehnend gegenüber stehen.

Im Falle von Gerd und Lisa wurden erste erfolgversprechende (finanziell günstige) und sozial-integrative Schritte gemacht, die erst den Beginn eines Hilfeprozesses markieren, der eine Öffnung und Motivierung der Eltern für Veränderungen ihrer Lebenssituation erreichen möchte. Ob die geschilderten ambulanten Hilfeprozesse letztlich ausreichen, um eine dauerhafte Veränderung der familiären und schulischen Lebenswelt der beiden Kinder zu erreichen und eine außerfamiliäre Unterbringung und Umschulung in eine SfE zu verhindern, bleibt offen und von vielen Faktoren abhängig, die nicht vorhersagbar sind. Eines macht diese Fallgeschichte jedoch deutlich: Eine wirklich effektive Hilfestellung braucht oftmals viel Zeit und Engagement, um zum Tragen zu kommen. Dies setzt vor allem eine Konstanz der integrationsfördernden Bemühungen aller an der Kooperation Beteiligten voraus.

8 Abschließende Diskussion der Studie und Schlußfolgerungen

Nachdem die Ergebnisse der Entwicklung und Evaluation des Modellprojekts vorgestellt wurden, werden nun im letzten Schritt aus der Sicht der wissenschaftlichen Begleitung eine abschließende Gesamtbewertung der Studie vorgenommen und grundlegende Schlußfolgerungen aus den Untersuchungsergebnissen gezogen.

8.1 Diskussion der Studie

Die vorliegende Studie dokumentiert wesentliche Aspekte der überregionalen Entwicklung und Evaluation des Modellprojekts "Kooperation Jugendhilfe und Schule: Lehrer/-innen beraten Lehrer/-innen". In ihr kommt nicht nur die positive Einschätzung des Kooperationsmodells durch die Beteiligten, sondern darüber hinaus ebenso die in der Ausgangslage des Projekts festgestellte dringliche Notwendigkeit einer systematischen und integrationsunterstützenden Zusammenarbeit zwischen Jugendhilfe und Schulen zum Ausdruck.

1. Praxisentwicklung als Kern der Studie

Der Aufbau entsprechender regionaler Kooperationssysteme zwischen Jugendhilfe und Schulen sowie die Evaluation der regional entwickelten und umgesetzten Kooperationskonzepte gehörten daher auch zu den wichtigsten Funktionen der wissenschaftlichen Begleitung des Modellprojekts. Diese Funktionszuschreibung legte von vornherein die Entscheidung für ein nichtexperimentelles Forschungsdesign nahe. Es sollte in diesem Modellprojekt nicht um die Überprüfung theoretisch abgeleiteter Hypothesen im Sinne des Popperschen Falsifikationsprinzips gehen, sondern um eine explorative hypothesengenerierende Praxisentwicklung, in der die beiden Forschungselemente "Entwicklung" und "Evaluation" integriert und aufeinander abgestimmt werden sollten. Dieser Praxisentwicklungsbezug bildet somit den Kern der vorliegenden Studie und nicht etwa grundsätzliche theoretische oder methodische Fragestellungen. In dieser Hinsicht läßt sich die Studie in eine Vielzahl ähnlicher Projekte einreihen, die ihren Schwerpunkt ebenso auf die Durchführung alltagsrelevanter

Innovationen gesetzt haben, wie die Auswertung der von der Bund-Länder-Kommission für Bildungsplanung und Forschungsförderung für den Bereich "behinderte Kinder und Jugendliche" geförderten Modellprojekte dokumentiert (vgl. Borchert & Schuck, 1992).

2. Wissenschaftliche Begleitung im Spannungsfeld zwischen Aufgabenfülle und Mittelbegrenzung

Praxisentwicklung und Evaluation gehören im allgemeinen zu den aufwendigeren Forschungsstrategien. Für die Umsetzung der wissenschaftlichen Begleitung des Kooperationsprojekts "Jugendhilfe und Schule: Lehrer/-innen beraten Lehrer/-innen" wurde dem WI-JHW jedoch nur ein begrenztes (halbes) Deputat zur Verfügung gestellt. Die Fülle der Aufgaben, die aus den beiden Funktionen "Entwicklung" und "Evaluation" erwuchsen auf der einen, und die begrenzten Projektmittel auf der anderen Seite ergaben ein Spannungsfeld, in dem sich die Arbeit der wissenschaftlichen Begleitung über den gesamten Modellzeitraum hinweg bewegte. Dieses Spannungsfeld wurde verstärkt durch das Ergebnis der anfänglichen Bestandsaufnahmen des WI-JHW in den fünf Projektregionen. Es zeigte sich, wie unterschiedlich die Ausgangs- und Beteiligungsbedingungen und -möglichkeiten in den einzelnen Projektregionen und wie heterogen die Erwartungen an Inhalte und Schwerpunkte des inhaltlich noch wenig festgelegten Kooperationskonzepts waren, das noch entwickelt und implementiert werden mußte. Im Grunde genommen hatten wir es daher anfänglich mit fünf einzelnen Projekten zu tun, die sich nur in der zentralen Zielsetzung (Integrationsförderung verhaltensauffälliger Schüler in GHS) und in der Richtungsvorgabe im Hinblick auf eine 2-stufige Kooperation (zwischen Sonderschul- und GHS-Lehrern und bei Bedarf mit Fachkräften der Jugendhilfe) miteinander vergleichen ließen, nicht aber mit den Wegen und Mitteln dorthin. Von unserem Anspruch der Lebensweltorientierung unseres Forschungsverständnisses heraus war es unumgänglich, diese regionalen Spezifika zu beachten und unsere kooperativen Bemühungen darauf aufzubauen. Andererseits benötigten wir einen Entwicklungsleitfaden, der für das gesamte Projekt Planungssicherheit geben konnte und ein Mindestmaß an regionalunspezifischen Gemeinsamkeiten sicherstellte. Diese Gemeinsamkeiten konnten anfänglich mit Ausnahme der Verpflichtung der Projektteilnehmer auf das Projektziel kaum inhaltlich bestimmt werden. Wir mußten also einen für alle Regionen verbindlichen Leitfaden für die Struktur unserer Forschung entwickeln, der jedoch inhaltliche Freiräume für regionalspezifische Bedingungen ließ und unsere begrenzten Möglichkeiten der wissenschaftlichen Begleitung berücksichtigte. Aus der Sichtung von Organisationsentwicklungsmodellen im Bereich der Schulen fand sich zunächst kein Modell, das dafür geeignet erschien, bezogen diese sich, wie etwa das in Kap. 4.4.3 vorgestellte Institutionelle Schulentwicklungsprogramm, vor allem auf Innovationen innerhalb einer Schule und weniger auf Innovationen zwischen unterschiedlichen Schulformen bzw. zwischen Schulen und anderen Einrichtungen wie die der Jugendhilfe, wie es in unserem Projekt vorgesehen war.

3. Zyklisches Prozeßmodell der Entwicklung der regionalen Kooperationssysteme

Es erwies sich daher als außerordentlicher Glücksfall, daß wir bei unseren Recherchen auf ein offeneres Organisationsentwicklungsmodell stießen, das von Hagen & Aike (1970) entwickelt wurde. Deren zyklisches Entwicklungsmodell schien uns durchaus auf die komplexen und heterogenen Gegebenheiten unseres Projekts hin transformierbar und durch seine größere Offenheit modifizierbar. Mit der Anwendung des Modells von Hage & Aiken konnten wir auf der strukturellen Planungs- und Realisierungsebene organisationstheoretisch fundiert sowohl regionalspezifische Freiräume als auch regionalunspezifische Gemeinsamkeiten (wie etwa das 2-stufige Kooperationskonzept) sicherstellen und unsere Entwicklungs-. und Evaluationsfunktionen systematisch integrieren. Das von uns modifizierte und erweiterte zyklische Modell und die darauf basierende Entwicklung von Kooperationsstrukturen in den einzelnen Regionen stellt meines Erachtens das wesentliche Charakteristikum unserer Projektentwicklungsaktivitäten dar.

Aufgrund unseres begrenzten Forschungsdeputats ergab sich allerdings die Notwendigkeit, bereits in der Phase der Projektplanung bestimmte Schwerpunktsetzungen vorzunehmen. Stand in der ersten Projekthälfte der Entwicklungsaspekt und damit einhergehend die Herstellung guter kooperativer Beziehungen zu den Projektbeteiligten im Vordergrund unserer Bemühungen, zogen wir uns zum Projektende hin mehr und mehr aus der Entwicklungsfunktion zurück und konzentrierten uns aus einer distanzierten Position heraus auf die Evaluationsaufgabe. Trotz unserer diesbezüglich umfangreichen Bemühungen mußten wir aber in beiden Bereichen dennoch immer wieder Grenzen erkennen und akzeptieren lernen, die sich bei der Evaluation vor allem auf ökonomische und methodische Aspekte und bei der Entwicklung auf Beziehungsaspekte bezogen.

4. Grenzen der Studie

Grenzen der Beziehungspflege. Für den Forschungsaspekt der Entwicklung wäre eine Beziehungsaufnahme und -pflege zu allen Projektbeteiligten, insbesondere aus dem Bereich der GHS wünschenswert gewesen.

Eine solchermaßen umfassende Partnerschaft konnte aber nicht realisiert werden, zu groß war das Projektgebiet und die Anzahl der insgesamt beteiligten GHS und GHS-Lehrer. Daher mußten wir uns auf jene Partner aus den GHS beschränken, die sich etwa im Rahmen der regionalen Koordinationstreffen engagierten und unsere Angebote einer Begleitung von sich aus annahmen oder einforderten. Dasselbe Problem stellte sich den Kooperationslehrern, wie die Zwischenbilanz ergab. Auch sie konnten sich aus Kapazitätsgründen nicht bei allen beteiligten GHS in gleicher oder individuell gewünschter Weise engagieren. In der Folge wurde zwar seitens einiger GHS zurecht eine stärkere Miteinbeziehung in die Projektentwicklung angemahnt, ein entsprechendes Engagement der GHS stieß aber auch dort schnell an Kapazitätsgrenzen.

Grenzen in Bezug auf innovative Strukturveränderungen. Dieser grundsätzliche Mangel an Ausstattung des Projekts verhinderte somit von vornherein, mit wenigen Ausnahmen, eine stärkere Konzentration kooperativer und integrationsfördernder Energien auf innovative Strukturveränderungen innerhalb der beteiligten GHS. Die punktuellen Ausnahmen, wie etwa die Einrichtung eines Ganztagsangebots oder eines Horts an der Schule, sind nur durch einen großen Einsatz aller Betroffenen zustandegekommen. Dasselbe gilt für den Bereich der Jugendhilfe, insbesondere des ASD. Hier konnten strukturelle Veränderungen wie etwa eine stärker präventiv ausgerichtete Infrastruktur ebensowenig flächendeckend erreicht werden. Für die Bewertung des Entwicklungsaspekts der Studie bedeutet dies, daß zwar systematische kooperative Strukturen zwischen den beteiligten Schulen und Einrichtungen der Jugendhilfe hergestellt werden konnten, diese aber nur punktuell zu internen Strukturveränderungen führten.

Eingeschränktes Engagement in der Kooperation vor Ort. Eine weiterer begrenzender Faktor unserer Entwicklungsarbeit bestand in unserem eingeschränkten Engagement in der Kooperation vor Ort, etwa in einem direkteren Bezug zu Schülern und Eltern. Auch dem Wunsch einiger Kooperationslehrer konnte nicht entsprochen werden, selbst Fortbildungen und Supervisionen durchzuführen. Dies hatte jedoch andererseits den positiven Effekt, daß wir einen Rollenkonflikt zwischen Supervision und Evaluation vermeiden und die Ressourcen der Projektträger für die Qualifikation der Kooperationslehrer einfordern und erschließen konnten. Damit kommt unser grundsätzliches Entwicklungsverständnis zum Ausdruck, als wissenschaftliche Begleitung selbst möglichst wenig direkte Funktionen in der Kooperation vor Ort zu übernehmen und dadurch frühzeitig dazu beizutragen, daß die Kooperation nach Abschluß der Modellphase auch ohne wissenschaftliche Begleitung weitergeführt werden kann.

Trotz der genannten Einschränkungen gehen wir gerade vor dem Hintergrund der positiven Bewertungen und des Wunsches der Projektbeteiligten nach Fortführung der Kooperation insgesamt von einer durchaus gelungenen Entwicklungsarbeit aus, die gemeinsam mit den Beteiligten vor Ort durchgeführt und nicht "von oben" etwa durch einen ministeriellen Erlaß "aufoktruiert" wurde.

Die Grenzen der Studie finden im Kontext der zweiten Forschungsfunktion der "Evaluation" eine stärkere Gewichtung. Der Praxisbezug der Studie sollte zwar nicht auf Kosten einer theoretischen und methodischen Fundierung vollzogen werden, die Komplexität, Heterogenität und Offenheit des "Forschungsgegenstands" stellte uns jedoch immer wieder vor Probleme, die in den meisten Fällen weder theoretisch noch methodisch "sauber" zu lösen waren. Dabei spielte die Doppelfunktion von Entwicklung und Evaluation keine nennenswerte Rolle. Sie konnte, bis auf wenige Ausnahmen, relativ konfliktfrei durchgehalten werden. Dies ist wahrscheinlich zum einen auf unsere konstante (wenn auch begrenzte) Beziehungspflege, zum anderen jedoch auch auf die Einbindung der Projektbeteiligten in den Evaluationsprozeß beispielsweise in der gemeinsamen Konstruktion der Statistikbögen sowie auf die Herstellung von Transparenz bei allen Evaluationsschritten zurückführbar.

Theoretische und methodische Grenzen. Die Grenzen unserer Evaluationsaktivitäten ergaben sich vielmehr aus dem Anspruch, trotz eines Defizits im Hinblick auf elaborierte und auf unseren Gegenstandsbereich konkretisierbare interorganisatorische Kooperationstheorien und trotz der Komplexität, Heterogenität und Offenheit des "Forschungsgegenstands" selbst Zusammenhänge zwischen der noch zu entwickelnden Kooperation und einer hypothetisierten Integration aufzeigen zu können. Weil es kein standardisiertes Kooperationskonzept und keine standardisierten Beteiligungsbedingungen und -abläufe gab, konnte auch kein aussagekräftiges Variablenmodell konstruiert werden, in dem solche Zusammenhänge theoretisch und in der Ableitung methodisch abbildbar gewesen wären. Dies hatte zur Folge, daß wir weder Kooperationsvariablen standardisieren und konstanthalten, noch Integrationsvariablen messen und somit keine Korrelationen zwischen Kooperations- und Integrationsvariablen errechnen konnten. In der Konsequenz bedeutete dies, daß wir daher auch keine "objektiven" Aussagen über die integrative Wirksamkeit der Kooperation machen können. Vielmehr sind die in den Ergebnissen der Abschlußbilanz durch offene Interviews gewonnenen Effektaussagen subjektiver Natur und spiegeln Einschätzungen von Beteiligten wider, die aus der Dynamik der Projektentwicklung heraus selektiv abgegeben wurden und keine statische Größen darstellen. Insofern können sie als subjektiv-assoziative Kausalattributionen der Befragten charakterisiert werden, die sich schwerpunktmäßig auf Effekte bei GHS-Lehrern als wichtigste Zielgruppe des Kooperationskonzepts bezogen. Da vor allem aus datenschutzrechtlichen Gründen und aus Erwägungen des Schutzes der Beratungssituation weder von der Kooperation betroffene Schüler noch Eltern über die Kooperation befragt wurden, liegen uns zu den Effekten bei diesen Zielgruppen nur Fremdeinschätzungen vor, was die Aussagekraft der Studie zu diesem Teilbereich durchaus beschränkt[96].

Trotz solcher Einschränkungen kann insgesamt von einer durchaus breiten, aussagekräftigen quantitativen und qualitativen Datenbasis der Studie ausgegangen werden.

Die angesprochenen subjektiven Effektaussagen wurden durch eine inhaltsanalytische Auswertung der Interviewaussagen der befragten Projektbeteiligten gewonnen. Sowohl der Datengewinnungs- als auch der Datenauswertungsprozeß zeichnete sich durch einen großen Arbeitsaufwand aus. Darüber hinaus standen wir unter Zeitdruck, da die Ergebnisse im Rahmen eines Daten-Feedbacks an die Beteiligten zurückgegeben werden und zur weiteren Projektentwicklung dienen sollten. Dies setzte eine Aktualität der Ergebnisse voraus, so daß die Forschung nicht allzuweit hinter der Praxisentwicklung zurückbleiben durfte.

Stellte uns die Datengewinnung eher vor organisatorische Probleme, wie etwa eine möglichst ökonomische Koordination von Interviewterminen in den Regionen, war die Datenauswertung, neben des großen Aufwands der Transkription der insgesamt 92 Interviews, vor allem durch grundsätzliche methodische Probleme der inhaltsanalytischen Paraphrasierung gekennzeichnet. Eine der Schwachstellen der Inhaltsanalyse besteht meines Erachtens darin, die Paraphrase als (inhaltliches) Informationsdatum zu verstehen, die aus ihrem Kontext herausgelöst, also von "unnötigem Informationsballast" befreit werden kann und soll. Dies setzt voraus, daß eine Aussage auch ohne Kontext eindeutig bestimmbar ist (was nicht nur Alltagserfahrungen widerspricht), und daß der Forscher ein klare Unterscheidung zwischen Aussage und Kontext treffen kann.

Nachdem wir nun in einem ersten Probelauf Interviewaussagen in diesem engeren inhaltsanalytischen Sinne gesichtet und paraphrasiert hatten, mußten wir erkennen, daß gerade vor dem Hintergrund der Heterogenität und Komplexität des Forschungs- und damit Befragungsgegenstands eine Herauslösung der Aussage aus ihrem Kontext nur mit einem erheblichen Informationsverlust verbunden gewesen wäre. Gerade der kooperative Kontext, d.h. vor allem das Beziehungsgeschehen, in dem die Aussage eingebettet ist, war für unser Erkenntnisinteresse und das Verständnis der

---

[96] Die meisten der vergleichbaren Studien verzichteten ebenfalls (aus unterschiedlichen Gründen) auf die Befragung von Schülern (vgl. Borchert & Schuck, 1992).

Aussage von großer Bedeutung. Daher entschlossen wir uns, die Paraphrasierung entgegen dem sonst üblichen Verfahren in der Weise durchzuführen, daß die relevanten Kontextbezüge erhalten blieben. Allerdings stellte sich auch bei dieser Form der Paraphrasierung das Problem, eine Entscheidung über die Relevanz des Kontextes treffen, d.h. interpretativ selektieren zu müssen, so daß wir das inhaltsanalytische Paraphrasierungsverfahren als einen subjektiven Interpretationsprozeß des Forschers verstehen. Die Beibehaltung des Aussagenkontextes brachte jedoch ein Problem bei der Kategorisierung der Paraphrasen mit sich. Durch die Spezifizierung der Paraphrasen entstand die Notwendigkeit, auch die Kategorien stärker zu differenzieren, so daß wir zu einer differenzierteren Untergliederung der Kategorien in eine Vielzahl von Unterkategorien kamen und mit all den damit zusammenhängenden Zuordnungsproblemen konfrontiert waren. Auch hier mußten wir viel Zeit dafür verwenden, eine nachvollziehbare Kategorisierungs- und Kodierungssystematik zu entwerfen und zu realisieren.

Ein weiteres Problem stellte sich in diesem Zusammenhang in der Abschlußbilanz bei der Definition von Effektkategorien für Aussagen, die sich bei den Befragten assoziativ auf kausale Effektketten bezogen. Um auch hier eine Zuordnungssystematik zu gewährleisten, haben wir eine Unterscheidung getroffen zwischen unterschiedlichen Arten von Effekten, zwischen "Effektvorläufern", "vermittelnden Effekten" und "genuinen Integrationseffekten" (vgl. Kap. 5.2.4), die wir aber in ihrer qualitativen Bedeutung nicht unterschiedlich gewichtet haben. Wir beließen es dabei, die Effektaussagen auf einer deskriptiven Ebene wiederzugeben. Die quantitative Auszählung der Kategorienbesetzungen stellte jedoch keine Gewichtung in dem Sinne dar, daß in einer häufiger besetzten Effektkategorie eine stärkere Integrationswirksamkeit zum Ausdruck kommt, als in einer weniger häufig besetzten Kategorie. Insofern können die quantifizierten Effektaussagen eher als relative Trends und nicht als absolute Größen verstanden werden, womit eine weitere Grenze der evaluativen Aussagekraft der Studie markiert ist.

Nachdem wir bereits in der Zwischenbilanzierung sowohl mit dem Problem des hohen Aufwands der Interviewdurchführung und -auswertung als auch mit den geschilderten Auswertungsproblemen konfrontiert waren, stellten wir uns die Frage nach Alternativen. In Betracht kam eine schriftliche statt der durchgeführten mündlichen Befragung. Bereits die ersten Versuchen der Konstruktion eines entsprechenden Fragebogens erwiesen sich jedoch als schwierig. Zum einen hätten wir aufgrund der Unterschiedlichkeit der regionalen Bedingungen für die verschiedenen Befragungsgruppen und Regionen eine größere Anzahl unterschiedlicher Versionen anfertigen müssen, zum anderen wären wir der vorauszusehenden Breite des Effektbereichs nur durch eine große Anzahl offener (und damit ebenso auswertungsaufwendigen) Fragen gerecht geworden. Desweiteren befürchteten wir einen geringen Rücklauf der Fragebögen aufgrund entsprechender Rückmeldungen der von uns darauf angesprochenen Projektpartner. Wir kamen daher letztlich doch zur Entscheidung, auch in der Abschlußbilanzierung ein offenes, halbstandardisiertes Interviewverfahren zu verwenden und entschlossen uns zumindest zur Verringerung des Aufwands für die Interviewdurchführung neben Face-to-face-Interviews auch Telefoninterviews anzubieten und durchzuführen. Damit blieb jedoch das methodische Problem der Paraphrasierung und der starken Differenzierung der Kategorien erhalten.

8.2 Schlußfolgerungen aus den Ergebnissen der Studie

Mit den folgenden Schlußfolgerungen aus den Ergebnissen der Evaluation des Projekts sind gleichzeitig auch wesentliche Voraussetzungen aufgezeigt, unter denen die Kooperation erfolgversprechend fortgeführt oder auf andere Regionen übertragen werden kann.

1. Zur Integrativität der Kooperation

Die Erfahrungen und Einschätzungen der Beteiligten zeigen eindrucksvoll spezifische Zusammenhänge zwischen der Kooperation und dem Kooperationsziel der Unterstützung der Integration von verhaltensauffälligen Schülern in GHS auf. Die Zahl der Anmeldungen von Schülern zur Überprüfung eines sonderpädagogischen Förderbedarfs im Sinne der SfE stagnierte oder ging zurück. Vermeidbare Umschulungen verhaltensauffälliger Schüler in eine SfE wurden durch fallübergreifende und einzelfallbezogene (lehrer- und schülerzentrierte) kooperative Maßnahmen verhindert. Diese Maßnahmen bestanden vor allem in der Ausschöpfung sonderpädagogischer und sozialpädagogischer Ressourcen im Kontext der GHS. Die sonderpädagogischen Ressourcen der Kooperationslehrer der SfE bezogen sich insbesondere auf ihre Ansprechpartnerschaft, ihre diagnostischen und hilfebereitstellenden bzw. -vermittelnden Tätigkeiten für GHS-Lehrer bzw. -Rektoren sowie auf die Durchführung präventiver Veranstaltungen in GHS. Die Ressourcen der Jugendhilfe bestanden vor allem in einer frühzeitigeren Bereitstellung vorhandener ambulanter Hilfemöglichkeiten für die Kinder und/oder ihre Familien sowie in der punktuellen Erschließung neuer Ressourcen etwa im Bereich sozialpädagogischer Gruppenarbeit in Schulen. Desweiteren wurden durch die Kooperation vor allem personale Ressourcen von GHS-Lehrern in einem veränderten Umgang mit verhaltensauffälligen Schülern erschlossen und punktuell strukturelle Veränderungen in einzelnen GHS erreicht, etwa durch die Einrichtung einer Ganztagesklasse oder eines Horts an der Schule. Solche strukturellen Neuerungen vor allem bei GHS in sozialen Brennpunkten scheinen notwendig und geeignet zu sein, um einem erhöhten Förderbedarf innerhalb der Allgemeinschule verstärkt mit eigenen Bordmitteln begegnen zu können, die sich nicht alleine auf persönliche Motivationen und Kompetenzen von GHS-Lehrern beschränken.

Eine weitere strukturelle Neuerung wurde mit der Forderung nach Entkoppelung der Verbindung "Beschulung in eine private SfE" und "teil- bzw. vollstationäre Heimunterbringung" initiiert. Eine Beschulung externer Schüler in SfE in privater Trägerschaft sollte grundsätzlich möglich sein, wenn dies von den betroffenen Eltern, Fachkräften und Einrichtungen als notwendig und sinnvoll erachtet wird. Sie kann aber nur dann gelingen, wenn sie durch adäquate und ausreichende Jugendhilfemaßnahmen in den SfE und den Familien der externen Schüler flankiert wird.

Insgesamt wurde auch im Rahmen dieses Kooperationsprojekts deutlich, daß eine präventiv ausgerichtete, integrationsunterstützende Infrastruktur in den Systemen von Jugendhilfe und Schule auf- bzw. ausgebaut werden sollte.

2.   Inhaltliche Offenheit des Kooperationskonzepts und Freiwilligkeit der Projektteilnahme

Die inhaltliche Offenheit des Kooperationskonzepts im Rahmen der weit gefaßten Vorgaben der Projektträger und die Freiwilligkeit der Projektteilnahme bildeten unabdingbare Voraussetzungen für die Möglichkeit der vor Ort beteiligten Kooperationspartner, Kooperationsinhalte, -formen und -wege selbst auszuhandeln und in ein Kooperationskonzept zu integrieren, das zu den regionalen Bedingungen und Erfordernissen paßte. Dabei erwies es sich als hilfreich, die GHS frühzeitig in den Prozeß der Konzeptgestaltung miteinzubeziehen, um eine möglichst große Passung zwischen Angebot und Bedarf zu erreichen. Dies setzt jedoch entsprechende Freiräume der Schulen in der konzeptionellen Gestaltung der Kooperation vor allem seitens der Schulverwaltungen voraus. Eine fachliche und finanzielle Unterstützung von kooperierenden GHS und SfE durch die Staatlichen Schulämter sollten solche Freiräume sichern.

3.   Zum 2-stufigen Kooperationskonzept

Eine der wenigen Vorgaben der Projektträger bestand im 2-stufigen Konzept der Vorschaltung der Kooperationslehrer vor einer Miteinbeziehung von Jugendhilfemitarbeitern in den einzelfallbezogenen Beratungsprozeß. Dieses 2-stufige Kooperationskonzept bewährte sich vor allem dann, wenn die Kriterien und Verfahrensweisen dieser Miteinbeziehung unter allen Beteiligten ausgehandelt und angewandt wurden. Ein diesbezüglich wesentliches, kooperationserleichterndes Kriterium war eine möglichst frühzeitige Informierung und Miteinbeziehung der Jugendhilfe in jene Beratungen, in denen sich gerade aufgrund schwieriger familiärer Verhältnisse der betroffenen Schüler jugendhilferelevante Fragestellungen ergaben. Es zeigte sich, daß ein optimales 2-stufiges Zusammenwirken zwischen den beteiligten Institutionen vor allem von organisatorischen Bedingungen und zwischen den beteiligten Lehrern und Fachkräften der Jugendhilfe von der Qualität der persönlichen Beziehungen abhängig ist. Ein kooperationserschwerendes organisatorisches Problem bestand beispielsweise in der oftmals nur als sehr schwierig erlebten Erreichbarkeit von Lehrern und Mitarbeitern des ASD. Um - einzelfallübergreifend - Kooperationsaktivitäten und -probleme auf institutioneller und persönlicher Ebene besprechen und lösen zu können, bieten sich regelmäßig stattfindende regionale Koordinierungstreffen der Kooperationspartner an.

4.   Zur Qualitätssicherung der Einzelfallkooperation

Eine der organisatorischen Bedingungen für eine wirksame Kooperation besteht darin, für einzelfallbezogene Beratungen in GHS einen geschützten Rahmen zur Verfügung zu stellen, damit sie nicht "zwischen Tür und Angel" stattfinden müssen. Beratungen sind nach wie vor von Verunsicherungen und Befürchtungen von GHS-Lehrern begleitet, als "inkompetent" beurteilt zu werden. Sie sind noch weit davon entfernt, als selbstverständlicher Bestandteil professioneller pädagogischer Arbeit angesehen zu werden. Eine entsprechende Verankerung der Kooperation in den alltäglichen Ablauf der kooperierenden GHS (z.B. durch Aufnahme in die Stundentafeln) und gemeinsame Fallbesprechungen der beteiligten Fachkräfte und /oder des Lehrerkollegiums unter Anleitung eines dafür kompetenten Kooperationslehrers oder Supervisors könnten dazu beitragen. Darüber hinaus ist eine konstante Qualifizierung und supervisorische Begleitung der Kooperationslehrer zur Qualitätssicherung der Einzelfallkooperation unerläßlich.

5.   Fortsetzung der Kooperation

Die in dieser Arbeit dokumentierten umfangreichen Kooperations- und Integrationsleistungen sowie die hohe Zustimmungsquote in Verbindung mit dem einhelligen Wunsch der Beteiligten nach Fortsetzung des Projektes verpflichten nach unserer Auffassung dazu, die mit großem Engagement umgesetzten Bemühungen der beteiligten Fachkräfte auch über die Modellphase hinaus und in einem verallgemeinerten Rahmen fortzusetzen und sicherzustellen. Diese Erwartungen äußerten auch die Projektbeteiligten: *"Wir würden uns verschaukelt fühlen, wenn die Kooperation nicht fortgesetzt würde"*, so lautete ein Tenor in den Interviews.

Das wird aber nur im Rahmen einer entschiedenen fachpolitischen Willensbildung mit entsprechender Öffentlichkeitsarbeit möglich sein, denn den ermutigenden Signalen der Projektauswertung stehen im Alltag von Schulen und Jugendhilfe derzeit ungünstige, sehr belastende und sich verschlechternde Rahmenbedingungen gegenüber. Diese beziehen sich im Bereich der Schulen vor allem auf die Ausstattung mit Lehrkräften. Wenn, wie die aktuelle Situation zeigt, in Baden-Württemberg sogar der Pflichtunterricht in den Allgemeinschulen nicht mehr durchgängig gewährleistet ist, kann von den GHS kaum mehr zusätzliche integrationswirksame kooperative Leistungen erwartet werden. Eine Kürzung oder Streichung der bereits sehr begrenzten Mittel für die Kooperation würde deren Ende und ein nicht zu unterschätzender Gesichts- und Glaubwürdigkeitsverlust der Bildungs- und Schulpolitik der Landesregierung bedeuten.

Zur Fortführung der Kooperation müßten daher die weiteren einzelfallbezogenen und insbesondere -übergreifenden Kooperationsbemühungen durch realistische Zeitbudgets in allen beteiligten Einrichtungen flankiert und abgesichert werden; d.h. nicht nur bei Kooperationslehrern, sondern ebenso in den Einrichtungen der Jugendhilfe, insbesondere dem ASD und in den GHS zumindest mit kontinuierlichem Beratungsbedarf[97]. Darüber hinaus müßten die Deputatsanteile für Kooperationslehrer an den SfE entsprechend den schulinternen Möglichkeiten und regionalen Voraussetzungen über eine längerfristigen Zeitraum und nicht nur kurzfristig von Schuljahr zu Schuljahr gesichert bleiben.

6. Zum flächendeckenden Ausbau der Kooperation

Der schon seit langem bestehende Problemdruck des Sonderschullehrermangels vor allem in SfE in privater Trägerschaft im südbadischen Raum wird sich voraussichtlich fortsetzen und allenfalls regional und erst mittelfristig im Zusammenhang mit dem 1995 in Freiburg eingerichteten Seminar für Sonderschullehrer abgefedert.

Bedingt durch diesen Sonderschullehrer-Mangel konnten teilweise auch im Projekt vorgesehene Deputatsanteile nicht in vollem Umfang oder nur mit einiger Verzögerung in Anspruch genommen werden. Auch unter diesem Aspekt erscheint die inhaltlich durchaus gerechtfertigte Forderung nach einem flächendeckenden Ausbau der Kooperation allein gestützt auf sonderpädagogisch qualifizierte Kooperationslehrer an SfE in privater Trägerschaft zum jetzigen Zeitpunkt unrealistisch.

---

[97] Wofür die Zuteilung von Anrechnungsstunden durch die Staatlichen Schulämter im Rahmen des neuen Organisationserlasses Gelegenheit gäbe.

7. Zur Übertragbarkeit des Kooperationsmodells auf andere Regionen

Eine Übertragung der Kooperationsmodells "Lehrer/-innen beraten Lehrer/-innen" auf weitere Regionen, in denen die genannten Bedingungen für eine erfolgversprechende Realisierung vorhanden sind, ist meines Erachtens durchaus möglich. Sie sollte aber unterstützt werden durch eine zentrale Koordinierungsstelle, die einen Teil der Entwicklungsaufgaben und -funktionen der wissenschaftlichen Begleitung übernehmen könnte. Für den Auf- bzw. Ausbau entsprechender regionaler Kooperationsstrukturen und für die Implementation der dazu passenden Kooperationskonzepte könnte eine Orientierung an dem von uns modifizierten und bewährten zyklischen Prozeßmodell (vgl. Kap. 5.1.1) hilfreich sein.

Regional "passende" Konzepte und Strukturen können jedoch nur auf der Grundlage der jeweiligen örtlichen Verhältnisse und Bedürfnisse entwickelt und umgesetzt werden. Zur Gewährleistung der dafür notwendigen inhaltlichen Offenheit des Kooperationskonzepts "Jugendhilfe und Schule: Lehrer/-innen beraten Lehrer/-innen" verzichten wir daher an dieser Stelle ausdrücklich auf die Formulierung weitergehender inhaltlich-konzeptioneller Empfehlungen und verweisen auf die diesbezüglichen differenzierten und umfassenden Anregungen aus dem Kreise der Projektbeteiligten (vgl. Kap. 6.2.4), die selbst zu Experten für die Kooperation geworden sind.

8. Gesamtresümee

Fassen wir sowohl die Ergebnisse der Zwischen- und Abschlußbilanzen als auch die angeführten Schwierigkeiten und Grenzen der Studie zu einer Gesamtbetrachtung zusammen, so wird meines Erachtens erkennbar, daß trotz schwieriger politischer Rahmenbedingungen und trotz einer geringen Ausstattung des Projekts mit entsprechenden Mitteln ein bedeutsamer Schritt in Richtung einer integrationsfördernden Kooperation zwischen den beteiligten Schulen und Einrichtungen der Jugendhilfe vor allem im Sinne der betroffenen Schüler gemacht und das Projektziel weitgehend erreicht wurden. Dieser Schritt vollzog sich innerhalb der Struktur des bestehenden Schulsystems und kann als eine durchaus erfolgreiche Variante neben anderen, vor allem zieldifferenten Integrationsformen für das Bemühen um eine möglichst adäquate Beschulung und Förderung aller Schüler verstanden werden. In diesem Sinne könnten sich zielgleiche Integration durch Kooperation zwischen Sonder-, Regelschulen und Jugendhilfeeinrichtungen und zieldifferente Integration durch die Implementierung integrativer Beschulungsformen an Regelschulen (wie Integrationsklassen oder integrative Regelklassen) auf der Grundlage eines "Sowohl-als auch-Konzepts" ergänzen. Dies würde eine Flexibilität gewährleisten, die es betroffenen Schülern, Eltern und Pädagogen erleichtert, eine individuell optimale Beschulung von auffälligen Schülern zu ermöglichen. Auch die vielbeachtete Bildungskommission Nordrhein-Westfalen hat sich in ihrer Vision der "Schule der Zukunft" für eine Beibehaltung des Sonderschulwesens und somit des dualen Fördersystems ausgesprochen, allerdings unter der Voraussetzung einer grundsätzlichen Wahlmöglichkeit zwischen alternativen integrativen Förderformen unterschiedlichster Art (vgl. Bildungskommission NRW, 1995). Eine solche Wahlmöglichkeit besteht in Baden-Württemberg leider noch nicht. Um eine Flexibilisierung der sonderpädagogischen Förderformen erreichen zu können, bedarf es daher nicht nur einer entsprechenden politischen Willensbildung und -bekundung, sondern darüber hinaus angesichts der kritischen Haushaltslage des Landes einer tatkräftigen und offensiven Bildungs,- Schul- und Jugendhilfepolitik, die sich wirksam gegen die geplanten Kürzungen und Streichungen sowohl im Bildungs- als auch im Jugendhilfe- und Sozialbereich zur Wehr setzt.

Literaturverzeichnis

Ahlheim, R., Hülsemann, W., Kapczynski, H., Kappeler, M., Liebel, M., Marzahn, C. & Werkentin, F. (1971). *Gefesselte Jugend. Fürsorgeerziehung im Kapitalismus.* Frankfurt/Main: Suhrkamp.

Aldrich, H. & Whetten, D. (1981). Organization-sets, action-sets and networks: making the most of simplicity. In P.C. Nystrom & W.H. Starbuck (eds.), *Handbook of Organizational Design, Vol. 1: Adapting organizations to their environments.* (385-408). London: Oxford University Press.

Allerbeck, K. & Hoag, W.J. (1985). *Jugend ohne Zukunft? Einstellungen, Umwelt, Lebensperspektiven.* München, Zürich: Piper.

Apter, S.J. (1982). *Troubled children, troubled systems.* New York: Pergamon.

Arbeitsgemeinschaft für Erziehungshilfe (1975). *Richtlinien für die heilpädagogische Arbeit im Heim.* Hannover: Selbstverlag.

Aurin, K. (1977). Gegenwärtige Voraussetzungen von Beratung und ihre Funktionen im System der Schule. In G. Stark, K. Aurin, H. Reichenbecher & E. Todt (Hrsg.), *Beraten in der Schule?* (12-34). Braunschweig: Westermann.

Aurin, K. (1991). Das Interesse an der "guten Schule". In K. Aurin (Hrsg.), *Gute Schulen - worauf beruht ihre Wirksamkeit?* (2. Aufl., 9-12). Bad Heilbrunn: Klinkhardt.

Bach, H. (1984). *Schulintegrierte Förderung bei Verhaltensauffälligkeiten.* Mainz: v. Hase & Köhler.

Bach, H. (1989). Verhaltensstörungen und ihr Umfeld. In H. Goetze & H. Neukäter (Hrsg.). (1989), *Handbuch der Sonderpädagogik, Band 6: Pädagogik bei Verhaltensstörungen.* (3-35). Berlin: Marhold.

Bach, H., Knöbel., R., Arenz-Morch, A. & Rosner, A. (1986). *Verhaltensauffälligkeiten in der Schule* (2. Aufl.). Berlin: Marhold.

Bachmair, B. (1984). *Symbolische Verarbeitung von Fernseherlebnissen in assoziativen Freiräumen.* Kassel: Gesamthochschulbibliothek.

Bärsch, W. (1989). Die Lebenssituation von Kindern und Jugendlichen in der heutigen Gesellschaft. In H. Goetze & H. Neukäter (Hrsg.). (1989a). *Disziplinkonflikte und Verhaltensstörungen in der Schule.* (2. Aufl., 19-22). Universität Oldenburg.

Bauer, H., Berg, R. & Kuhlen, V. (1976). *Forschung zu Problemen der Jugendhilfe. Bestandsaufnahme und Analyse.* München: Juventa.

Bauer, K.-O. (1992). Von der mechanischen zur professionellen Organisation der Schule. *Zeitschrift für Sozialisationsforschung und Erziehungssoziologie, 12,* (4), 325-340.

Bauer, K.-O. & Rolff, H.-G. (1978). Vorarbeiten zu einer Theorie der Schulentwicklung. In H.-G. Rolff (Hrsg.), *Innovation und Schulentwicklung.* (219-266). Weinheim, Basel: Beltz.

Baumert, J. (1978). Handlungsorientierte Begleitforschung. Begründete Angst vor der selbstgestellten Aufgabe. In H.D. Haller & D. Lenzen (Hrsg.), *Jahrbuch für Erziehungswissenschaft 1977/78. Wissenschaft im Reformprozeß - Aufklärung oder Alibi?* (214-247). Stuttgart: Klett-Cotta.

Baumert, J. (1980). Bürokratie und Selbständigkeit - zum Verhältnis von Schulaufsicht und Schule. *Recht der Schule und des Bildungswesens, 80,* 437-467.

Baur, J. (1996). Aktivierung von Ressourcen im sozialen Feld am Beispiel einer handlungsorientierten Qualifizierung des sozialpädagogischen Bereichs einer Gesamtschule. *Unsere Jugend, 48, (2),* 68-73.

Baur, W., Kautter, H., Koch, M., Kübler, K.-D., Neidhardt, W., Sautter, H. & Vollert, M. (1996). *Abschlußbericht über die Schulversuche mit integrativen Lösungen.* Reutlingen: Fakultät für Sonderpädagogik.

Beck, U. (1986). *Risikogesellschaft. Auf dem Weg in eine andere Moderne.* Frankfurt/Main: Suhrkamp.

Benkmann, K.H. (1989). Pädagogische Erklärungs- und Handlungsansätze bei Verhaltensstörungen in der Schule. In H. Goetze & H. Neukäter (Hrsg.). (1989), *Handbuch der Sonderpädagogik, Band 6: Pädagogik bei Verhaltensstörungen.* (71-119). Berlin: Marhold.

Benkmann, R. & Pieringer, G. (1990). *Gemeinsame Erziehung behinderter und nichtbehinderter Kinder und Jugendlicher in der allgemeinen Schule.* Berlin: Pädagogisches Zentrum.

Bertalanffy, L. v. (1975). *General Systemtheory.* New York: Braziller.

Bildungskommission Nordrhein-Westfalen (Hrsg.). (1995). *Zukunft der Bildung - Schule der Zukunft.* Berlin: Kriftel.

Bittner, G., Ertle, C. & Schmid, V. (1974). Schule und Unterricht bei verhaltensgestörten Kindern. In Deutscher Bildungsrat (Hrsg.), *Gutachten und Studien der Bildungskommission, Band 4: Sonderpädagogik: Verhaltensgestörte, Sprachbehinderte, Körperbehinderte.* Stuttgart: Klett

Bleidick, U. (1982). Literatur zur gemeinsamen Unterrichtung behinderter und nichtbehinderter Schüler. *Zeitschrift für Heilpädagogik, 33,* 890-902.

Blumenberg, F.-J. (Hrsg.). (1992). 45 Jahre Abenteuer - alltagsnahe Erlebnispädagogik im Jugendhilfswerk Freiburg e.V. *Zeitschrift für Erlebnispädagogik, 12,* (7/8).

Blumenberg, F.-J. (1993). Praxisnahe Forschung - Klärungsbedarf, leitende Fragestellungen, Gestaltungsmerkmale im erlebnispädagogischen Alltag. In H.G. Bauer & W. Nickolai (Hrsg.), *Erlebnispädagogik mit sozial Benachteiligten*. (116-132). Lüneburg: Verlag Erlebnispädagogik.

Borchert, J. & Schuck, K.D. (1992). Modellversuche zum Förderungsbereich "Behinderte Kinder und Jugendliche". In Bund-Länder-Kommission für Bildungsplanung und Forschungsförderung (BLK) (Hrsg.), *Materialien zur Bildungsplanung und Forschungsförderung, 29.* Bonn.

Brandstädter, J. (1985). Entwicklungsberatung unter dem Aspekt der Lebensspanne: zum Aufbau eines entwicklungspsychologischen Anwendungskonzepts. In J. Brandstädter & H. Gräser (Hrsg.), *Entwicklungsberatung unter dem Aspekt der Lebensspanne*. (1-15). Göttingen: Hogrefe.

Bronfenbrenner, U. (1989). *Die Ökologie menschlicher Entwicklung*. Frankfurt/Main: Fischer.

Brosch, P. (1975). *Fürsorgeerziehung, Heimterror und Gegenwehr*. Frankfurt/Main: Fischer.

Bründel, H. (1995). Produziert die Schule Gewalt? In K. Hurrelmann, C. Palentien & W. Wilken (Hrsg.), *Anti-Gewalt-Report*. (41-61). Weinheim: Beltz.

Brusten, M. & Hurrelmann, K. (1976). *Abweichendes Verhalten in der Schule* (3. Aufl.). München: Juventa.

Bundesarbeitsgemeinschaft der Landesjugendämter (1993). *Empfehlungen zum Thema: Jugendhilfe und Schule*. Köln

Bundesministerium für Jugend, Familie und Gesundheit (Hrsg.). (1972). *3. Jugendbericht. Aufgaben und Wirksamkeit der Jugendämter in der BRD*. Bonn/Bad-Godesberg.

Bundesministerium für Jugend, Familien, Frauen und Gesundheit (Hrsg.). (1990). *8. Jugendbericht*. Bonn.

Bundesministerium für Familie, Senioren, Frauen und Jugend (Hrsg.). (1995). Kooperation von Jugendhilfe und Schule. *KABI: Konzertierte Aktion Bundes Innovationen, 23.* Bonn.

Bundesministerium für Familie, Senioren, Frauen und Jugend (Hrsg.). (1996). Kooperation von Jugendhilfe und Schule (Teil 2). *KABI: Konzertierte Aktion Bundes Innovationen, 27.* Bonn.

Bundschuh, K. (1975). *Der intelligente Schulversager. Zum Problem der Pseudodebilität*. Neuburgweier: Schindele.

Burkhard, C. & Pfeiffer, H. (1992). Autonomie und Außenanforderungen - Schule als sich-selbst-organisierendes soziales System. *Zeitschrift für Sozialisationsforschung und Erziehungssoziologie, 12,* (4), 291-305.

Charlton, M. & Neumann, K. (1986). *Medienkonsum und Lebensbewälti-gung in der Familie*. München-Weinheim: Psychologische Verlags Union.

Charlton, M. & Bachmair, B. (Hrsg.). (1990). *Medienkommunikation im Alltag*. München: Saur.

Christian, W. & Huschenbeth, I. (1976). Behinderte Kinder in der BRD 1974. *Die Rehabilitation*, 12-20.

Cohen, M. (1983). Instructional, management and social conditions in effective schools. In A. Odden & L.D. Webb (eds.), School Finance and School Improvement. Linkages for the 1980s. *Fourth Annual Yearbook of the American Education Finance Association*. (17-50). Cambridge: Mass.

Cronbach, L.J. (1972). Evaluation zur Verbesserung von Curricula. In Ch. Wulf (Hrsg.): *Evaluation. Beschreibung und Bewertung von Unterricht, Curricula und Schulversuchen*. (41-59). München: Piper.

Dalin, P. & Rolff, H.-G. (1990). *Institutionelles Schulentwicklungsprogramm*. Soest: Soester Verlagskontor.

Damkowski, W. & Luckey, K. (1990). *Neue Formen lokaler Sozial- und Gesundheitsdienste*. Köln: Bund-Verlag.

Datler, W. (1987). Ist die Verhaltensstörung eine schul-pädagogische Kategorie? Zum Verhältnis von Schule, Verhaltensauffälligkeit und Pädagogik. In W. Datler (Hrsg.), *Verhaltensauffälligkeit und Schule*. (18-48). Frankfurt/Main: Lang.

Dettenborn, H. (1993). Entwicklung und Ursachen von Aggression in der Schule. Wie Schüler darüber denken. *Pädagogik und Schulalltag, 48,* (1), 60-67.

Deutscher Bildungsrat (Hrsg.). (1979). *Empfehlungen der Bildungskommission: Zur pädagogischen Förderung behinderter und von Behinderung bedrohter Kinder und Jugendlicher* (3. Aufl.). Stuttgart: Klett.

Deutscher Caritasverband (Hrsg.). (1993). *Arme unter uns. Teil 1: Ergebnisse und Konsequenzen der Caritas-Armutsuntersuchung*. Freiburg: Lambertus.

Deutscher Paritätischer Wohlfahrtsverband, Deutscher Gewerkschaftsbund & Hans-Böckler-Stiftung (Hrsg.). (1994). *Armut in Deutschland*. Hamburg: Rowohlt.

Dewe, B. & Wohlfahrt, N. (1991). *Netzwerkförderung und soziale Arbeit. Empirische Analysen in ausgewählten Handlungs- und Politikfeldern*. Bielefeld: Kleine-Verlag.

Döring, K.W. (1966). Aggressivität als sonderpädagogisches Problem. *Zeitschrift für Heilpädagogik, 10,* 422-494.

Edler, C. (1993). Schulversuche mit integrativen Lösungen in Baden-Württemberg. In Gewerkschaft Erziehung und Wissenschaft (Hrsg.).

(1993), *(Sonder)-Pädagogische Förderkonzepte.* (91-103). Stuttgart: Süddeutscher Pädagogischer Verlag.

Elliot, D.S., Huizinga, D. & Ageton, S.S. (1985). *Explaining delinquency and drug use.* Beverly Hills: Sage.

Emnid-Institut (Hrsg.). (1986). Sind die Deutschen kinderfeindlich? *Emnid-Informationen, 38,* 22-24

Engel, U. & Hurrelmann, K. (1993). *Psychosoziale Belastung im Jugendalter.* München: Juventa.

Feldhusen, J.F., Thurston, J.R. & Benning, J.J. (1973). A longitudinal study of delinquency and other aspects of children's behavior. *International Journal of Criminology and Penology, 1,* 341-351.

Fend, H., Knörzer, W., Nagl, W., Specht, W. & Väth-Szusdziara, R. (1976). *Sozialisationseffekte der Schule.* Weinheim, Basel: Beltz.

Fend, H. (1976). *Gesellschaftliche Bedingungen schulischer Sozialisation.* Weinheim, Basel: Beltz.

Ferstl, R., Niebel, G. & Hanewinkel, R. (1993). *Gewalt an Schulen in Schleswig-Holstein. Gutachterliche Stellungnahme zur Verbreitung von Gewalt und Aggression an Schulen in Schleswig-Holstein.* Kiel: Ministerium für Bildung, Wissenschaft, Kultur und Sport.

Filsinger, D. & Bergold, J.B. (1993). Entwicklungsmuster und Entwicklungsdynamik psychosozialer Dienste: Probleme und Perspektiven der Vernetzung. In J.B. Bergold & D. Filsinger (Hrsg.), *Vernetzung psychosozialer Dienste.* (11-48). Weinheim und München: Juventa.

Foerster, H. v. (1981). Das Konstruieren einer Wirklichkeit. In P. Watzlawick (Hrsg.), *Die erfundene Wirklichkeit.* (39-60). München, Zürich: Piper.

Freie und Hansestadt Hamburg. Behörde für Schule, Jugend, Berufsbildung (Hrsg.). (1993). *Gewalt von Kindern und Jugendlichen in Hamburg.* Hamburg.

Freitag, M. & Hurrelmann, K. (1993). *Gewalt an Schulen: In erster Linie ein Jungen-Problem.* Forschungsbericht. Universität Bielefeld.

French, W.L. & Bell, C.H. (1990). *Organisationsentwicklung - sozialwissenschaftliche Strategien zur Organisationsveränderung.* Bern, Stuttgart: Haupt.

Frey, S. & Frenz, H.-G. (1982). Experiment und Quasi-Experiment im Feld. In J.L. Patry (Hrsg.), *Feldforschung. Methoden sozialwissenschaftlicher Forschung unter natürlichen Bedingungen.* (229-258). Bern: Huber.

Fthenakis, W.E. (1995). Kindliche Reaktionen auf Trennung und Scheidung. *Familiendynamik, 20,* (2), 127-154.

Fuchs, D. (1995). *Lebensweltorientierte Praxisforschung.* Würzburg: Echter.

Gewerkschaft Erziehung und Wissenschaft (Hrsg.). (1993). *(Sonder)-Pädagogische Förderkonzepte*. Stuttgart: Süddeutscher Pädagogischer Verlag.

Girschner, W. (1976). *Organisationssoziologische Perspektiven eines Problemkatalogs zur Analyse schulischer Steuerungsprozesse*. Paderborn (FEoLL) (Masch. verf.).

Glasersfeld, E. v. (1981). Einführung in den radikalen Konstruktivismus. In P. Watzlawick (Hrsg.), *Die erfundene Wirklichkeit*. (16-38). München, Zürich: Piper.

Glötzl, H. (1979). *Das habe ich mir gleich gedacht. Der Einfluß von Lehrerverhalten und Schulsystem auf die Ausprägung und Verfestigung abweichenden Verhaltens*. Weinheim, Basel: Beltz.

Goetze H. & Neukäter, H. (Hrsg.). (1989). *Handbuch der Sonderpädagogik, Band 6: Pädagogik bei Verhaltensstörungen*. Berlin: Marhold.

Goetze H. & Neukäter, H. (Hrsg.). (1989a). *Disziplinkonflikte und Verhaltensstörungen in der Schule* (2. Aufl.). Universität Oldenburg.

Großmann, W. & Stickelmann, B. (1981). Sozialpädagogische Schule vs. Schulsozialarbeit? Anmerkungen zu einem überflüssigen Streit. *Neue Praxis*, 84-86.

Günther, W. (1995). *Sonderpädagogische Individualhilfen durch Kooperation*. Heidelberg: Schindele.

Gukenbiehl, H.L. (1995). Institution und Organisation. In H. Korte & B. Schäfer (Hrsg.), *Einführung in die Hauptbegriffe der Soziologie*. (95-110). Opladen: Leske & Budrich.

Guntern, G. (1980). Die kopernikanische Revolution in der Psychotherapie. *Familiendynamik, 5*, 2-41.

Härringer, K. (1994). *Eine Chance für jeden. Von der Jugendarbeit zur Altenhilfe*. Freiburg i. Br.: Rombach.

Hage, J. & Aiken, M. (1970). *Social Change in Complex Organizations*. New York: Random House.

Haller, H.D. & Lenzen, D. (Hrsg.). (1978). *Jahrbuch für Erziehungswissenschaft 1977/78. Wissenschaft im Reformprozeß - Aufklärung oder Alibi*? Stuttgart: Klett-Cotta.

Hanewinkel, R., Niebel, G. & Ferstl., R. (1995). Zur Verbreitung von Aggression an den Schulen - ein empirischer Überblick. In R. Valtin & R. Portmann (Hrsg.), *Gewalt und Aggression: Herausforderungen für die Grundschule*. (26-38). Frankfurt/Main: Arbeitskreis Grundschule.

Harnack, G.A. v. (1958). *Nervöse Verhaltensstörungen bei Schulkindern*. Stuttgart: Thieme.

Harnischmacher, R. (1995). *Gewalt an Schulen. Theorie und Praxis des Gewaltphänomens*. Bornheim-Roisdorf: Hanseatischer Fachverlag.

Hartung, K. (1987). Aufgaben der Sozialpädiatrie. In R. Lempp & H. Schiefele (Hrsg.), *Ärzte sehen die Schule. Untersuchungen und Befunde aus psychiatrischer und pädagogisch-psychologischer Sicht.* (15-25). Weinheim, Basel: Beltz.

Haug, R. & Pfister, J. (Hrsg.) (1985). *Schule als Organisation.* Frankfurt: Deutsches Institut für Internationale Forschung.

Hederer, J. (Hrsg.). (1975). *Evolution in der Sozialpädagogik. Quellen und Kommentare.* München: Bardtenschlager.

Heinze, R.G., Olk, T. & Hilbert, J. (1988). *Der neue Sozialstaat.* Freiburg i. Br.: Lambertus.

Hell, P. (1984). *Differenzierung oder Integration. Ein Beitrag zur adäquaten Beschulung Lernbehinderter aus schulpädagogischer Sicht.* Frankfurt/Main: Lang.

Hennig, C. & Knödler, U. (1985). *Problemschüler - Problemfamilien.* Weinheim, Basel: Beltz.

Hippler, B. (1985). *Mobile schulische Erziehungshilfe.* Birkach: Ladewig.

Holtappels, H.G. (1985). Schülerprobleme und abweichendes Verhalten aus der Schülerperspektive. *Zeitschrift für Sozialisationsforschung und Erziehungssoziologie, 5, (2),* 291-323.

Holtz, K.-L. & Kretschmann, R. (1989). Psychologische Grundlagen der Pädagogik bei Verhaltensstörungen. In H. Goetze & H. Neukäter (Hrsg.). (1989), *Handbuch der Sonderpädagogik, Band 6: Pädagogik bei Verhaltensstörungen.* (908-966). Berlin: Marhold.

Holzkamp-Osterkamp, U. (1976). Grundlagen der psychologischen Motivationsforschung. Die Besonderheit menschlicher Bedürfnisse - Problematik und Erkenntnisgehalt der Psychoanalyse. *Texte zur Kritischen Psychologie* (Band 4). Frankfurt/Main: Atheanäum.

Homfeldt, H.G. (1972). *Stigma und Schule. Schulische Einstellungen und Sanktionen gegenüber Kindern aus Randgruppen.* Dissertation Universität Kiel.

Homfeldt, H.G., Lauff, W. & Maxeiner, J. (1977). *Für eine sozialpädagogische Schule.* München: Juventa.

Hornstein, W. (Hrsg.). (1970). *Kindheit und Jugend in der Gesellschaft. Dokumentation des 4. Deutschen Jugendhilfetages.* München: Juventa.

Hurrelmann, K. (1975). *Erziehungssystem und Gesellschaft.* Reinbek: Rowohlt.

Hurrelmann, K. (1991). Wie kommt es zu Gewalt in der Schule und was können wir dagegen tun? *Kind, Jugend, Gesellschaft, 36,* (1), 103-108.

Hurrelmann, K. (1991a). Die Belastung von Jugendlichen durch die Schule. *Kind, Jugend, Gesellschaft, 36,* (1), 14-18.

Hurrelmann, K. (1993). Aggression und Gewalt in der Schule. In W. Schubarth & W. Melzer (Hrsg.), *Schule, Gewalt und Rechtsextremismus. Schule und Gesellschaft 1.* Opladen: Leske & Budrich.

Hurrelmann K. & Jaumann, O. (1985). Sozialisations- und interaktionstheoretische Konzepte in der Behindertenpädagogik. In U. Bleidick (Hrsg.), *Handbuch der Sonderpädagogik, Band 1: Theorie der Behindertenpädagogik.* (295-321). Berlin: Marhold.

Huschke-Rhein, R. (Hrsg). (1990). *Systemische Pädagogik, Band IV: Zur Praxisrelevanz der Systemtheorien.* Köln: Rhein-Verlag.

Iben, G. (1976). Das Verhältnis von Schule und Sozialpädagogik. In K.J. Tillmann (Hrsg.), *Sozialpädagogik in der Schule.* (16-26). München: Juventa.

Institut für Sozialarbeit und Sozialpädagogik (1976). *Offene Betreuung als Alternative zur geschlossenen Unterbringung Jugendlicher.* Frankfurt: ISS.

Internationale Gesellschaft für Heimerziehung (Hrsg.). (1977). Heimerziehung und Alternativen, Analysen und Ziele für Strategien. *Zwischenbericht Kommission Heimerziehung der Obersten Landesjugendbehörden und der Bundesarbeitsgemeinschaft der Freien Wohlfahrtspflege.* Frankfurt/Main: IGFH.

Jordan, E. & Sengling, D. (1994). *Jugendhilfe* (3. Aufl.). Weinheim, München: Juventa.

Jost, G. (1992). *Unterrichtung in der Schule für Lernbehinderte oder Integration in das Regelschulwesen.* St. Ingbert: Röhrig.

Keim, W. (1987). Vorwort des Herausgebers der "Studien zur Bildungsreform". In W. Datler (Hrsg.), *Verhaltensauffälligkeit und Schule,* (9-15). Frankfurt/Main: Lang.

Klafki, W. (1973). Handlungsforschung im Schulfeld. *Pädagogik, 19,* (4), 487-516.

Kleber, E.W. (1978). Probleme des Lehrerurteils. In K.J. Klauer (Hrsg.), *Handbuch der Pädagogischen Diagnostik* (Band 3, 589-618). Düsseldorf: Pädagogischer Verlag Schwann.

Klein, G. (1990). Kooperation von Schülern und Lehrern als Bedingung für Integration. *Rheinland-pfälzische Schulblätter,* 41, (7/8), 33-38.

Klein, G. & Nestle, W. (Hrsg.). (1992). *Kooperation zwischen behinderten und nichtbehinderten Menschen. Dokumente - Erfahrungen - Ergebnisse des Projekts: Gemeinsam leben - gemeinsam handeln.* Rheinbreitbach.

Kluge, K.J. (Hrsg.). (1975). *Sie prügeln sich und leisten wenig. Verhaltensauffällige in Grund- und Hauptschulen.* Neuburgweier: Schindele.

Kluge, K.J. & Vosen, M. (1975). *Kölner Verhaltensauffälligenpädagogik. Grundsätze, Methoden und Forschungsergebnisse.* Neuburgweier: Schindele.

König, E. (1991). Kooperation: Pädagogische Perspektiven für Schulen. In J. Wissinger & H. Rosenbusch (Hrsg), *Schulleiter-Handbuch, Band 58: Motivation durch Kooperation.* (7-17). Braunschweig: SL-Verlag.

Kommunale Gemeinschaftsstelle für Verwaltungsvereinfachung (KGst) (1994). Outputorientierte Steuerung der Jugendhilfe. *KGst-Bericht 9.* Köln.

Kuhnekath, K.D. (1989). Soziologische Aspekte der Verhaltensstörung. In H. Goetze & H. Neukäter (Hrsg.). (1989), *Handbuch der Sonderpädagogik, Band 6: Pädagogik bei Verhaltensstörungen.* (967-1006). Berlin: Marhold.

Lamnek, S. (1989). *Qualitative Sozialforschung, Band 2: Methoden und Techniken.* München: Psychologische Verlags Union.

Landeswohlfahrtsverband Baden - Landesjugendamt (Hrsg). (1992). *Schule und Jugendhilfe arbeiten zusammen!* Karlsruhe.

Landeswohlfahrtsverband Baden - Landesjugendamt (Hrsg). (1995). *Kooperation als Lernprozeß - Grundschullehrer und Sozialarbeiter bemühen sich um eine bessere Zusammenarbeit.* Karlsruhe.

Landeswohlfahrtsverband Baden - Landesjugendamt (Hrsg). (1997). *Lehrer/-innen beraten Lehrer/-innen. Kooperation Jugendhilfe und Schule. Abschlußbericht über ein Projekt des Landesjugendamtes beim Landeswohlfahrtsverband Baden und des Oberschulamts Freiburg.* Karlsruhe.

Landtag von Baden-Württemberg (1994). *Bericht und Empfehlungen der Enquête-Kommission "Kinder in Baden-Württemberg".* Stuttgart: Drucksache 11/3919.

Lerner, R.M. (1984). Jugendliche als Produzenten ihrer eigenen Entwicklung. In E. Olbrich & E. Todt (Hrsg.), *Probleme des Jugendalters.* (69-88). Berlin, Heidelberg: Springer.

Lewin, K. (1953). *Die Lösung sozialer Konflikte.* Bad Nauheim: Christian-Verlag.

Little, J.W. (1982). Norms of Collegiality and Experimentations: Workplace Conditions of School Success. *American Educational Research Journal, 82,* (3), 325-340.

Lösel, F. (1974). Lehrerurteil, implizite Devianztheorie und erfragte Delinquenz. *Kriminologisches Journal, 6,* 47-60.

Ludewig, K. (1988). Problem - "Bindeglied" klinischer Systeme. Grundzüge eines systemischen Verständnisses psychosozialer und klinischer Probleme. In L. Reiter, E. Brunner & S. Reiter-Theil (Hrsg.), *Von der*

Familientherapie zur systemischen Perspektive. (231-250). Berlin, Heidelberg, New York: Springer.

Luhmann N. (1970). Soziologie als Theorie sozialer Systeme. In N. Luhmann (Hrsg.), Aufsätze zur Theorie der Gesellschaft. *Soziologische Aufklärung* (Band 1, 113-136). Opladen: Westdeutscher Verlag.

Luhmann N. (1975). Systemtheorie, Evolutionstheorie und Kommunikationstheorie. In N. Luhmann (Hrsg.), Aufsätze zur Theorie der Gesellschaft. *Soziologische Aufklärung* (Band 2, 193-203). Opladen: Westdeutscher Verlag.

Luhmann N. (1977). Interpenetration - Zum Verhältnis personaler und sozialer Systeme. *Soziologie, 6,* (1), 62-76.

Luhmann N. (1981). Geschichte als Prozeß und die Theorie sozio-kultureller Evolution. In N. Luhmann (Hrsg.), Soziales System, Gesellschaft, Organisation. *Soziologische Aufklärung* (Band 3, 178-197). Opladen: Westdeutscher Verlag.

Luhmann N. (1984). *Soziale Systeme. Grundriß einer allgemeinen Theorie*. Frankfurt: Suhrkamp.

Luhmann, N. & Schorr, K.E. (1979). *Reflexionsprobleme im Erziehungssystem*. Stuttgart: Klett-Cotta.

Lukesch, H. (1989). *Video im Alltag der Jugend*. Regensburg: Roderer.

Lukesch, H. & Zecha, G. (1978). Neue Handlungsforschung? Programm und Praxis gesellschaftskritischer Sozialforschung. *Soziale Welt, 29,* (1), 26-43.

Manasse, A.L. (1985). Improving Conditions for Prinzipal Effectiveness: Policy Implications of Research. *The Elementary School Journal, 85,* (3), 439-463.

Marte, F. (1990). Evaluation integrativer Erziehungsmaßnahmen. In Staatsinstitut für Frühpädagogik und Familienforschung München (Hrsg.), *Handbuch der integrativen Erziehung behinderter und nichtbehinderter Kinder*. (292-307). München, Basel: Reinhardt.

Maturana, H.R. (1982). *Erkennen: Die Organisation und Verkörperung von Wirklichkeit*. Braunschweig/Wiesbaden: Vieweg & Sohn.

Mayntz, R. (1971). *Bürokratische Organisationen*. Köln, Berlin: Kiepenheuer & Witsch.

Mayntz, R. (1971a). Max Webers Idealtypus der Bürokratie und die Organisationssoziologie. In R. Mayntz (Hrsg.). (1971), *Bürokratische Organisationen*. (27-35). Köln, Berlin: Kiepenheuer & Witsch.

Mayntz, R. (1977). *Soziologie der Organisation*. Reinbek: Rowohlt.

Mayntz, R. (1988). Funktionale Teilsysteme in der Theorie sozialer Differenzierung. In R. Mayntz, B. Rosewitz, B. Schimank & R. Stichweh (Hrsg.), *Differenzierung und Verselbständigung. Zur Entwicklung gesellschaftlicher Teilsysteme*. (11-44). Frankfurt/Main: Campus.

Mayring, P. (1993). *Einführung in die qualitative Sozialforschung* (2. Aufl.). München: Psychologische Verlags Union.

Meier, U., Melzer, W., Schubarth, W. & Tillmann, K.J. (1995). Schule, Jugend und Gewalt - Ergebnisse einer Schulleiterbefragung in Ost- und Westdeutschland. *Zeitschrift für Sozialisationsforschung und Erziehungssoziologie, 15,* (2), 168-182.

Merchel, J. & Schrapper, C. (Hrsg.). (1996). *Neue Steuerung. Tendenzen der Organisationsentwicklung in der Sozialverwaltung.* Münster: Votum.

Merton, R.K. & Kendall, P. (1984). Das focussierte Interview. In C. Hopf & E. Weingarten (Hrsg.), *Qualitative Sozialforschung.* (171-204). Stuttgart: Klett-Cotta.

Ministerium für Kultus und Sport Baden-Württemberg (1987). Verwaltungsvorschrift über die Pflicht zum Besuch der Sonderschule. *Amtsblatt* (Heft 3). Stuttgart.

Ministerium für Kultus und Sport Baden-Württemberg (1987a). Erlaß zur Kooperation zwischen allgemeinen Schulen und Sonderschulen. *Amtsblatt* (Heft 4). Stuttgart.

Ministerium für Kultus und Sport Baden-Württemberg (1992). *Handreichungen für Sonderpädagogische Individualhilfen in der Grundschule.* Stuttgart.

Mörschner, M. (1988). *Sozialpädagogik und Schule. Zur Entwicklung ihrer Beziehung.* München: Reinhardt.

Mollenhauer, K. & Rittelmeyer, C. (1975). "Empirisch-analytische Wissenschaft" vs. "Pädagogische Handlungsforschung": eine irreführende Alternative. *Pädagogik, 21,* (5), 687-693.

Montada, L. (1987). Themen, Traditionen, Trends. In R. Oerter & L. Montada (Hrsg.), *Entwicklungspsychologie* (2. Aufl., 1-86). München-Weinheim: Psychologische Verlags Union.

Müller, R. (1970). *Verhaltensstörungen bei Schulkindern.* München: Reinhardt.

Müller, W.C. (Hrsg.). (1978). *Begleitforschung in der Sozialpädagogik.* Weinheim, Basel: Beltz.

Münder, J. (1990). Das neue Kinder- und Jugendhilfegesetz. *Neue Praxis, 20,* 7-12.

Muth, H. (1961). Jugendpflege und Politik. Zur Jugendpolitik des Kaiserreichs. *Geschichte in Wissenschaft und Unterricht, 12, (10),* 597-619.

Muth, J. (1982). *Behinderte in allgemeinen Schulen.* Essen: Neue Deutsche Schule Verlagsgesellschaft.

Muth, J. (1983). Die Empfehlungen des deutschen Bildungsrates von 1973 und ihre Wirkungen. *Die Grundschule, 10,* 15-18.

Muth, J., Kniel, A. & Topsch, W. (1976). Schulversuche zur Integration behinderter Kinder in den allgemeinen Unterricht. In Deutscher Bildungsrat (Hrsg.), *Materialien zur Bildungsplanung* (Heft 6). Braunschweig: Westermann.

Mutzeck, W. & Pallasch, W. (Hrsg.). (1984). *Integration verhaltensgestörter Schüler*. Weinheim: Beltz.

Oelkers, J. & Tenorth, H.-E. (1987). Pädagogik, Erziehungswissenschaft und Systemtheorie: eine nützliche Provokation. In J. Oelkers & H.-E. Tenorth (Hrsg.), *Pädagogik, Erziehungswissenschaft und Systemtheorie*. (13-56). Weinheim, Basel: Beltz.

Oevermann, U. (1983). Hermeneutische Sinnrekonstruktion. In: D. Garz & K. Kraimer (Hrsg), *Brauchen wir andere Forschungsmethoden?* (113-155). Frankfurt/Main: Scriptor.

Parsons, T. (1951). *The social system*. London: Routledge and Kegan Paul

Parsons, T. (1968). *Sozialstruktur und Persönlichkeit*. Frankfurt/Main: Europäische Verlagsanstalt.

Parsons, T. (1976). *Zur Theorie sozialer Systeme*. Opladen: Westdeutscher Verlag.

Pieper, A. (1986). *Verbesserung der Zusammenarbeit im Lehrerkollegium als Aufgabe einer systembezogenen schulpsychologischen Beratung*. Frankfurt/Main, Bern, New York: Lang.

Polster, G. & Seyfang, K. (1984). Die Zusammenarbeit zwischen Grundschule und Schule für Lernbehinderte - Erfahrungsbericht. *Lehren und Lernen, 10*, (6), 45-60.

Prändl, B. (1968). Die Lehrerfragen in der Sonderschulentwicklung. Die Fachgruppe, *Süddeutsche Schulzeitung, 3*, Monatsbeilage.

Preuss-Lausitz, U. (1981). *Fördern ohne Sonderschule*. Weinheim, Basel: Beltz.

Probst, G.J.B. (1987). *Selbst-Organisation*. Berlin: Parey.

Purkey, S.C. & Smith, M.S. (1991). Wirksame Schulen - Ein Überblick über die Ergebnisse der Schulwirkungsforschung in den Vereinigten Staaten. In K. Aurin (Hrsg.), *Gute Schulen - worauf beruht ihre Wirksamkeit?* (13-45). Bad Heilbrunn: Klinkhardt.

Raab, E., Rademacker, H. & Winzen, G. (1987). *Handbuch Schulsozialarbeit. Konzeption und Praxis sozialpädagogischer Förderung von Schülern*. München: Verlag Deutsches Jugendinstitut.

Rademacker, H. (1990). Schule und Sozialpädagogik. In O. Speck & K.-J. Martin (Hrsg.), *Handbuch der Sonderpädagogik, Band 10: Sonderpädagogik und Sozialarbeit*. (298-318). Berlin: Marhold.

Reinartz, A. & Sander, A. (Hrsg.). (1982). *Schulschwache Kinder in der Grundschule*. Weinheim, Basel: Beltz.

Reiser, H. (1984). *Sonderschullehrer in Grundschulen*. Weinheim, Basel: Beltz.

Reiser, H. (1988). Nichtaussonderung bei Lern- und Verhaltensbeeinträchtigungen - eine Zwischenbilanz bisheriger Integrationsversuche.

In H. Eberwein (Hrsg.), *Handbuch der Integrationspädagogik.* (248-254). Weinheim, Basel: Beltz.

Remschmidt, H. (Hrsg.). (1987). *Kinder- und Jugendpsychiatrie.* Stuttgart: Thieme.

Rolff, H.-G. (1990). Schulgestaltung durch Organisationsentwicklung. *Schulleiter Handbuch, 54.* Braunschweig: SL Verlag.

Rolff, H.-G. (1992). Die Schule als besondere soziale Organisation. *Zeitschrift für Sozialisationsforschung und Erziehungssoziologie, 12,* (4), 306-324.

Rolff, H.G. & Steinweg, A. (1980). Realität und Entwicklung von Lehrerkooperation. In H.-G. Rolff (Hrsg.), *Soziologie der Schulreform.* (113-129). Weinheim, Basel: Beltz.

Rolff, H.-G. & Zimmermann, P. (1985). *Kindheit im Wandel.* Weinheim, Basel: Beltz.

Rossi, P.H., Freeman, H.E. & Hofmann, G. (1988). *Programm-Evaluation. Einführung in die Methoden angewandter Sozialforschung.* Stuttgart: Enke.

Royl, W. (1978). Diagnostische Instanzen. In K.J. Klauer & A. Reinartz (Hrsg.), *Handbuch der Sonderpädagogik, Band 9: Sonderpädagogik in allgemeinen Schulen.* (383-390). Berlin: Marhold.

Rumpf, J. (1989). *Theoretische und empirische Beiträge zur Kooperation von Heim und Schule.* Dachsberg: Dietrich

Rumpf, J. (1993). Über die Entwicklung der Beziehungen zwischen Jugendhilfe und Schule. *Jugendwohl, 74,* 372-383.

Rutter, M., Maughan, B., Mortimer, D. & Ouston, J. (1980). *Fünfzehntausend Stunden. Schulen und ihre Wirkung auf Kinder.* Weinheim, Basel: Beltz.

Saldern, M. v. (1991). *Erziehungswissenschaft und Neue Systemtheorie.* Berlin: Duncker & Humblot.

Sander, A. (1971). Die statistische Erfassung von Behinderten in der BRD. In Deutscher Bildungsrat (Hrsg.), *Gutachten und Studien der Bildungskommission, Band 1: Sonderpädagogik.* Stuttgart: Klett.

Sander, A. (1990). Schule und Schulversagen aus ökosystemischer Sicht. In R. Huschke-Rhein (Hrsg.), *Systemisch-ökologische Pädagogik, Band IV: Zur Praxisrelevanz der Systemtheorien.* (56-72). Köln: Rhein-Verlag.

Sander, A. (1992). Integration behinderter Schüler und Schülerinnen auf ökosystemischer Grundlage. In R. Huschke-Rhein (Hrsg), *Systemisch-ökologische Pädagogik, Band V: Systemisch-ökologische Praxis.* (167-171). Köln: Rhein-Verlag.

Sander, A. (1993). Überlegungen zu Konzeptionen von Sonderpädagogischen Förderzentren. In Gewerkschaft Erziehung und Wissenschaft

(Hrsg.), *(Sonder)-Pädagogische Förderkonzepte.* (15-21). Stuttgart: Süddeutscher Pädagogischer Verlag.

Sander, A., Backes, I., Christ, K., Hildeschmidt, A., Jung, J., Krämer, H. & Molaro-Philippi, I. (1987). *Schulische Integration behinderter Kinder und Jugendlicher im Saarland - Jahresbericht 1986.* St. Ingbert: Röhrig.

Sander, A., Hildeschmidt, A., Jung-Sion, J., Raidt-Petrick, M. & Schnitzler, P. (Hrsg). (1994). *Saarbrücker Beiträge zur Integrationspädagogik, Band 8: Schulreform Integration.* St. Ingbert: Röhrig.

Saurbier, H. (1990). Recht und Jugendhilfe. In O. Speck & K.-J. Martin (Hrsg.), *Handbuch der Sonderpädagogik, Band 10: Sonderpädagogik und Sozialarbeit.* (193-207). Berlin: Marhold.

Schäfer-Koch, K. (1992). *Psychosoziale Einzelfallhilfe in der Schule.* Bad Heilbrunn: Klinkhardt.

Schaffernicht, A. (1977). *Schulversuche und ihre wissenschaftliche Begleitung. Eine Dokumentation.* Weinheim, Basel: Beltz.

Schindele, R. (1977). Organisatorische Möglichkeiten der Unterrichtung und Erziehung Behinderter. In R. Schindele (Hrsg.), *Unterricht und Erziehung Behinderter in Regelschulen.* (6-49). Rheinstetten: Schindele.

Schlee, J. (1989). Zur Problematik der Terminologie in der Pädagogik bei Verhaltensstörungen. In H. Goetze & H. Neukäter (Hrsg.). (1989), *Handbuch der Sonderpädagogik, Band 6: Pädagogik bei Verhaltensstörungen.* (36-49). Berlin: Marhold.

Schley, W. (1989). Systemische Ansätze in der Pädagogik bei Verhaltensstörungen. In H. Goetze & H. Neukäter (Hrsg.). (1989), *Handbuch der Sonderpädagogik, Band 6: Pädagogik bei Verhaltensstörungen.* (231-145). Berlin: Marhold.

Schultheis, J. (1977). Forschungsergebnisse zur schulischen Integration verhaltensauffälliger Schüler - Diskussion des Problemstandes. In R. Schindele (Hrsg.), *Unterricht und Erziehung Behinderter in Regelschulen.* (215-247). Rheinstetten: Schindele

Scriven, M. (1972). Die Methodologie der Evaluation. In Ch. Wulf (Hrsg.), *Evaluation. Beschreibung und Bewertung von Unterricht, Curricula und Schulversuchen.* (60-91). München: Piper.

Speck, O. (1989). Sonderpädagogische Organisationsformen. In H. Goetze & H. Neukäter (Hrsg.). (1989), *Handbuch der Sonderpädagogik, Band 6: Pädagogik bei Verhaltensstörungen.* (191-228). Berlin: Marhold.

Steuer, E. (1983). *Organisationsentwicklung für die Schule.* Frankfurt/Main: Lang.

Strobel-Eisele, G. (1992). *Schule und soziale Evolution: system- und evolutionstheoretische Untersuchungen zur Entstehung und Entwicklung der Schule.* Weinheim: Deutscher Studienverlag.

Struck, N. (1996). Neue Steuerungsmodelle in der Jugendhilfe aus der Sicht freier Träger. In J. Merchel & C. Schrapper (Hrsg.), *Neue Steuerung. Tendenzen der Organisationsentwicklung in der Sozialverwaltung.* (258-275). Münster: Votum.

Struck, P. (1980). *Sozialpädagogik der Schule und soziales Lernen.* Stuttgart, Berlin, Köln, Mainz: Kohlhammer.

Struck, P. (1994). *Neue Lehrer braucht das Land.* Darmstadt: Wissenschaftliche Buchgesellschaft.

Teschner, W. (1981). Organisatorische und methodologische Probleme der Verknüpfung von Entwicklung und Evaluation bei Innovationen. In E. Egger (Hrsg.), *Innovation und Evaluation von Schulversuchen.* (219-240). Bern, Stuttgart: Haupt.

Textor, M. (Hrsg.). (1995). *Praxis der Kinder- und Jugendhilfe* (2. aktual. Aufl.).Weinheim, Basel: Beltz.

Thalmann, H.Ch. (1971). *Verhaltensstörungen bei Kindern im Grundschulalter.* Stuttgart: Klett.

Thiel, R.D. (1995). *Gewalt an Schulen.* Stuttgart: Landesinstitut für Erziehung und Unterricht.

Tillmann, K.J. (Hrsg.). (1976). *Sozialpädagogik in der Schule.* München: Juventa.

Tillmann, K.J. (1976a). Schulreform als neue Herausforderung der Sozialpädagogik? In K.J. Tillmann (Hrsg.). (1976), *Sozialpädagogik in der Schule.* (44-69). München: Juventa.

Tillmann, K.J. (Hrsg.). (1982). *Schulsozialarbeit.* München: Juventa.

Tillmann, K.J. (Hrsg.). (1994). *Was ist eine gute Schule?* Hamburg: Bergmann & Helbig.

Tillmann, K.J. & Faulstich-Wieland, H. (1984). *Schulsozialarbeit zwischen Konflikt und Akzeptanz.* München: Deutsches Jugendinstitut.

Tippelt, R. (1988). Kinder und Jugendliche im Spannungsfeld zwischen der Familie und anderen Sozialisationsinstanzen. *Pädagogik, 5,* 621-640.

Tippelt, R. (1990). *Bildung und sozialer Wandel.* Weinheim: Deutscher Studienverlag.

Türk, K. (1989). *Neuere Entwicklungen in der Organisationsforschung.* Stuttgart: Enke.

Tyrell, H. (1987). Die "Anpassung" der Familie an die Schule. In J. Oelkers & H.E. Tenorth (Hrsg.), *Pädagogik, Erziehungswissenschaft und Systemtheorie.* (102-124). Weinheim, Basel: Beltz.

Valtin, R., Sander, A. & Reinartz, A. (Hrsg.). (1984). *Gemeinsam leben - gemeinsam lernen. Behinderte Kinder in der Grundschule.* Frankfurt: Arbeitskreis Grundschule.

Varela, F.J. (1982). Autopoietische Systeme: eine Bestimmung der lebendigen Organisation. In H. Maturana (Hrsg.), *Erkennen: Die Organisation und Verkörperung von Wirklichkeit.* (170-235). Braunschweig/Wiesbaden: Vieweg & Sohn.

Vogel, P. (1977). *Die bürokratische Schule.* Katellaun: Henn.

Weber, M. (1972). *Wirtschaft und Gesellschaft. Grundriß der verstehenden Soziologie.* Tübingen: Mohr.

Weishaupt, H. (1992). *Begleitforschung zu Modellversuchen im Bildungswesen.* Weinheim: Deutscher Studienverlag.

Weishaupt, H., Steinert, B. & Baumert, J. (1991). Bildungsforschung in der Bundesrepublik Deutschland. In Bundesministerium für Bildung und Wissenschaft (Hrsg.), *Studien zur Bildung und Wissenschaft, 98.* Bonn.

Wenzel, H. (1974). *Fürsorgeheime in pädagogischer Kritik.* Weinheim: Deutscher Studienverlag.

Wiesner, R. (1990). Der mühsame Weg zu einem neuen Jugendhilfegesetz. *Recht der Jugend und des Bildungswesens, 38,* 112-125.

Winn, M. (1984). *Kinder ohne Kindheit.* Reinbek: Rowohlt.

Wittgenstein, L. (1964). *Logisch-Philosophische Abhandlungen.* Frankfurt/Main: Suhrkamp.

Wittmann, B. (1969). *Sonderschule - Bildungsplanung - Schulreform.* Berlin: Marhold.

Wittmann, W.W. (1985). *Evaluationsforschung.* Berlin, Heidelberg: Springer.

Witzel, A. (1982). *Verfahren der qualitativen Sozialforschung. Überblick und Alternativen.* Frankfurt: Campus.

Witzel, A. (1985). Das problemzentrierte Interview. In G. Jüttemann (Hrsg.), *Qualitative Forschung in der Psychologie.* (227-255). Weinheim, Basel: Beltz.

Wocken, H. (1988). Kriterien für die Aufnahme behinderter Kinder. In G. Antor, H. Wocken & A. Hinz (Hrsg.), *Integrationsklassen in Hamburger Grundschulen.* (87-97). Hamburg: Curio.

Wocken, H. (1993). Sonderpädagogische Entwicklungslinien. In Gewerkschaft Erziehung und Wissenschaft (Hrsg.), *(Sonder)-Pädagogische Förderkonzepte.* (1-14). Stuttgart: Süddeutscher Pädagogischer Verlag.

Zapf, W. (1992). Entwicklung und Sozialstruktur moderner Gesellschaften. In H. Korte & B. Schäfers (Hrsg.), *Einführung in die Hauptbegriffe der Soziologie* (Band 1, 181-194). Opladen: Leske & Budrich.